영혼의 지문
나는 어떤 사람인가?

영혼의 지문

나는 어떤 사람인가?

캐롤라인 미스 지음 | 박병오 옮김

라의눈

저자의 글

오랫동안 나는 자신의 아키타입Archetypes을 이해하지 않고는 자신이 정말로 누구인지를 알지 못한다고 믿었다. 여러 차례 강연을 다니면서 가장 많이 듣는 질문 2가지가 있다. 아키타입이 도대체 뭐냐는 것과, 자신의 아키타입을 어떻게 찾을 수 있냐는 것이다.

아키타입이란 쉽게 말해 당신의 내면을 넘어 영혼에 새겨진 자신만의 특성, 즉 당신을 당신답게 하는 원형을 말한다. 성격과 정치성향, 취미, 행동 특성, 싫어하는 것과 좋아하는 것, 장단점 등은 모두 이 원형(이하 아키타입을 원형으로 번역한다—옮긴이)에서 시작된다. 또 원형에 의해 당신다운 것과 당신답지 않은 것이 명쾌하게 나눠진다. 원형에 맞춰서 산다는 것은 자신이 입도록 되어 있는 옷을 입는 것이고, 그렇지 않다는 것은 남의 옷을 입은 채 공허하고 불행하게 산다는 것을 의미한다.

이 책은 현대여성들에게 가장 많이 표현되는 10가지 원형을 소개하고 있다. 전통적인 여성의 역할을 강조하는 돌보미, 현대에 와서 그 역할이 두드러지는 패셔니스타와 여왕 등이 대표적 원형이라 할 수 있다.

원형이 자신을 이해하기 위한 미래의 새로운 프레임이 될 것이라 생각은 했지만, 그렇게 확신하게 된 것은 그리 오래 되지 않았다. 이 주제를 놓고 첫 강의를 하던 날, 나는 우리 삶의 모든 측면에 영향을 미치고 욕망과 에너지의 원천이 되는 원형에 대해 제대로 설명하지 못할까봐 걱정스러웠다. 우리 정신의 내적 영역, 즉 논리나 과학이 아닌 신화와 직관, 영감을 다루는 것이기에 강의는 더더욱 망설여졌다. 이성적이고 과학적인 세상에서 '강력하지만 쉽게 보이지 않고 잡히지 않는' 원형을 소개한다는 것이 너무나 어려운 일로 보였던 것이다.

그런데 놀랍게도 누구나 쉽게 인정하는 원형의 간단한 예를 든 것만으로도, 우리가 사는 현실 세계와 원형이 말하는 신화와 상징의 세계 사이에 다리가 곧바로 놓인다는 사실을 알게 되었다. 나는 청중석의 여성들에게 물었다. "자신이 장차 엄마가 될 거란 사실을 항상 알고 계셨던 분?" 여성들 대다수가 손을 들었다. 나는 또 물었다. "그걸 어떻게 아셨나요?" 대부분은 그저 어깨만 으쓱해 보였다. 마치 이런 말을 하는 듯했다. "내겐 당연한 일인 걸요. 엄마가 된다는 거 말이에요."

나는 다시 물었다. "선천적으로 '모험가'이신 분 손들어 보세요." 몇몇 여성들과 함께 남성들 일부가 손을 들었다. "그러면 자신을 '전사'로 생각하시는 분?" 더 많은 남성들이 손을 들었다. 나는 놀랐다. 승리를 거둔 '전사' 이야기는 남성보다는 상대적으로 여성들의 환상이라고 생각했기 때문이다. 하지만 그날 나는 많은 남성들이 자신을 네이비실과 같은 현대판 전사로 상상하면서 매력을 느낀다는 점을 알게 됐다.

내가 '치유자'와 '은둔자' 원형에 대해 이야기할 즈음에, 청중들은 원형에 관한 일반적 질문은 더 이상 하지 않았다. 대신 "나의 원형은 뭘까요?", "나의 원형패턴을 어떻게 찾을 수 있나요?"라고 물었다. 강의장 분위기는 뜨거웠고, 청중에게서 전에는 느껴 본 적이 없는 호기심의 불꽃이 튀고 있었다. 그대로 내버려두었다면 사람들은 거기서 밤이라도 세웠으리라. 전에 내가 강의했던 다른 어떤 주제도 그런 반응을 끌어내지는 못했다.

원형은 개인의 힘을 끌어내는 열쇠다. 나는 사람들이 그 힘을 각성할 때, 극적인 변화를 겪는 모습을 목격했다. 자신이 사회 부적응자라서 혼자 있고 싶어 한다고 생각하던 사람들의 경우, 자신이 '은둔자' 원형이어서 자기 영혼을 지키려고 침묵과 고독을 찾을 수밖에 없음을 깨닫는 것을 보았다. 또 자신이 '자연 아이Nature Child' 원형이어서, 자연 속에 있기를 스스로 갈구한다는 것을 발견하는 사람들도 있었다. 우리의 삶을 이끄는 원형을 찾음으로써, 우리는 처음으로 존재의 핵심에 발을 들여놓는 것이다.

원형은 진정한 나에 대한 열쇠를 쥐고 있으며, 우리가 자신에 대해 아는 것보다 더 많이 알고 있다. 자신의 원형패턴을 찾아내고 탐구하면, 우리는 진짜 자아를 이해하게 되고 앞으로 어떻게 살아야 할지 알게 된다. 원형은 언제나 인간 무의식의 원동력이었지만, 우리 대부분은 평생 그것을 모른 채 살아가고 있다.

우리 사회는 우리가 심리적으로 어떻게 행동하며, 지금의 자신을 만드는 것은 무엇이며, 무엇이 우리를 치유하는지 이해하기 위해 노력해 왔다. 이성과 과학을 넘어서는 직관과 내면에 귀 기울이기 시작한 것이다. 원형은 직관의 언어이며, 신화와 상징의 언어이다. 언젠가는 우리의 이성이 직관과 맞물리게 될 수밖에 없고, 그 둘을 연결시켜 주는 역할을 하는 것이 원형이 될 것이라 본다.

원형은 우리가 알지 못했던 우리, 숨겨진 영역으로 들어가는 문이다. 자신의 원형에 대해 배워가는 일은 자신을 만나는 길이다. 그것도 어쩌면 평생 처음으로…….

이 책은 자신의 원형을 찾기 위한 여정을 도와주는 안내서이다. 자신의 삶을 바꾸어 놓는 이 내면의 행로를 지금 당장 시작해보라.

캐롤라인 미스

차례

저자의 글 · 4

INTRO 1 아키타입이란 무엇인가?
숨겨진 욕망과 에너지의 비밀창고 속으로 · 10

INTRO 2 이 책을 이용하는 방법
자신의 아키타입을 찾아내고 운명과 화해하기 · 24

PART 1 운동가 The Advocate
나의 힘으로 세상을 바꿀 것이다 · 45

PART 2 예술가 · 창작가 The Artist/Creative
창조는 나의 힘! · 75

PART 3 운동선수 The Athlete
육체의, 육체에 의한, 육체를 위한 · 109

PART 4 돌보미 The Caregiver
나는 온 세상을 돌보기 위해 태어났다 · 137

PART 5 패셔니스타 The Fashionista

화려한 백조로 산다 · 169

PART 6 지식인 The Intellectual

나는 배우고 또 배운다 · 201

PART 7 여왕 · 경영자 The Queen/Executive

나의 왕국은 내가 통치한다 · 233

PART 8 반항아 The Rebel

장벽은 무너져야 한다 · 261

PART 9 구도자 The Spiritual Seeker

물질세상에서 한발 물러나다 · 297

PART 10 비저너리 The Visionary

나는 영감과 상상력의 원천이다 · 331

원형 갤러리 · 367

추천의 글 · 376

감사의 말 · 380

아키타입스닷컴 · 382

INTRO 1

아키타입이란 무엇인가?
숨겨진 욕망과 에너지의 비밀창고 속으로

내가 여러분에게 "저기 저 남자는 내 '영웅'이에요."라고 말하거나 "저 여자는 '완벽한 엄마'예요."라고 한다면, 여러분은 한 번도 만난 적이 없는 두 사람에 대해 내가 전하려 하는 내용을 정확히 이해하리라는 것을 분명히 안다. '영웅'과 '완벽한 엄마'란 단어만으로, 신화와 상징들이 고스란히 들어 있는 두 기록보관소의 문이 열렸을 것이다. 여러분의 지성이 이 두 사람을 이야기와 동화, 자신의 기억들과 버무리면서, 몇 초 만에 이들이 더는 낯설지 않다. 그 남자는 곧바로 어떤 적이라도 물리치는 초강력 '영웅'의 모습으로 보일 것이다. 다른 것은 아는 게 하나도 없지만, 여러분은 대뜸 그 사람을 신뢰할 것이다. 어쨌거나 '영웅'은 궁지에 처한 여성을 결코 저버리지 않는다. 우리가 익히 알고 있는 동화에서도 그런 일은 없다.

'영웅'은 미국 서부극의 주인공 '론 레인저Lone Ranger' 유형일 것이다. 고독하고, 격정적이고, 평생 한 여자만 사랑하는 남자(다른 여자들을 건드리고 있다면 어떻게 진정한 '영웅'이 될 수 있을까?). 여자들은 모두 자신만의 '영웅'을 원한다. 헤라클레스, 오디세우스, 아킬레스 같은 고대 그리스 전사들에서부터 로빈후드와 브레이브하트 같은 전설의 인물들, 오사마 빈라덴을 해치우려고 목숨을 건 네이비실 같은 현실의 '영웅'들까지, 그들의 위업에 우리는 마음을 **빼앗긴다**. 그리고 이제는 카렌 실크우드 Karen Silkwood와 에린 브로코비치Erin Brockovich 같은 현대의 환경전사 '여 걸'들이 우리가 갈채를 보내는 영웅들에 추가되었다. 이들의 강점은 도 덕적 용기다.

'영웅'과 '여걸'들은 우리 시대에 가장 인기 있는 영화 주인공들이다. 배트맨, 스파이더맨, 슈퍼맨, 또는 원더우먼 영화를 만들면 개봉 첫 주 에 흥행수익 1위를 기록한다. 이유는 간단하다. 우리는 '영웅'과 '여걸' 을 사랑하기만 하는 것이 아니라 그들이 '필요'하다. '영웅'이 없는 사회 는 패배한 사회다. 그들은 우리의 국가가 천하무적임을 세상에 드러내 는 우리의 파워아이콘이다.

여러분에게도 최소한 한 명의 '영웅'이 있다. 만약 없다면, 그 하나를 그리워할 것이다. 자신의 만화책 우상이 튀어나오기를 바라기까지는 않겠지만, 사람들은 대부분 행복하고 안전한 삶을 위해서는 누군가 절 망스런 상황을 뒤집기 위해 전력 질주하는 사람이 꼭 있어야 한다고 생 각한다. 말 그대로는 아니라 해도 심리적으로 그렇다는 말이다. 어떤 식으로든 우리는 모두 영웅이 필요하다. 정서적 DNA에 그렇게 새겨져 있다. '인간의 천성'이라는 것도 우리의 '원형적 천성'이다. 어떤 자질과 특성들이 인간의 본질을 이룬다. 약자를 보호하고, 일을 하고, 누군가 를 사랑하며, 집과 가족을 돌보는 그런 것들이다. 이런 타고난 인간의 자질들은 모두 집단무의식(이를테면 우리가 다른 모든 인간과 공유하는 인류의 정신)에 깃든 보편적이고 개인을 넘어선 영향력 있는 패턴들에 의해 드러난다. 그것이 바로 아키타입(원형)이다.

'완벽한 엄마'란 원형(이하 아키타입을 원형으로 번역한다―옮긴이)을 생각해 보자. 여러분들은 내가 말하는 여성을 구체화시키기 위해 그 여성을 만날 필요가 없다. '완벽한 엄마'라는 말은 특히 우리 사회에서 강력한 영향력을 갖고 있다. 우리는 이미 깊숙이 뿌리 내린 그 감상적인 의미를 넘어서 이 원형을 상업적으로 뻥튀기까지 해놓았다. 누가 여러분에게 어떤 여성이 '완벽한 엄마'라고 말하는 순간, 여러분은 집을 깔끔하고 예쁘게 꾸미고 요리도 잘하면서, 아이들 숙제를 도와주고 운동경기마다 꼬박꼬박 응원 가고 고민도 들어 주고 친구들을 데려와 함께 놀게 하고, 게다가 초콜릿케이크까지 만들어 주는 그런 엄마를 대뜸 떠올린다. 비록 '완벽한 엄마'라는 말에서 그리 완벽하지 않게 아이들을 키웠던 고통스런 기억이 떠오르기는 하지만, 그래도 여러분은 머리에 굳게 박힌 이상적인 '어머니' 모습을 투사한다.

그러면 '영웅'과 '완벽한 엄마'라는 말들은 어떻게 그토록 많은 시각적·정서적·지적·신화적 정보를 우리에게 전해 주는 걸까? 이 말들은 원형들, 다시 말해 무의식에 들어 있는 정신적 힘의 패턴들이기에 힘이 실린다. 원형들은 그 문화에 속한 사람들이 모두 공유하는 집단적 상징이기도 하지만, 우리가 맺는 관계를 조직하고 활기를 주는 우리의 신념, 충동과 동기, 행동들의 밑바탕인 개인의 원형패턴으로서 개별적으로 말을 걸어오기도 한다. 원형은 우리가 어릴 때 동일시했던 파워이미지power image다. 운동선수, 예술가, 배우, 공주 또는 슬픈 일이지만 희생자나 뱀파이어까지, 아무튼 우리 삶에서 상상하는 이야기와 신화들이 복합된 것이다. 우리는 자신의 파워이미지를 표현해 주는 인물이 나오는 영화와 책과 비디오게임에 끌린다. 여자아이들은 공주와 원더우먼처럼 입고, 남자아이들은 배트맨과 전사처럼 입는다. 원형적 동일화는 이처럼 일찍부터 시작된다.

자라면서 우리는 이런 심상들에 계속 삶을 짜 넣으면서 무의식적으로 자신의 원형을 따라 산다. 나는 원형을 우리의 에너지 동반자로 생각한다. 태어나면서부터 우리는 정신 속에 살아 움직이는 원형패턴을 실행해 옮기고 있다. 인간은 패턴을 좋아하고 패턴은 삶에 질서를 준다. 우리는 세상을 끊임없이 살펴보면서 패턴을 찾는다. 특히 우리는 사람에게서 패턴을 찾는 경향이 있다. 누군가의 행동방식을 이해하면 그 사람이 자신과 자신의 인생에 어떻게 관계 맺는지를 이해할 수 있다는 것을 직관적으로 알기 때문이다. 가령 그 사람이 타고난 <지식인>임을 안다면, 그가 왜 외국영화와 위대한 역사적 인물들의 전기를 좋아하는지가 설명된다. 그에게 <운동선수> 원형이 있다면 그가 육체적 · 정신적 · 정서적 안녕을 위해서 날마다 운동을 해야 한다는 것을 이해해 줄 수 있다. 운동이 단순한 취미를 넘어, 존재 깊은 곳에 있는 진정한 자신의 일부인 사람들도 있다.

스스로 의식하지 못할 수도 있지만, 여러분은 아주 어릴 적부터 사람들의 원형이 가진 힘을 "읽어" 왔다. 어쩌면 당신은 누군가에게 자꾸 딱지를 붙이는(함부로 판단하는) 자신을 이해할 수 없었을 것이다. 더군다나 그 딱지가 부정적인 것이라면 더 그렇다. 사람들을 관찰하는 것은 다름 아닌 원형의 힘을 읽는 것이다. 낯선 사람들을 훑고서 그 자리에서 그들의 삶에 대한 정보를 얻는다. 여러분은 다른 사람을 훑어보면서 내가 원형의 "재미있는 사실들"이라고 부르는 정보를 얻는데, 이는 그 사람이 어떤 사람인지 결정적 단서를 주는 흔한 특성들이다. '문제아Bad Boy'에게는 거친 인상을 주는 문신이 있다. '뱀파이어'는 다른 사람의 에너지를 뽑아 가고 싶다는 딱 그런 모습이다. '디바Diva'는 반드시 티가 난다. '눈요깃감Eye Candy'은 척 보면 안다. 그런데 '선한 사마리아인'은 알아보기가 좀 까다롭다. '선한 사마리아인'이 어떤 유형의 겉모습으로 나타날지 알 수가 없고, 그 자체가 이 원형의 특성이다. 우리는 사람들에 대한 이런 직관적 단편 에너지 정보들을 우리의 원형 스크랩북으로 끊임없이 다운로드하고 있다.

우리는 서로의 원형을 읽지 않을 수가 없다. 이것은 타고난 본능적 생존방식의 일부다. 우리는 익숙한 패턴을 신뢰한다. 직관적으로 인지하는 원형들이 그런 패턴들이다. 어떤 사람에게 신뢰가 가지 않는다면, 그 사람의 원형을 파악할 수 없어서 그렇거나 아니면 전에 그런 원형의 사람을 만난 적이 있지만 그 행동방식이 마음에 들지 않아서다.

"원형들을 알아보는" 것은 우리가 태어나서 기고 걷고 소통하는 것만큼이나 분명코 당연한 일이다. 원형과 상징, 신화들은 우리 직관지능의 일면들로 이루어진다. 생존을 위해서는 그런 감각들이 필요하므로, 직관은 우리에게 자연스러운 것이다. '싸우거나 도망치거나'의 선택 반응과 "육감"은 우리가 늘 의지하는 자연스런 직관지능의 예다. 이처럼 신화와 상징들의 언어를 이해하거나 거기 반응하는 타고난 기술을 가졌다는 것을 스스로 인지하지 못하더라도, 우리는 직관적으로 원형들을 감지하거나 읽는다. 그러나 자신의 상상력의 언어가 신화와 상징들로 이루어졌다는 점, 언어를 사용하기 이전의 아이들도 상상과 공상을 한다는 점을 떠올려 보자. 우리는 논리와 이성이 발현되기 이전에 상상과 꿈에 이어져 있다.

여러분이 자신의 세계에 대해 읽고 쓰기를 배우기 전에는 그 세계와 신화적으로 접촉했다. 보이지 않는 친구들이 있었고, 마법사들이 마법을 배우는 학교에 가 보는 상상을 했었다. 더구나 그것은 한동안이라도 여러분에게 실재했다. 어른이 되어서 그런 신화적 장소들이 현실에 존재하지 않는다는 것을 알게 되지만, 그래도 여러분의 정신은 그런 것들을 계속 붙들고 있다. 그런 장소들은 여러분의 성스러운 정신공간, 여러분의 원형 영역을 나타낸다.

원형의 언어는 인간 영혼의 보편 언어로, 스위스 정신의학자 칼 융이 말한 집단무의식을 통해 우리를 모두 정신적으로 통합한다. 융은 원형을 정신의 본질적인 항해 도구로 보았다. 의식마음과 무의식 사이의 문이 되어서 우리가 통합된 인간이 되도록 돕는다고 했다.

또한 융은 어떤 원형이 다른 원형들과 자주 함께 나타난다는 점을 알아차렸는데, 사람에 따라 하나의 원형이 다양한 방식으로 드러나는 이유가 여기에 있다. 일례로, 내가 아는 한 여성은 <예술가> 원형이 아주 강하게 나타났다. 어릴 때부터 그 재능을 살려서 자연스럽고 쉽고 우아하게 "예술가의 끼"를 발산했다. 입는 옷에서부터 차리는 식탁까지 손이 가는 곳마다 모두 예술이다. 스스로 의식하면서 하지는 않지만, 진정 자신의 <예술가> 원형과 조화를 이룬 사람이다.

그런데 내가 아는 또 다른 사람은 <예술가> 원형이 다른 원형패턴들과 뒤섞여 아주 다른 유형의 동력장치가 만들어졌다. 그 사람의 어린 시절은 위에서 말한 여성의 어린 시절처럼 풍요롭지 않았다. 그래서 이 사람의 <예술가> 원형은 툴루즈 로트렉, 반 고흐 같은 화가들 덕분에 유명해진 원형의 양상인 '배고픈 예술가'의 특성을 보였다. 자신의 재능을 온전히 믿지 못하는 성향은 자존감을 끊임없이 갉아먹으면서 '나약한 아이Fragile Child' 원형으로 움츠러들게 했다. '나약한 아이'는 '배고픈 예술가'와 손잡고 자기 안의 두려움을 쉼 없이 들춰냈다. 꺼버릴 수 없는 재생장치가 머릿속에 있는 것처럼, 그것은 자신이 한때 꿈꾸었던 '창조적인 예술가'로는 세상에서 살아남을 수 없다고 온종일 속삭여댔다. 결국 그 사람은 고향에 돌아와서 시간제로 페인트칠과 잡역을 하며 살았다. 먹고 살기 위해 자신의 내적 신화, 그러니까 "진정한" 자신과 일어나는 일에 대한 생각을 수정해야 했다. 이제 이 사람은 미술수업을 받는데 필요한 돈을 충분히 모을 때까지 페인트칠을 하고 있을 따름이라고 되뇌었다. '배고픈 예술가'와 '나약한 아이' 원형이 내적 신화를 차지하고 있는 한, 그 사람은 우리 원형들에 들어있는 아주 강력한 신화라는 집을 절대로 떠나지 못할 것이다. 하지만 그에게는 언제나 내면의 '창조적인 예술가'를 되살릴 수 있는 선택권이 있다. 길을 가로막고 있는 것은 경쟁이 치열한 예술세계에서 살아남는데 필요한 재능이 부족하다는 두려움뿐이었다. 원형들은 언제든 어떻게든 드러날 것인데, 이 사람의 경우 용기가 생길 때까지는 페인트칠이 잠시 멈춰가는 휴게소인 셈이다.

내가 할 수 있는 것, 될 수 있는 것

융이 집단무의식이라 이야기한 것을 나는 우리의 '이너넷Inner-net'이라
본다. 원형들이라는 광활한 체계를 통해 우리를 다른 모든 사람과 이어
주는 서로 연결된 정신적 초고속 네트워크 말이다. 낱낱의 원형에는 특
정 형태로 조합된 신화들과 그 신화들 하나하나와 연관된 상징과 문화
적 전설들이 모두 갖춰진 컴퓨터 프로그램이 있다.

이제 지구를 떠올려 보자. 지구의 표면에 십자로 교차하는 수십 억
개의 회선들이 인간의 모든 정신활동을 무한 속도로 실어 나르는 초고
속 네트워크 역할을 한다고 상상해 보자. 모든 생각, 느낌, 감각과 진동
이라는 인간의 경험이 이 원형의 연결망을 가로질러 순간적으로 전송
되면서, 한 가지 공통 구성요소를 실어 나른다. 그것은 바로 힘이다. 여
러분이 행하고 말하고 생각하고 계산하고 고려하거나 간직하는 것에
는 무엇이나 마음의 힘이 실린다. 힘은 우리가 태어나서 죽는 순간까지
의 모든 행동에 공통이 되는 단일 요소다. 삶의 모든 것은 힘의 협상으
로, 모든 힘은 이 원형적 연결망을 통해 전달된다.

우리가 왜 이런저런 선택을 하는지, 무엇이 이런저런 행동을 하게 하
는지 생각해 보자. 결국 가장 중요한 것은, 우리가 힘을 계산해 보고 그
런 선택을 한다는 것이다. 이 순간 내가 말하거나 행동하는 것이 내게
힘을 줄까, 아니면 힘을 빼앗아 갈까? 입을 다물고 있어야 하나, 아니면
목소리를 높여야 하나? 솔직히 말할까, 직관을 믿고 행동할까? 아니면
정보를 더 찾아볼까? 여기서 어떻게 행동하는 게 최선일까? 식당에서
친구가 먹자는 대로 따르는 것처럼 단순한 일도 위압적인 일이 될 수

있다. 사람들은 대부분 그냥 집단의 뜻에 동의하고 따르는 편이 낫다고 생각한다.

그런데 우리는 왜 힘의 에너지망을 거쳐 전달되는 힘을 계산하면서 모든 선택을 하는 것일까? 왜냐하면 같은 생명의 네트워크에 우리 모두가 연결되어 있기 때문이다. 우리는 이 이너넷, 이 힘의 에너지망에 연결된 채로 태어난다. 또한 인간 경험에 내재하는 진실과 지혜로 가득한 배낭을 메고 세상에 온다. 옳고 그름을 깊이 이해하는 것처럼 우리는 이것을 선천적으로 안다. 이것은 우리 세포의 DNA에 들어 있다. 물론 태어나면서부터 이런 DNA의 진실을 아는 것이 아니라 성장하면서 조금씩 알아 간다. 이것은 일깨워지고, 안으로부터 각성되고, 이성적 마음이 아닌 직관으로 알아차려야 하는 성스러운 지식이다. 삶의 진정한 목적이 무엇인지 의문스러웠거나 "내게 정말로 중요한 것을 찾아야겠어."라고 생각한 적이 있다면, 여러분은 이미 이 과정을 시작한 것이다. 그런 내면의 충동은, 깨어나서 더 진정한 자신을 찾아 나서라는 초대다.

우리는 영웅의 원형적 여정, 다시 말해 진짜 자기를 알아내기 위해 혼자만의 모험을 떠나는 고대 영웅들 이야기에 매혹된다. 자신이 정말로 누구인지에 대한 소중하고도 성스러운 지식으로 가는 길을 찾아내면, 여러분은 자신에게 힘을 부여하는 장소에 가닿는다. 이것이 진정한 자존감의 본질이자, 내적 탐험에서 찾아내는 성배다.

이 책의 주제인 "나는 정말로 누구인가?"라는 질문을 잠깐 생각해 보자. 우리는 살아가면서 다양한 방식으로 수없이 질문한다. "나는 누구일까?" 그러나 우리 내면 깊은 곳에서 해답을 캐내기 위해서는 올바른 언어가 필요하다. 우리가 그런 의문을 갖는 것은 사실 삶이라는 선물을 받은 이유를 이해하고 싶기 때문이다. "나는 왜 태어났을까?"라는 질문에 대한 답을 찾는 것이다. 이 질문은 원형으로 들어가는 통로가 있는 곳을 보여준다. 자신을 더 깊이 알고 싶은 우리에게 전환점이 되는 지점이다. 내가 가진 것으로 자신을 정의하는 것에서, 내가 할 수 있는 것이나 될 수 있는 것, 또는 이바지할 수 있는 것으로서의 자신을 탐구하려는 상태로 옮겨가는 성숙을 상징한다. 내게 '예술가' 기질이 있을까? 나는 '비저너리'로 태어났을까? 자신에 대한 더 깊은 진실을 알려면 여러분의 원형을 찾아 내면의 여행을 떠나야 한다.

너와 내가 다른 이유

이 책은 이너넷과 우리 시대 힘의 추이를 반영하는 열 가지 원형패턴을 소개한다. <운동가>, <예술가 · 창작가>, <운동선수>, <돌보미>, <패셔니스타>, <지식인>, <여왕 · 경영자>, <반항아>, <구도자>, <비저너리>가 그것이다. 낱낱의 원형은 비슷한 패턴을 가진 원형들이 모여 하나의 모둠을 이루는 원형가족archetypal family을 대표한다. 일반적 원형가족들은 남성과 여성을 모두 아우른다. 예를 들어 <돌보미> 원형은 '어머니', '구조자', '교사', '치유자', '동반자'처럼 보살피는 일과 관련된 모둠을 이끈다. 이와 비슷하게 <반항아> 원형은 '이단아', '전사', '영웅'과 같은 원형가족을 이끈다. 하나의 원형가족에 소속된 원형들은 여러 특징들을 공유하지만, 이들 사이에는 종종 혼동을 일으키는 미묘한 차이들이 있다. 예컨대 사람들은 '치유자'와 '구조자'를 구분하는데 자주 어려움을 느끼는데, 이는 둘 다 도움이 필요한 사람에게 손길을 뻗는 성정을 가진 까닭이다. 그러나 '상처 입은 치유자의 여정'으로 알려진 '치유자'로의 입문과정은 '구조자' 원형이 아닌 '치유자' 원형에만 있는 것이다. (모든 원형들에 입문과정이 있지는 않다. 입문은 치유와 같은 성스러운 역할을 맡는 원형들과 관련이 있는 의식이다.) '상처 입은 치유자의 여정'은 많은 사람들이 알고 있는 중요한 입문과정이다.

그들의 여정은 어떤 "상처"로부터 시작된다. 상처는 심각한 사고, 질병, 또는 세속의 소유물 대부분을 잃는 어떤 상황의 형태로 나타나, 그 무게에 눌려 무너지느냐 아니면 "훌훌 털고 일어나느냐"를 선택하게 한다. '상처 입은 치유자'의 상처는 죽느냐 사느냐의 갈림길에 서게 해서 자신의 힘과 맺는 관계를 송두리째 바꿀 기회를 준다. 이 지점에 이르기 전까지 그 사람은 돈, 명예, 지위, 안전과 같은 바깥 것들과 누구에게도 꺾이지 않는 자신에 대한 믿음이 바로 힘이라고 생각한다. 상처를 입고 나면 그런 것들에 대한 환상이 무너지면서, 허무함과 바깥의 것들이 힘을 준다는 헛된 약속을 직시하게 된다. '상처 입은 치유자'의 선택은 힘과 세속적 안전에 대한 믿음들을 모두 버리고, 그와는 다른 치유의 패러다임을 찾아내는 것이다. 이제 자신의 영혼과 온전히 함께함으로써만 그 상처를 치유 받을 수 있음을 이해하게 된다.

다른 사람들이라면 세상을 저버렸을 질병이나 상황들에서 '상처 입은 치유자들'이 놀랍게도 회복되는 이유가 여기에 있다. 시련을 극복하면서 치유된 '상처 입은 치유자'에게는 남들의 상처를 치유하는 일을 하도록 권한이 주어진다.

현대여성과 10가지 원형

이 책에 나오는 열 가지 원형들은, 여성들이 개인의 힘을 되찾기 위해 벌여온 기본적 투쟁을 포함해 오늘날의 여성을 정의하는 근본적인 힘의 문제를 형상화한 것이다. 10년 전이라면 그들을 정의하는 원형들의 목록이 달랐을 것이고, 지금으로부터 10년 후라면 그것들은 다시 바뀔 것이다. 하지만 지금 우리가 아는 세상에서 현대여성은 자신을 '전문인', 또는 '전문인'이 아니라 해도 세상에서 자기 자리를 찾는 사람으로 생각할 것 같다. '전문인'에 대한 작금의 정의는 어느 사업장이나 기업에 고용된 사람 이상으로 확장되어서, 어떤 기술에 통달했거나 재택창업을 한 사람까지 포괄하게 되었다.

또 현대의 여성들은 아이가 있거나 없거나 간에 자신을 <돌보미>로 인식하는 경향이 있다. 이전 세대의 여성들이 경험했던 것과는 아주 판이한 세상에 적응한 덕분에 현대여성의 <돌보미> 원형에는 반항적인 측면이 있을 수도 있고, 아니면 아예 <반항아> 원형으로 살 수도 있다. 지금의 많은 여성들은 세상을 바꾸고 싶은 내면의 목소리에 이끌리는데, 지역사회를 위해 일하는 <운동가>나 최근에야 집단무의식에 자리 잡은 원형인 '생태운동가(환경운동가)'가 그런 사람들이다. ('어머니 자연'에게는 자신의 목적을 정계에 나서서 대변해 줄 인간들이 필요한 적이 없었지만, 지금 우리가 사는 시대의 상황은 그렇다.) '여성 비저너리'들은 사회변화의 원동력이 되어 오늘날 더 큰 역할을 하고 있다. 그리고 요즘 세상에서 신체단련과 운동이 으뜸가는 가치가 되면서 더욱 많은 여성들이 <운동선수>가 되었다. 사회가 변하면 우리 이너넷을 지배하는 원형적 심상들도 변하면서 아름다움, 힘, 인생 목표에 대한 정의가 달라진다. 예컨대 지금의

<패셔니스타>는 의상, 화장, 헤어스타일, 구두를 통해 자신에 대해 좋은 느낌을 갖게 하는 방법들을 우리에게 소개해 준다.

이 책에 나오는 열 가지 원형들은 현대의 중요한 주제들을 반영하는 동시에 오늘날의 여성들이 마주한 보다 절박한 개인적 도전들을 담고 있다. 개인적 도전들 역시 우리 원형패턴들에서 나오기 때문이다. 건강한 자존감을 가지고 태어나는 사람은 없지만, 자존감의 정도는 우리가 살면서 하는 모든 일을 좌우한다. 특히 여성들은 힘과 개인적 정체성에 대한 이 내면의 느낌을 개발하라는 도전에 직면해 있다. 자존감이라는 본질적 중심이 없으면, 여러분은 직관의 안내를 들을 수 없을 것이다. 여러분 안의 <지식인>이 새로운 발상을 떠올려도 그것을 신뢰하지 않을 것이다. <패셔니스타> 원형이 새로운 스타일로 옷을 입거나 액세서리로 치장하는 아이디어들을 마구 샘솟게 할 때 그것을 듣지 않을 것이다. 직관적 지시나 암시를 받고도, 낮은 자존감에서 나오는 '난 절대로 그렇게 못해. 실패하면 어떡해?'라는 생각이나 다른 어떤 변명을 둘러대면서 꼭 무슨 악몽을 꾼 듯 무시한다. 진정한 자존감에서 나오는 긍정적 권위는 거의 없고, 자존감 부족에서 나오는 부정적 결과들이 인생을 지배할 것이다.

원형들은 예감, 직관적 번뜩임, 직감, 등줄기가 서늘해지는 오싹한 느낌과 그 밖의 육체감각을 통해 심령적으로 말을 걸어온다. 나는 이런 내면의 감각들에 익숙해져서 내 직관의 유동적인 언어를 읽는 법을 안다. 이 감각들은 내 오감과 따로 노는 것이 아니라 그것들을 완벽하게 보완한다. 내 지성은 직관에 의지하면서 그것과 정교하게 조율된 협력관계를 이룬다.

원형패턴들은 우리 삶의 모든 측면에 스며들어 있으므로, 그 패턴들이 매일의 결정과 일상에 어떻게 드러나는지 알아내는 것이 중요하다. 여러분의 원형은 소비습관, 다시 말해 쇼핑을 어떻게 하고 무엇을 사고 안 사는지에 영향을 준다. 여러분이 맺은 관계들의 질, 그리고 누구에게 끌리는지에 대해서도 영향을 미친다. 또한 되풀이되는 사안들에도 그렇다. 그러니까 여러분이 거듭거듭 내세우는 주장들, 일에서 계속 불쑥불쑥 튀어나오는 어려움들, 그리고 그 밖의 반복되는 패턴들이 그런 것들이다. 반복되는 것들은 여러분의 삶에 어떤 원형들이 작동하고 있는지를 알 수 있는 실마리가 된다.

그리고 마지막으로, 이 책이 제시한 열 가지 원형들은 우리 시대 공통의 신화적 도전들을 반영한다. 우리는 그 어느 때보다도 많은 <비저너리>들이 필요하다. 새로운 에너지모형과 신기술, 환경과 공존하기 위한 새로운 방식들을 꿈꿔야 하기 때문이다. <구도자>도 마찬가지로 시간이 흐르면서 바뀌고 있다. 영적 삶에 끌리는 여성과 남성들에게는 세상 자체가 새로운 형태의 수도원이다. 영적인 일을 하고 있는 현대의 사람들은 어떤 분야에 있든, 자신의 일을 소명으로 생각한다. 이 두 가지 원형은 <운동선수>, <운동가>, <예술가·창작가>, <돌보미>, <패셔니스타>, <지식인>, <여왕·경영자>, <반항아>와 함께 현대의 원형가족을 균형 잡히게 대표한다.

이 책을 이용하는 방법
자신의 아키타입을 찾아내고 운명과 화해하기

　　원형이 어떻게 일하는지에 대해 많이 알수록, 그것이 여러분의 생각, 태도, 행동, 개인적 신화와 상징들에 미치는 영향을 더 쉽게 알 수 있다. 자신의 원형들을 탐구하기 시작하면 흔히 여러 가지 의문들이 올라오는데, 그중 특히 중요한 의문이 "내게는 얼마나 많은 원형들이 있을까?"라는 것이다. 이 장에서는 여러분의 원형들을 알아 가는데 있어 가장 자주 묻게 되는 의문을 다룰 것이다.

원형은 모두 몇 가지일까?
인간의 집단무의식에는 무한수의 원형들이 있다. '어머니', '치유자', '영웅'과 같은 많은 원형들은 보편적이고 변치 않는 오래된 것들이다. 나머지는 우리가 진화하면서 만들어낸 새로운 원형들이다. 인터넷시대에 걸맞은 새로운 원형들 중에는 '네트워커Networker', '해커', '컴퓨터광Geek'이 있다. 이들은 우리 시대를 반영하는 표현들이므로 사회에 불쑥 부각된 만큼이나 빠르게 진화해 가겠지만, 그래도 원형들의 영역은 서로 작용한다는 점을 잘 보여준다. 우리가 진화해 가는 한, 원형 영역의 특징과 복잡성 또한 그럴 것이다.

원형들이 무한수로 있듯이, 우리 자신을 위해 만들어 낼 수 있는 개인적 상징의 수에도 한계가 없다. 예를 들어 우리가 특별하게 생각하는 어떤 사람과 무언가를 할 때, 그 경험을 상징하는 사소한 물건을 기념으로 가져오는 것은 예삿일이다. 내가 아는 한 여성은 식당에 갈 때마다 그곳 이름이 인쇄된 종이성냥을 가져왔다. 그리고 표지 안쪽에 기념할 일과 날짜를 써서 거실 보조탁자에 놓인 엄청나게 큰 유리그릇에 던져 넣었다. 참 멋진 생각이었다. 다른 사람에게는 아무런 의미가 없지만, 그녀에겐 성냥첩 하나하나에 상징적 의미가 있었다.

나는 오래전부터 내가 정말로 좋아하는 곳들에 갈 때마다 작은 돌을 집에 가져오기 시작했다. 처음에 돌을 가져왔을 때는 그것으로 무엇을 할지 별 생각이 없어서 그냥 거실에 있는 커다란 화분 밑에 놓아두었다. 몇 년 동안 계속 돌을 가져왔는데, 내가 수집한 것들도 있고, 아름다운 수정과 하트 모양이 새겨진 돌처럼 선물 받은 것들도 있다. 마침내 내가 좋아하는 화분 주위로 암석정원이 생겨났고 돌들은 온 세상에서 내가 좋아했던 장소와 사람들을 상징하고 있다. 이 돌들에 금전적 가치는 하나도 없지만, 내게는 값을 매길 수 없는 상징적 가치가 있다.

우리는 살면서 우리만의 상징들에 생명을 불어넣어 무의미하던 물건, 장소, 사건들에 의미를 부여한다. 내 집이 되기 전까지는 그냥 집일 뿐이었지만, 일단 내 집이 되고 나면 그것은 소중한 추억과 힘들었던 기억들이 함께 담긴 그릇이 된다. 돌, 공예품, 행운의 부적, 종교적 성상들에는 우리를 보호해 주거나 행운을 가져다준다는 의미가 깃든다. 우리는 대상과 장소들에 상징적 의미를 부여하는 의식에 반드시 몰두하게 되어 있다. 본능적으로 우리를 둘러싼 의미 있어 보이는 세상에 힘을 실어 놓으려 하기 때문이다.

다음에 쇼핑을 할 때 여러분이 어떤 물건을 사려는 결정을 어떻게 내리는지 그냥 재미삼아 한번 관찰해 보라. 자신이 어떤 물건을 사기 위해 쇼핑을 한다고 생각할지도 모르지만, 무의식적으로 어떤 형태의 힘을 재충전하려고 하기도 한다. 크기와 색상과 가격이 적당할뿐더러, 자신이 찾는 상징적 메시지를 투사하는 물건을 발견하면 그 물건에 끌리게 된다. 그것이 재미있고 섹시하고 성공한 사람처럼 보이게 해 주는가? 아니면 늘씬하거나 생기발랄해 보이게 하는가? 그 옷이 좋아 보이기도 하지만 기분까지 좋게 해 주는가? 그렇다면 목적을 이룬 것이다. 섹시하거나 늘씬하거나 생기발랄한 느낌을 재충전한 것이다. 여러분은 정확히 자신이 찾는 형태의 힘을 투사하는 물건을 찾아냈다.

한 사람에겐 몇 개의 원형이 있을까?

여러분의 내면에 크고 작은 원형들이 많이 있을 수도 있지만, 일차적인 원형은 무한수로 있지 않다. 만일 무한수의 원형이 있다면 머리가 터져 버릴 것이다. 그보다는 여러분에게 특정한 원형들의 집합이 있다고 이해하는 것이 좋다. 이 원형들은 개별적으로, 때로는 에너지가 뒤섞여 표출되면서 서로에게 영향을 주는 이너넷을 형성한다.

자신의 원형을 어떻게 찾아낼까?

여러분의 원형은 자신의 이야기, 행동방식, 두려움, 재능과 같이 천성에 꾸준히 나타나는 것들에서 찾을 수 있다. 어떤 모습이 자신의 "전형적인" 모습이라고 생각하는가? 남들은 여러분이 어떤 사람이라고 말하는가? (이것을 알고 싶다면 친구들에게 물어 보면 된다. 아마 깜짝 놀랄 이야기를 들을 것이다.)

원형들은 이야기가 어떻게 풀려 갈지를 우리가 익히 알고 있는 패턴들이다. 고대 우화들을 떠올려보라. 다윗과 골리앗 이야기에는 '골목대장Bully' 원형이 있고, 아서 왕의 전설과 탑에 갇혀 '구원자'를 기다리는 라푼젤, 그리고 왕자의 입맞춤으로 잠에서 깨는 잠자는 숲 속의 미녀 같은 동화들에서는 '슬픔에 잠긴 아가씨Damsel in Distress' 원형이 있다. 우리는 이런 신화와 전설들을 잘 아는 것처럼 우리 자신의 이야기도 안다. 어떤 것들은 멋지고, 어떤 것들은 슬프다. 또 로맨틱한 것들도 있는가 하면 정신적 외상을 주는 것들도 있다.

여러분은 자신에 관한 진실과 또 언제나 진실이었던 것을 안다. 만약 여러분 자신이 '구원자'임을 알고 있다면 스스로 원하지 않더라도 본능적으로 남들을 구하리라는 것도 안다. 그렇게 반응하도록 되어 있기 때문이다. '구원자' 원형을 가진 사람들은 대부분 사랑 받기 위해 그 일을 시작하지만, 흔히 그렇듯 어떤 시점이 되면 자신의 노력이 거절당하는 경험을 하게 된다. 그러면 비로소 꼭 그렇게 해야 한다는 자신의 어젠다로부터 스스로를 구하게 되고, 보다 자유롭게 다른 이들을 도울 수 있게 된다. 우리가 오랫동안 자신의 원형적 행동방식들을 부인하며 살

수는 있지만, 예외 없이 어느 시점이 되면 그 원형이 이긴다. 무언가가 그 패턴을 마주하도록 몰아세우고, 그것을 알아차리고 나면 우리는 우리 힘을 되찾는다.

원형을 탐구하다 보면, 여러분은 그 원형의 보편적이고 개인을 넘어선 특질들이 자신의 인격 특성과 뒤섞여 여러분을 통해 어떻게 표현되는지 감각이 생길 것이다. 연습을 하면 "원형의 눈"이 생기는데, 이는 여러분의 생각과 행동방식을 관찰하고, 여러분의 삶을 이끄는 신화들을 또렷하게 볼 수 있도록 자기 스스로를 떼어놓는 능력이다.

웹사이트 www.ArchetypeMe.com에 들어가서 간단하고 흥미로운 퀴즈를 풀고, 자신의 원형을 찾아낼 수도 있다.

어떻게 타인의 원형을 알아볼까?

원형들을 알아보는 방법 하나는 대중문화에서 패턴들을 찾아보는 것이다. 디즈니영화에는 '공주'들이 많고, 엄청난 흥행수익을 거둔 블록버스터 영화에는 '영웅'들이 숱하게 나온다. 그러나 원형들이 잘 드러나는 영화는 그밖에도 많다. '악마는 프라다를 입는다'의 주인공 미란다 프리슬리는 확실한 <여왕 · 경영자>로, 그 유명한 <보그>지의 편집장 안나 윈투어Anna Wintour가 실제인물이라고 한다. <운동가> 역시 영화에 자주 나오는데, 그 전형적 예가 '에린 브로코비치'에 나오는 환경운동가 에린 브로코비치와 '헬프'에서 작가지망생으로 나오는 스키터이다. 스키터는 1960년대 남부의 백인 가정에서 일하는 흑인 가정부의 관점에서 인종차별 문제를 책으로 쓴다. 영화 속에서 용기 있게 자신들의 이야기를 들려주는 에이빌린과 미니는 <반항아>들이다.

문화의 저편에는 애플의 스티브 잡스와 페이스북의 마크 주커버그 같은 혁신가들이 있는데, 이들은 기술과 인터넷이라는 최첨단 분야에서 새로운 세상을 개척함으로써 <비저너리> 원형에 딱 들어맞는다. 재클린 케네디, 로라 부시, 미셸 오바마 같은 영부인들은 <여왕>, <돌보미>, <패셔니스타>라는 강력한 원형들을 보여 주어서 대중들의 마음을 사로잡는다. 우리는 CEO보다 <운동선수>들을 더 선망하고, 자녀들이 그들처럼 되도록 부추긴다. 농구 황제 르브론 제임스LeBron James, 뉴욕 양키스의 캡틴 데릭 지터Derek Jeter, 그리고 올림픽의 체조선수들은 자신들의 원형을 아주 딱 맞게 보여 주므로 그들을 보면 경외심이 인다.

더 가까운 곳에서도 원형들을 찾아볼 수 있다. 여러분의 회사 사장은 손익계산에 재빠른 <지식인>인가 아니면 <비저너리>에 가까운가? 여러분의 아이는 <운동선수>인가 <예술가>인가? 친구들 가운데 <돌보미>와 <반항아>는 몇 명이나 되는가? 퇴비를 만들라며 성가시게 하는 이웃은 열성 <운동가>인가 아니면 그냥 환경친화적 삶을 동경하는 보통사람인가? 집에서든, 직장에서든, TV에서든 여러분이 마주치는 사람들에게서 작동하는 원형들을 관찰해 보자. 주변 사람들이 페이스북에 자신을 소개하는 방식에서도 원형을 볼 수 있다. 그들은 어떤 원형을 의도적으로 또는 무의식적으로 전달하고 있는가?

주변 사람들의 원형패턴을 알아내는데 능숙해질수록, 여러분은 자신에게 작동하는 원형들을 더 쉽게 찾아낼 것이다. 모든 구속에서 벗어나기를 갈망하는가? 여러분에게 그렇게 속삭이는 것은 <구도자(신

비가)>의 원형일 수도 있다. 문득 다시 학교에 가고 싶다는 생각이 들지도 모른다. 이는 책 속에 파묻히고 싶어 근질거리는 <지식인> 원형이 발동한 것이다. 원형들의 어두운 측면도 생각해 보자. 여러분 안의 <여왕>은 똑같이 카리스마 넘치는 '왕·우두머리' 원형을 가진 사람과 충돌을 일으킬지 모른다. 만약 자녀들이 잔소리 좀 그만하라고 애원한다면, 여러분 안의 <돌보미> 원형이 "헬리콥터맘"으로 변이되었다는 확실한 신호다.

자신의 원형을 바꿀 수도 있을까?

내가 이 질문을 좋아하는 이유는 이 질문들이 어떤 우주적 힘이나 신성한 진리가 우리 삶의 의미와 목적을 결정하는데 관여한다는 점을 시사하기 때문이다. 우리가 우리 원형을 고르지 않았다면 누가 했을까? 설령 우리가 골랐다 하더라도, 누가 그런 기회를 주었을까? 신이 그랬을까? 혹시 그렇다면 그런 일이 언제 일어났을까? 아마 우리가 태어나기 전에 그래야 했을 것이다.

개인적으로 나는 우리가 인생의 숙제를 가지고 태어났으며 그 숙제는 우리 원형패턴의 지배를 받는다고 믿는다. 이 숙제를 나는 "신성한 계약"이라 부른다. (내가 쓴 책의 제목이자, 내가 가르치는 내용의 초점이기도 하다.) 이 '신성한 계약'에 들어 있는 원형들이 여러분 개인의 힘, 그리고 영적 힘과 맺은 관계를 지배하고, 인생의 모든 측면에서 표현된다.

나는 자연을 관찰하고 신비 법칙mystical law을 깊이 존중하면서, 원형들이 우리에게 어떻게 오는지에 대한 결론에 이르렀다. 자연과 신비법칙은 모두 그 어떤 종교도 초월한다. 따라서 지상의 그 어떤 정치나 신학 이론도 이 둘의 불변성과 힘을 통제하거나 조직하지 못한다. 우리는 자연법칙을 통해 서로 작용하는 주기들이 인생을 다스린다는 것을 배운다. 목적 없이 존재하는 것은 아무것도 없다. 그리고 우리 인간은 지구 위의 다른 모든 것들처럼 자연법칙의 지배를 받는다. 우리 삶에는 생명 자체에 깃든 질서의 일부로서 의미와 목적이 주어진다.

그런데 얼핏 한계가 없어 보이는 이런 시야에도 한계는 있다. 어떤 의미에서는 우리 원형의 구성이 우리를 제약한다. 우리는 우리가 되고 싶어 하는 사람이 아닌 지금의 모습대로 타고났다. 태어날 때 우리 DNA에는 능력과 재능과 자질과 결점들, 그리고 인생의 도전들이 조합되어 들어 있다. 어떤 사람들이 즐겨 말하듯이 이것은 "우리를 주무르는 손"이다. 우리의 원형패턴들은 태어날 때, 어쩌면 자궁 속에 들어가기 전에 이미 우리에게 새겨져 있다. 여러분의 일차적 원형들을 바꾸지는 못하지만 그 영향력을 무르익게 할 수는 있다. '상처 입은 아이'에서 '마법의 아이Magical Child'로 탈바꿈할 수는 있지만, '상처 입은 아이'의 뿌리는 언제나 여러분에게 있다. 이처럼 어린 시절의 상처들은 절대 우리를 떠나지 않지만, 그것들이 우리에게 미치는 영향을 치유할 수는 있다. 인생을 살면서 성숙해지면 부모의 고통을 비롯해 남들의 고통을 끌어안고 더 넓게 이해할 수 있는 기회가 주어진다. 즉 '상처 입은 아이'를 넘어서 '아이' 원형의 다른 일면들에 스스로가 열리게 되는 것이다.

이 교훈을 달리 생각해 보기 위해, 여러분이 뿌듯해 하는 자신의 어떤 부분을 생각해 보자. 어쩌면 여러분은 자기 안의 '연예인'이나 '치유자' 또는 '네트워커'를 사랑할지도 모른다. 여러분은 스스로 이 부분을 잘한다는 것을 그냥 알고 있다. 그것을 잘하도록 태어난 것이다. 그것을 바꿀 수 있을까? 깊고 깊은 수준에서 그것이 바로 여러분이기에 그것을 바꾼다는 상상조차도 하지 못한다.

옷을 바꿔 입듯 원형을 바꾼다는 것은 그야말로 있을 수가 없는 일이다. 왜냐하면 여러분이라는 존재의 본질에 깃든 진정한 자신이 아닌 다른 사람이 될 수는 없기 때문이다. 원형패턴들은 인생의 미묘한 부분부터 명백한 부분까지, 여러분의 의식적, 무의식적 천성의 모든 측면에 짜여 들어가 있다. 자신에 대해 조금씩 알아 가면, 자신의 원형패턴들과 그것들이 정신에 미치는 깊은 영향을 이해하게 된다. 우리에게는 어떤 행동을 하는 자신을 관찰할 수 있는 기회가 있다. 사랑하고, 비난 받고, 스트레스 받고, 아이를 낳고, 스스로 행동하고, 손실을 처리하고, 자선을 베푸는 자신을……. 우리는 인생을 통해 발전하고 성숙하지만, 그것은 늘 원형 안에서 이루어지는 일이다.

여러분은 다른 사람인 척하며 살 수 있다. 하지만 그것이 진정한 자신이 아니므로 결국 힘이 빠져서 그렇게 계속하지는 못할 것이다. 나 자신에게 <운동선수> 원형이라고는 조금도 없지만 그렇다고 해서 운동을 멈추지는 않는다. 그러나 올림픽게임에 나가는 환상 따위는 키우지 않는다. 운동경기에 나가고 안 나가고는 확실한 내 자유임에도, 내 정신에는 운동경기에 관한 신화가 없다. 내가 경주에서 달리는 모습을 상상할 수는 있지만, 그것에 맞는 원형이 내게는 없으므로 그런 상상이 내 영혼에 생기를 불어넣지는 않는다. 나는 원형적으로 맞지 않는 어떤 일에 집착해서 "일시 정지된 삶"을 사는 사람들을 많이 만났다. 누구는 '배우'가 되고 싶어 했고, 누구는 '기업가'가 되고 싶어 했다. 또 누구는 자기가 위대한 가수 겸 작곡가가 될 운명이라는 환상을 가지고 있었다. 하지만 이들은 그럴 기회를 갖지 못했을 뿐더러 재능도 부족했다. 그것은 그런 원형들을 가지고 있지 않다는 의미다. 기회란 여러분의 원형들이 확장된 것이고, 여러분은 자신이 가진 원형들을 거쳐서만 그런 기회를 살릴 수 있다.

원형은 인간관계에서 어떻게 작용할까?

우리는 "자석 같은 끌림"을 자주 이야기한다. 누군가를 처음 본 순간 그 사람에게 자석처럼 끌렸노라고 말한다. 그런 순간에 여러분은 고스란히 살아 숨 쉬는 원형을 경험한다. 가슴이 뜨거워지고 등줄기와 살갗을 따라 퍼지는 전율을 느낀다. 이는 원형의 자력을 제대로 경험하는 것이다. 그 자력이 말 그대로 손에 잡힐 듯해서, 자신과 이어지고 있는 그 사람에 대한 열렬한 마음을 좀처럼 주체할 길이 없다. 그 끌림이 로맨틱하다면 두 사람은 '원형의 짝' 곧 '아키메이트Archemates'다.

자력은 즉각적이다. 관계에는 자력이 있거나 없거나 둘 중 하나다. 자력이 있는 경우 우리는 그것을 두 가지로 경험한다. 자석 같은 끌림과 자석 같은 연결이다. 자석 같은 '끌림'은 로맨틱하고, 자석 같은 '연결'은 삶의 자연스런 연결망이다. 친구, 가족과 여러분의 더 큰 사회 활동무대다. 자석 같은 끌림과 자석 같은 연결은 둘 다 그 강도에 있어서 다양하다. 어떤 사람들과는 필연적 관계를 맺고, 또 다른 사람들과는 보살펴 주는 관계를 맺으며, 몇몇 사람들과는 친밀한 관계를 맺는다. 모든 사람과 자석처럼 연결될 수 있는 사람은 없다. 그런 관계가 너무 많으면 쇠약해진다. 문자 그대로도, 상징적으로도 에너지가 고갈되는 것이다.

원형은 우리에게 어떻게 말 걸어올까?

원형은 천사나 내면의 안내자와는 다르다. 우리와 어떤 관계를 맺고 서로 작용하는 그런 실체가 아닌 것이다. 기도를 통해 천사나 영적 안내자들과 소통할 수 있고, 또 그들이 인생의 위기에 개입해 개인적으로 도움을 줄 수 있다는 믿음은 널리 퍼져 있다. 여기서 요점은 '개인적 안내'이다. 원형은 기도에 응답하지도 않고 개인적으로 안내해 주지도 않는다. 원형은 인간 천성의 본질을 이루는 의식의 패턴들인데, 개인을 넘어선 것이다. 그러나 원형은 의식에서 활발하게 활동하는 부분으로, 우리가 뿜어내는 에너지의 불꽃과 끊임없이 상호작용한다. 그러면 이 우주적 의식 패턴들은 오래된 신화들에 보다 현대적인 옷을 입혀서 사회적 진화를 따라잡는다. 예를 들어 여성들의 신화와 꿈엔 '백마 탄 왕자'가 아직도 남아 있지만, 오늘날 왕자의 백마는 아르마니 정장과 메르세데스 벤츠로 치환된다. 사실 의상만 바뀌었지 같은 이야기는 거듭거듭 되풀이되고 있다.

　원형들이 우리에게 말 걸어오는 한 가지 방식은 우리의 신화와 공상들에 활기를 불어넣거나 그것들을 살아 움직이게 하는 것이다. 일례로 어떤 사람들은 '지도자'가 된 자신을 상상한다. 에이브러햄 링컨도 그런 사람이었다. 링컨은 어린 나이에 벌써 자신이 어떤 대단한 목적을 가지고 태어났음을 알았고, 이런 느낌을 어린 시절 내내 지키면서 아주 어려운 환경에서도 열심히 공부해 마침내 변호사가 되었다. 그러나 링컨은 변호사 직업이 맞지 않다고 느꼈고, 대신 정치 '지도자'인 자신을 상상했다. 그런 내면의 심상은 링컨이 의회에 있는 자신의 모습을 꿈꾸면서 살아나 꿈틀거렸다. 정계에 입문한 링컨은 자신의 소명, 곧 자신에게 주어진 인생의 목적에 따라 살고 있다고 생각했다. 그는 남북전쟁이 터지고 나서야, 자신이 태어난 진정한 이유에 대해 깨닫게 되었다.

원형들은 꿈과 공상 속에 나타나는 표상의 형태로 우리에게 온다. '우연의 일치'와 '동시성'도 원형이 일하고 있음을 보여 준다. 칼 융이 '동시성'이라 불렀던 것은 서로 관련 없어 보이는 사건들이 의미심장하게도 일치하는 것을 말한다. 삶의 어떤 순간에만 그런 사건들이 일어난다는 점이 분명했기에, 융은 우연의 일치와 동시적인 일들을 꾸미는 우주적인 힘에 호기심을 가졌다. 융은 우리가 정신과 원형패턴들의 힘을 통해 어떤 방식이로든 이런 사건들의 창조에 참여할 거라고 추정했다. 하지만 그 누구도, 융조차도 연금술과도 같은 그 비결을 정확히 밝히지 못했다. 경험의 의미를 파악하는 것이, 더 정확하게는 그 경험들에 의미를 투사하는 것이 우리의 몫임에도 불구하고 우리는 동시성의 사건들이 삶의 일상적 사건들보다 훨씬 중요하다고 본다. 지난 30년 동안 잊고 지냈던 소꿉놀이 친구가 뜬금없이 생각났는데 그로부터 한 시간 뒤, 길에서 우연히 그를 만나게 되었다. 이 만남에 큰 의미를 둘지, 대수롭지 않게 생각할지는 여러분이 선택하기 나름이다. 하지만 나나 내 동료들은 그런 일들을 무시하지 않고, 우리 삶의 사건들은 자발적으로 조직된 원형 에너지의 표현이라 보고 싶어 한다고만 해 두자.

원형가족이란 무엇일까?

원형가족은 같은 형태의 힘을 공유하는 원형들을 관통하는 핵심 그룹이다. 예를 들어 '돌봄' 원형가족은 '돌보미', '어머니', '양육자', '구원자', '교사'처럼 사랑과 양육의 힘을 표현하는 원형들을 아우른다. 이를 알아보는 눈이 생기면 여기 속한 많은 원형들이 비슷한 특징을 공유한다는 것을 알게 된다. 차이가 뚜렷하지 않을 수도 있지만, 이런 미묘한 차이들은 개별 원형들로 나타날 만큼은 두드러진다. 예컨대 '동반자'는 '단짝Sidekick'과 구분되는데, '동반자' 원형이 정서적 헌신으로 맺은 결속을 암시하는 반면 '단짝'은 놀이친구라는 점에서 다르다.

이 책에 나오는 잘 알려진 원형들을 모두 탐구한다는 것은 불가능한 일이지만, 많은 원형들을 가족으로 묶으면 원형들의 중심이 되는 힘의 구조를 알아챌 수 있다. 여러분이 어떤 개별 원형보다는 하나의 원형가족과 더 공명한다고 느낄지도 모르겠다. 이것은 드문 일이 아니다. (이 책에서 살펴본 열 가지 원형 이외의 것들 일부를 책 말미의 '원형 갤러리'에 실었다.)

원형에 대해 배운다는 것은 어떤 의미일까?

여러분은 재미삼아, 혹은 "나를 더 많이 알고자 하는" 흥미로운 모험의 일환으로 자신의 원형을 탐구할 것이다. 자신의 원형을 탐험하는 일에 숨겨진 힘은 다름 아닌 '나에 대해 더 많이 아는 것' 다시 말해 '진짜 자신을 아는 것'이다. 우리가 누구인지, 또는 왜 지금 이렇게 존재하는지를 알면서 인생을 시작하는 사람은 아무도 없다. 우리는 이것을 알기위해 깊게 파고들어야 한다. 처음으로 여러분 자신에 대한 호기심이 생기면, 여러분은 다음과 같은 내면의 앎을 찾아 탐색하기 시작한다. "나는 누구인가? 내 인생의 목적은 무엇인가? 내 내면의 힘은 어떤 것일까?" 이런 질문들은 결코 평범하지 않고, 맞는 직업이나 맞는 배우자를 찾는다 해서 해답을 얻게 되는 문제도 아니다. 이 질문들은 존재 깊은 곳에서 울려 나오는 울부짖음이다. 망설이거나 두려워하지 말고 껴안아 주기를 갈망하는 여러분의 참자아를 찾아내라는 부름이다. 여러분의 원형들에 그 참자아가 각인되어 있다.

언젠가 한 여성이 내게 이렇게 말했다. "나는 멀리 떠나서 내 자신my Self를 찾아야 해요." 이 말을 들었을 때 나는 그녀의 말이 "내 자신"이 아니라 "내 자아"를 찾고 싶다는 뜻임을 알아차렸다. 그녀는 내면의 본성에, 그리고 개인의 성격과 판에 박힌 일상을 넘어서는 자신의 일부에 이미 눈떠 있었다. 규칙과 기대란 틀에 갇힌 일상의 자신과는 분리된 내면의 목소리를 찾아낸 것이다.

내가 물었다. "내면 자아를 추구하면 무얼 찾아낼 것 같아요?"

"나는 늘 예술가가 되고 싶었어요." 그 여성이 말했다. "내가 예술가라는 걸 알아요. 그런데 나는 아무도 나를 진지하게 받아들이지 않는다고 말하면서, 내 자아에게 예술을 할 기회를 준 적이 없어요. 나도 내 자신을 진지하게 받아들이지 않았어요. 하지만 내가 틀린 인생을 사는 것만 같아요. 거짓 인생이요. 더는 못 참겠어요. 굶어 죽어도 좋아요. 배부른 거짓 인생을 사느니 배고픈 진짜 인생을 살겠어요."

이 여성은 자신의 자아를 만나면서 내면의 <예술가> 원형과 맞닥뜨렸다. 그녀는 자기 자신을 배신하는 삶, 다른 이들이 자신의 원형적 운명을 따르지 못하게 한다고 원망하는 삶을 더는 이어갈 수가 없었다.

원형을 알면 무엇이 좋아질까?

강사와 직관의학자로 오랫동안 수많은 사람들과 함께 해오면서, 나는 우리가 가진 신화들을 살펴보는 것이 몸을 살펴보는 것 못지않게 건강에 필수적이라고 믿게 되었다. 인생을 꾸려가면서 생기는 좌절, 비통함과 위기들은 치유하기가 어렵다. 그것을 실행하는 과정에서 일들이 뒤엉킨 때문이기도 하지만 자신의 신화들이 산산이 부서진 탓이기도 하다. 사실 어떤 때는 신화적 위기보다 육체적 위기를 극복하기가 더 쉽다. 만일 자신이 신화적 위기에 빠졌다는 것조차 깨닫지 못한다면 그 위기를 치유하기란 엄청나게 어려운 일이다! 이런 상태의 신화적 위기는 일생 동안의 우울증과 심지어 불치병의 원인이 될 수 있다.

어떤 여성은 이런 말을 했다. "결혼해서 두 아이와 함께 바닷가에서 사는 게 제 평생의 꿈이었어요." 이 여성은 25세에 젊은 변호사와 결혼해 케이프 코드로 이사했다. 6년이 지나 두 아이를 두었지만, 남편은 갈수록 퇴근이 늦어졌다. 왜 그런지 짐작이 갈 것이다. 그녀의 직감도 그랬지만 이런 사실을 받아들일 수가 없었다. 몇 년 동안 남편의 거짓말을 꾹 참아오다 마침내 자신의 말마따나 "진실을 토해낼" 수밖에 없었던 것은 대장암 진단을 받았기 때문이다.

그녀는 자기가 왜 병에 걸렸는지, 그리고 왜 치유되지 않는지를 이해하고 싶어 나를 찾아왔다. 당시 그녀는 이혼한 상태였고 이제 바닷가에 살지도 않았다. 나는 깨져버린 "완벽한 결혼이라는 신화"를 이야기해보자고 했다. 지금은 어떤 신화가 그 자리를 채웠을까?

그녀는 화를 내며 말했다. "전 지금도 결혼해서 두 아이와 바닷가에서 살고 싶어요. 그걸 포기하지 않을 거예요. 포기하지 않는다고요! 그 사람이 내 꿈(곧 신화)을 뺏을 순 없어요!"

그러나 이 여성에게 일어난 일들은 이미 그 신화를 앗아가 버렸다. 그녀는 이혼했고, 병들었으며, 화학요법을 받고 있었다. 하지만 그녀를 정말로 무너뜨린 것은 무엇일까? 암이었을까, 산산이 부서진 신화였을까? 이 친구의 치유를 위해 필요했던 것은 살아갈 이유를 주는 보다 적절하고 새로운 신화였다.

여러분의 원형을 찾아내는 것은 영혼의 수준에서 여러분 자신을 소개받는 것과 같다. 깊은 차원에 있는 자아나, 삶에서 신화와 상징들이 만들어내는 힘을 모를 수도 있다. 하지만 이것들은 여러분의 정신과 영혼의 창조적 원동력이므로, 반드시 알아야 한다. 그리고 이것들을 알면 여러분의 생명까지 살릴 수 있다.

어떻게 해야 원형의 진실에 깨어날 수 있을까?

자신이 가진 원형의 진실에 깨어난다는 것은 자신의 외적·내적 욕구들을 더 많이 책임지고 돌보게 된다는 뜻이다. 여러분은 더 깊은 수준에서 자신이 가장 민감하게 반응하는 그 언어를 알아보고 해석하는 법을 배워야 한다. 여러분만의 상징과 신화들의 언어가 그것이다.

요즘엔 많은 사람들이 다양한 요법들과 카운슬링뿐만 아니라, 명상과 영성수련을 통해 내면의 자아를 탐구한다. 우리는 우리 직관을 일깨웠다. 이제 우리에게는 삶을 헤쳐 나갈 의식의 다른 도구들이 필요한데, 그 기본 도구들 중의 하나는 우리가 누구인지, 그리고 원형 수준에서 어떻게 활동하는지를 이해하는 것이다.

원형을 알면 인생을 바꿀 수 있을까?

우리에겐 우리를 개인적 신화와 환상, 세상에 대한 아이디어들과 이어주는 원형들이 있다. 그리고 우리의 인생 자체도 공통이 되는 원형적 경험들의 지배를 받는다. 그중 하나가 죽음과 재탄생의 순환인데, 이는 또 다른 형태를 창조하기 위해 하나의 형태를 버리는 보편 경험이다. 불꽃 속에 사라졌다가 잿더미에서 다시 태어나는 불사조의 신화가 이것을 잘 표현한다.

우리는 모두 인생 여정을 지나면서 선택의 갈림길인 교차로를 만나고, 우리가 내리는 결정에 따라 인생의 방향이 극적으로 바뀐다. 같은 방식으로 우리는 '원형의 전이'를 경험할 수 있는데, 우리 안에 복합적으로 존재하는 원형들 가운데 한 가지 이상의 지배적 원형들의 힘이 다른 원형으로 옮겨 가는 것이다. "빈 둥지 증후군"은 바로 그런 원형 전이의 대표적 사례다. 특히 전업주부 '어머니'들이 이것을 경험한다. 오랫동안 아이들을 돌보는데 헌신하다가 아이들이 집을 떠나면, 존재를 지배했던 '어머니' 원형의 역할이 하루아침에 사라져 버린다. 선견지명이 있는 전업주부 엄마들은 경력을 다시 이어가거나 학교에 가거나 아니면 양육과는 관계없는 다른 관심거리를 찾아서 미리 대비한다. 그런 여성들은 대개 인생의 전혀 다른 장으로 들어간다는 설렘을 느끼면서 다음 단계로 순조롭게 옮겨 간다. 그러나 인생에서 원형의 다음 장을 준비해 두지 않으면, 위기지대로 옮겨 가게 된다. 정체성의 일부를 잃은 느낌이 들 것이고, 사실 정말로 잃은 것이다.

배우자를 잃고 홀몸으로 옮겨가는 사람들에게도 이런 현상을 관찰할 수 있다. 배우자가 노년에, 혹은 지병을 앓다가 세상을 떠나면 남은 배우자에겐 반려자의 죽음을 준비할 시간이 있다. 그러나 사고나 심장마비나 뇌졸중처럼 죽음이 갑작스런 경우에, 남은 배우자는 공백상태에 빠진다. 아침엔 아내로 눈떴는데, 밤에는 과부로 잠드는 것이다. 익숙했던 신화적 풍경에서 순간적으로 내밀린 남은 배우자는 이제 새로운 미래를 위한 새로운 신화를 찾아야 한다. 어떤 사람들은 기존의 신화를 벗어 버릴 수 없다고 생각하며, 오래된 신화의 그늘에서, 그 슬픔에서 빠져나오지 못하고 비통함에 잠겨 있기도 한다. 고통에 매달려 오히려 그것을 키우기까지 함으로써, 홀몸으로의 삶으로 이행할 과정을 미루고, 자신이 여전히 결혼한 사람이라는 생각을 부여잡고 있다.

물론 우리는 인생을 살면서 멋진 전이의 경험을 거친다. 사랑에 빠지고, 부모가 되고, 내면 자아의 힘에 눈뜨기도 한다. 인생은, 원형이라는 마법의 양탄자를 타고 삶의 숨은 진실들과 우주적 계획 속에서의 우리 자리에 대해 알아가기 위해 끝없는 모험을 떠나는 것이다.

원형을 찾기 위한 키워드

이 책은 원형들을 하나하나 자세하게 보여 주어, 여러분과 주변 사람들의 삶에 어떤 원형들이 작용하고 있는지 알아볼 수 있도록 되어 있다. 원형들에 대해 배우면 다른 사람들을 더 깊이 이해할 수 있을뿐더러, 그 원형들의 힘과 온전히 이어짐으로써 친밀한 관계를 맺을 수 있다. 여러분이 어느 특정 원형에 곧바로 꽂히더라도 책을 끝까지 읽어보길 바란다. 모든 원형들을 알게 되면 얻을 것이 많다. 일상의 삶에서 원형들을 알아보는 재미 또한 쏠쏠하다. 사람들을 관찰할 때, 자신도 모르게 "아, 저 사람은 영락없는 <지식인>이야." 또는 "<여왕>인 사람이 어떻게 저렇게 하지?" 같은 생각을 저절로 하게 될 것이다.

이어지는 장들에서는 원형들을 하나씩 다룰 것이다. 다른 원형보다 더 중요한 원형은 없다. 다만 알파벳순으로 나열했을 뿐이다. 각 장들은 원형의 의미를 분명히 해 줄 다음과 같은 주제들로 이루어진다.

* **삶의 여정**: 그 원형의 전형적 특성과 행동방식들을 상세하게 설명한다.
* **고유한 과제**: 그 원형의 특징들로부터 자연스럽게 부각되는 사안이나 도전들을 제시한다. 예를 들어 <돌보미Caretaker> 같은 원형은 사랑에 대해서라면 선천적으로 수동적이거나 수용적인 반면에 <러버Lover> 같은 원형은 더 적극적이기 쉽다. 이 부분에서는 한 사람의 인격을 통해 어떤 지배력들이 드러나서 한 원형을 이끌고 있는지 알게 된다.
* **보편적 교훈**: 그 원형을 가진 사람들의 내적 발전에 열쇠가 되는 삶의 교훈, 또는 영혼의 교훈을 설명한다.

* **타고난 은총**: 각 원형에는 그 사람에게 힘을 주고 개인의 성장을 뒷받침하는 타고난 은총, 또는 신비로운 지배력이 있다.
* **내면의 그림자**: 모든 원형에는 우리가 의식적으로 자각하지 못하는, "어두운 그림자 속에서" 움직이는 특징들이 있다. 이런 감춰진 무의식을 대면하면, 자신의 두려움과 부정적 행동방식들을 들춰내 풀어내기 위한 걸음을 내딛을 수 있다.
* **남성의 경우**: 어떤 원형이 남성에게서 독특하게 드러나는 방식을 설명한다.
* **신화**: 신화는 하나의 원형과 관련된 특징적인 이야기들이다. 이를 통해 그 원형의 더 깊은 상징적 의미가 전달된다.
* **생활 속에서의 과제**: 어떤 원형이 한 사람의 생활에 독특한 영향을 미치는 방식에서 생기는 과제들을 다룬다. 이 영향력은 심리적으로, 창조적으로, 또는 개인적 습관과 의례적 행동들을 통해 드러나기도 한다.
* **행동방식과 특징**: 그 원형이 "내" 원형, 곧 내 삶의 지배력인지 아닌지를 알아보도록 그 특징과 행동방식들을 요약한다.
* **내 원형으로 들어가기**: 각 장들은 그 원형의 힘을 끌어낼 수 있는 여러 가지 실천방법들로 끝을 맺는다.

이 책을 읽으며 기억해야 할 점은, 원형이 정신의 창조물이라는 것이다. 곧이곧대로 그렇다는 것이 아니라, 신비적 의미에서 그렇다. 원형패턴들이 사람마다 다르게 적용되므로 원형들을 정확하게 정의하기란 불가능한 일이다. 두 사람이 <돌보미> 원형을 지녔다 해도 이 원형이 드러나는 방식은 두 사람 인생의 줄거리와 필요에 따라 다를 것이다. 그렇지만 원형패턴을 알아내는 법을 배우고 나면, 내 삶이나 다른 사람의 삶을 보고서 거기에 원형이 영향을 미치는 미묘한 방식들을 알 수 있을 것이다. 원형을 정의하기가 불가능할지는 몰라도, 언제나 알아볼 수는 있다.

여러분이 진정한 자신이라고 아는 어떤 원형과 이어지고 나면, 여러분의 삶에 영향을 미치고 있을지도 모르는 다른 원형들을 찾아볼 마음이 생길 것이다. 하나의 원형과 이어진다는 것은 자신의 진짜 자아, 진정한 자신과 이어지는 다리가 생기는 것이다.

여러분은 여러분의 인격보다, 여러분의 습관보다, 여러분이 이룬 것보다 훨씬 더 큰 존재다. 이야기와 신화와 꿈들, 우주만큼 거대한 야망을 품은 한없이 복잡한 인간이다. 자신을 깎아내리느라 시간을 허비하지 말자. 큰 꿈을 가지고, 자신의 원형들을 이용하자. 여러분이 '예술가'라면 예술을 하라. 혹시 '비저너리'라면 미래에 필요한 뭔가를 상상한 다음, '기업가'와 힘을 모아 그것으로 벤처기업을 만들라. 자신의 원형이 가진 에너지를 여러분이 태어난 진짜 이유를 표현하는데 쓰라. 안전하게 살려고 있는 인생이 아니다. 바로 그 목적을 위해 살려고 있는 인생이다.

원형의 영역에는 여러분을 기다리는 내면의 풍요가 있다. 책장을 넘겨 그리로 뛰어들라!

PART 1

운동가
The Advocate

나의 힘으로 세상을 바꿀 것이다

* **원형가족:** 지지, 옹호, 주장

* **다른 표현들:** '친환경주의자Organo', '나체주의자Naturist', '옹호자Defender'

* **삶의 여정:** 사회·환경의 긍정적 변화를 위한 의식 있는 주체가 되기

* **고유한 과제:** 자신의 분노나 개인적 의제보다는 자신의 강점과 재능을 끌어당기는 명분 찾아내기

* **보편적 교훈:** 모든 일을 다 할 수 없다고 해서 뭔가를 하는 일을 멈출 수는 없다.

* **타고난 은총:** 희망

* **내면의 그림자:** 자신이 하는 일의 가치를 남들이 인정해야 한다는 믿음. 자신이 남들보다 더 큰일을 한다는 믿음.

* **남성의 경우:** 운동가, 사회운동가, 건강전사Health Soldier

* **신화:** 강요된 변화

* **행동방식과 특징:** 〈운동가〉는

– 사회, 정치, 환경 분야의 변혁에 전념한다.

– 인도주의적 명분들을 내세우는데 헌신한다.

– 약자들을 대변한다.

– 인권과 환경보호를 위해 싸운다.

* **생활 속에서의 과제:** "하나의 명분에 헌신하는 것이 내 생활방식을 어떻게 바꾸겠는가?"

삶의 여정

∶

<운동가>는 열 가지 원형가족 가운데 가장 낯선 원형일 것이다. 1960년대 시민의식이 높아지고 사회적 행동이 늘어나 하나의 인정받는 힘의 형태로 등장하면서 비교적 최근에 추가된 원형이기 때문이다. <운동가>들은 공익을 위해 인도주의적 관심사들을 내세우는데 전념하면서, 목소리를 낼 수 없는 사람들의 권리를 옹호한다. 이 원형의 목적은 다름 아닌 사회, 정치, 환경 분야의 변혁이다. <운동가> 원형을 가진 사람들은 사회적 약자들을 자석처럼 끌어당긴다. 사회적·정치적 또는 재정적 수단을 통해서는 요구를 표현할 힘이 없는 개인이나 집단들은 '운동가'에게서 자신들을 위해 일해 줄 사람을 찾아낸다.

<운동가>들은 자신이 <운동가>인지를 두 번 생각할 필요가 없다. 이 특별한 원형에게는 세상의 바꿀 필요가 있는 것들을 향해 열성적으로 나아가는 GPS가 있다. 남들을 위해 어떤 변화를 가져오고 더 살기 좋은 세상을 만들려고 태어난 탓에 사회적 관심사들에 끌린다. 흔히 <운동가>를 묘사하는데 쓰이는 '변화의 주체'라는 용어는 이 원형에게서 크고 작게 고동치는 추진력이다. 변화는 우리 인간들이 두손 흔들어 환영하

는 무언가는 아니다. 익숙한 것들을 떠나보내지 않으려는 저항심이 우리 DNA에 짜여 들어간 듯하다. 그러나 근본적인 변화의 모멘텀은 늘 물꼬를 열어 낡은 것을 무너뜨리고 새 구조물을 세울 기회를 준다. <운동가>의 '삶의 여정'은 변화라는 자연법칙 속에 깊숙이 짜여 들어가 있다..

<운동가>의 가슴 속에는 세상에 변화를 가져올 방법을 볼 때마다 저절로 불붙는 불꽃이 있다. 남들의 삶이 나아지도록 자신을 다 내주는 사람들이 바로 이 원형이다. <운동가>라는 딱지는 비교적 새로운 것이지만, 짓밟힌 사람들을 대신해 행동으로 옮기는 추동력은 그렇지 않다. <운동가>의 선배들은 수세기를 앞서 갔다. 많은 이름난 사람들 중에서도, 남북전쟁 전에 미국의 노예제를 없애려고 싸운 노예폐지론자들, 19세기와 20세기 초에 아동노동의 개혁을 옹호한 위원회들, 여성의 투표권을 위해 용감히 싸운 여성참정권 운동가들이 있다. 이런 집단들은 1960년대의 시민운동을 촉발한 사회운동과 행동주의가 등장하도록 길을 닦았고, 이 시민운동은 다시 사회적 자유를 신장한 새 시대와 미국의 베트남전 개입을 끝내게 한 반전운동을 낳았다. 사회적 · 정치적 변화를 위한 기회의 창이 활짝 열리면서, 환경운동과 여성운동이 모습을 갖추기 시작했다. <운동가> 원형과 그 경이로운 선구자들이 없었더라면, 우리가 지금 당연하게 여기는 사회적 · 성적 자유를 누릴 수 없었을 것이다. 오늘날 이 자유가 일부 위협받으면서 <운동가>들과 그 사촌격인 <반항아>들의 새로운 세대가 나서려 하고 있다.

흔히 <운동가>는 변호사, 사회복지사, 환경운동가, 자선사업가, 지역사회조직가, 작가, 미디어전문가 등과 같은 직업을 갖는다. 이들에

게 <비저너리>나 '기업가' 원형도 함께 있다면 사업에도 능력을 보여 줄 수 있다. <운동가>는 <반항아> 원형과 함께 어떤 명분을 위해 가 두시위를 벌이기도 한다. 의심할 나위도 없이, PETA(동물을 윤리적으로 대하는 사람들)와 MADD(음주운전 반대 어머니회) 같은 운동들은 <운동가> 와 <반항아>들이 시작했다.

<운동가>들은 보통 달변의 연설가이기도 하지만, 말만 그럴듯하게 하는 것은 아니다. 잘못된 방향으로 가는 체제를 바로잡는데 관심을 기 울이는 행동가의 면모가 두드러지는 원형이다. 많은 <운동가>들은 힘 과 정의의 편이다. 인권침해 또는 환경 재앙에 맞서 싸우는데 에너지 를 쏟는다. 어떤 <운동가>들은 도시정원과 재활용 관련 프로젝트를 기 획하여 사람들이 더 의식적으로 살도록 북돋우면서 이 원형을 표출한 다. <운동가>가 취하는 행동주의의 형태에 상관없이 이 원형에게는 어 젠다가 있는데, 이는 곧 긍정적 변화를 촉진하고 새롭게 시작하는 것이 다. <운동가>의 '삶의 여정'은 사회변혁의 주체가 되는 것이다.

그런데 이런 <운동가>들의 '삶의 여정'은 비슷하지만, 이 원형을 가진 모 든 사람이 같은 것은 아니다. 한 사람 한 사람의 원형적 특징들은 개인 인 격의 구성요소들과 섞여서 다른 누구와도 같지 않은 '운동가'를 만든다. 그 러나 이 원형은 대부분 다음과 같은 세 가지 유형 중 하나에 들어간다.

취미운동가

'취미운동가Hobby Advocate'는 뭔가 가치 있는 일을 하고 싶어는 하지만, 적어도 장기간의 또는 광범위한 변화를 일으킬 방법에는 아직 뛰어들지 않은 사람들이다. 그렇다고 이 사람들이 호사가라는 의미는 아니다. 그것과는 거리가 멀다. '취미운동가'는 우선 사회문제에 관심을 갖고 지역사회 운동의 밑바탕을 이루는 사람들이다. 그들은 대개 어떤 프로젝트에 전념하기에 앞서 기한이 분명하게 정해진 일을 찾는다. 또한 논란의 여지가 적은 프로젝트들을 찾는다. 이들은 행동가가 아니라서, 급진적인 사회적 또는 정치적 변화를 추구하기보다는 지역사회를 더 나아지게 하는데 초점을 두고 싶어 한다. 근린공원이나 어린이집 설치를 지지하고, 농산물직거래장터를 열고, 학교폭력 근절조치를 후원하고, 더 건강한 학교급식을 위해 로비를 벌이거나, 아이들의 여름 프로그램을 위한 기금을 모으기도 한다. 이들은 그저 요령을 익히고 있으므로, 더 큰 사회적 불의에 관한 사안에 뛰어들거나 환경범죄와 싸우는 것은 주 관심사가 아니다.

열성운동가

'열성운동가Devoted Advocate'는 정확히 이름 그대로다. 사회, 환경, 인도주의, 정치 또는 경제 변화를 위해 장기적으로 기여할 길을 신중하게 고르고, 그 약속에 따르는 개인적·재정적 위험들을 기꺼이 각오한 사람이다. 예를 들어 친환경적 삶을 옹호하는 사람들은 주말에만 친환경적으로 살지 않는다. 작은 태양열 주택을 짓거나 기존의 집에 친환경 설비를 가설하거나, 유기농 텃밭을 가꾸고, 폐기물을 재활용하고, 재활용 의류를 입고, 하이브리드 자동차를 몰거나 대중교통을 이용하는 것만이 아니라, 환경의식을 높이는 일을 하고 입법을 하기 위해 로비를 벌이는 것이다. 지속가능한 생활방식에 전념하면서 친환경적으로 사는 사람들(친환경주의자)은 진정한 선구자들이다. 그들은 미래에 의식 있는 모든 사람들이 당연하게 여길 것을 위해 기틀을 마련하고 있다.

또 다른 형태의 '열성운동가'는 사적지를 지키려고 분투하는 사람이다. 가치를 매길 수 없을 만큼 소중한 기념비적인 건물과 사적지들을 많은 사람들이 알아보지도 못하거나, 그 도시를 아름답게 하는 건축물들의 가치에 대해 아무 생각이 없다는 것은 놀라운 일이 아닐 수 없다. 재클린 케네디 오나시스는 영부인 시절 백악관의 복원과 그랜드 센트럴 스테이션 같은 뉴욕시 명소들의 보존부터 시작해서, 미국에서 가장 중요한 건물들을 보존하는데 견인차 역할을 했다. 역사와 건축물을 지키는 '운동가'들은 중요한 명소들을 보존하려고 입법부에 로비를 벌이고, 후세를 위해 그것들의 옛 영예를 되찾는 일을 한다. 우리 선조들의 소중하기 그지없는 작품들을 일부나마 살린 것은 이들 '열성운동가'들 덕분이며, 또 그들의 노력으로 인해 우리 도시들은 온통 차갑고 현대적인 모습이 아니라 생기 넘치고 다양한 건축물로 가득하게 되었다.

강박운동가

'강박운동가Compulsive Advocate'는 몇 가지 점에서 <운동가> 원형의 세 가지 형태 가운데 가장 취약하다. '강박운동가'는 보통 개인의 정서적 욕구를 충족하려고 사회적 명분에 동참한다. 대개 사회변화를 후원하는 집단들에게는 그들을 휘감는 긍정적 에너지가 많고, 남들을 위해 좋은 일을 한다는 것은 그 일을 하는 사람들의 기운을 넘치게 해준다. 그들은 "사람들을 도울 때보다 내가 살아 있다는 느낌을 더 많이 느낀 적이 없어."라고 말하곤 한다. '강박운동가'들은 어떤 명분에 헌신하고 열정 있는 '운동가' 동료들과 연대한다는 정서적 도취감에 중독되는 것 같다. 사회적 동지애가 명분 자체보다도 중요해진다. 하지만 결국 시간과 에너지를 쏟는 것이 헌신보다는 구속처럼 느껴지게 되고, '강박운동가'의 관심은 곧 시들해진다. 그러면 그들은 그 명분에 아주 비판적으로 돌아서서 조직의 목적이나 정책 또는 진실성마저도 의심하며 발을 뺄 구실을 찾는다. '강박운동가'들은 하나의 명분에서 발을 빼더라도, 그들의 사회적 아드레날린을 다시 치솟게 하고픈 욕구 때문에 결국 또 다른 명분을 찾아 나선다. 이 과정은 끝없이 반복될 수 있다. '강박운동가'가 진실하지 않아서가 아니다. 대부분은 자신이 헌신할 명분을 진심으로 찾고 있다. 그러나 그들의 주된 동기가 이타적 열정보다는 정서적 욕구이므로, 어떤 명분에의 헌신이 너무 힘든 일이란 것을 깨닫게 되는 것이다.

당연히 이 세 가지 범주에 깔끔하게 들어맞지 않는 '운동가'들이 있고, 또 어떤 '운동가'도 하나의 범주 안에 영원히 머물지는 않는다. 보통 지역사회 운동에 재미를 붙인 '취미운동가'는 어떤 조직이나 사안에 더 깊이 헌신한다. 이와 비슷하게 '강박운동가'는 사회적 연줄을 찾아 이 집단 저 집단을 전전하느라 지치게 되면, 한 가지 명분을 붙들고 거기 진지하게 전념하기도 한다.

고유한 과제

．
．
●

    <운동가> 원형은 많은 도전에 부딪친다. 세상에서 바꿔야 할 것들을 찾아내도록 유전적으로 프로그램되어 있기 때문이다. 이들은 사회의 잘못된 것, 고쳐야 할 것, 더 나아질 수 있는 것, 그리고 상처받는 사람들을 향해 곧장 나아간다. 한 마디로, 사회의 병폐는 사람들 대부분이 생각하고 싶어 하지 않는 아주 긴 목록의 문제들로 이루어진다. 그러나 여러분이 <운동가>라면 잘못된 것들을 바로잡고 싶어 하는 타고난 열정이 있다. 여러분 인생의 목적은 세상을 더 좋고 더 살맛나는 곳으로 만드는 것이다. 이 열정이 여러분의 가장 큰 자산이지만, 모든 자산들이 그렇듯 그것을 노련하게 다루지 않으면 부담이 된다. 열정과 지혜와 재능과 충만한 희망이 함께 하면 누구도 꺾을 수 없는 영혼의 연금술이 발휘된다. 그러나 유능한 <운동가>가 되려면 여러분은 사회를 변화시키려 할 때, 인간의 본성과 사회의 의식에 대해 현실을 직시해야 한다. 세상을 유토피아로 만들겠다고 분투하는 것은 대서양을 헤엄쳐 건너가겠다는 것처럼 헛된 목표가 될 것이다. 아예 헤엄을 치지 말라는 말이 아니라, 실패할 게 빤한 횡단을 시작해서는 안 된다는 뜻이다. 이처

럼 사회변화를 가져오는 일을 시작할 때는 반드시 현실적인 목표들을 세워야 한다. 여러분의 자원을 고갈시키거나, 이루지 못할 경우 분노하게 될 그런 목표는 고르지 말자.

<운동가>에게는 자신만의 강점과 약점을 알고 목표를 현실적으로 평가하는 일이, 어디에 시간과 에너지를 쏟아야 하고 또 쏟아서는 안 되는지를 결정하는 열쇠다. 그런 분명함이 없으면, '취미운동가'마저도 좌절감이나 열등감을 느끼면서 끝날 위험이 있다. 더욱 좋지 않은 일은, 여러분이 분노나 치유되지 않은 상처 때문에 어떤 명분에 이끌릴 수도 있다는 것이다. 예를 들어 알코올 중독 가족에게 일어난 고통스런 사건 때문에 '음주운전 반대 어머니회'에 가입하는 것이다. 언뜻 생각하면 이런 활동을 통해 적절하고도 정서적인 치유가 될 듯해 보이기도 한다. 하지만 개인의 사안들을 초월하지 않고서는, 여러분의 고통은 자신에게도 그 명분에게도 도움이 되지 않는 형태로(어쩌면 수동적인 공격의 형태로) 표출될 수 있다. 여러분이 그 명분 자체에 끌리는 것인지, 자신의 비통함에 대한 증인이나 끝맺지 못한 일을 찾고 있는 건 아닌지를 점검하는 것은 언제나 현명한 일이다.

사회운동을 하는 집단은 지원 단체가 아니다. <운동가>로서 제대로 일하려면, 여러분의 재능과 한계들이 어느 곳에 딱 들어맞는지를 결정하는데 통찰력이 있어야 한다. 사람들을 돕는 것은 분노가 아니라 비전과 영감이다.

보편적 교훈

．
．
●

슬픈 일이지만, 세상에는 해결이 필요한 문제들, 구제가 필요한 위기들, 도움이 필요한 사람들이 끊이지 않을 것이다. 그럴 가능성이 너무도 크다. 우리는 "내가 과연 무얼 할 수 있을까?"라고 자문하며 가슴만 칠 뿐이다. 불타는 로마를 보면서 손에 달랑 물 한 컵뿐이라면, 논리적인 대답은 "마시고 달아나라, 다 끝났으므로."일 것이다. 그러나 우리가 보고 있는 것은 불타는 로마가 아니다. 손을 댈 것인가 말 것인가를 판단하는데 있어서도 논리가 가장 좋은 친구는 아니다. 여러분은 눈앞의 엄청난 위기에 맞서 자신의 노력은 '계란으로 바위치기'일 뿐이라고 계속 되뇔지도 모른다. 하지만 역사는 다르게 이야기한다. 역사를 뒤져보면 작은 행동이 대단한 결과를 가져온 사례는 가득하고, 한 사람의 용기 있는 태도가 세상을 탈바꿈시켰음을 볼 수 있다. 아프리카계 미국인 여성으로 버스에서 백인에게 자리 내어 주기를 거부했던 로자 파크스Rosa Parks를 기억하는가? "난 굴복하는 일에 신물이 났었어요." 후일에 그녀가 한 설명이다. 시민권운동의 도화선이 된 이 작지만 대담한 행동으로 그녀는 <운동가> 원형의 정수를 딱 맞게 표출했다.

<운동가>는 반드시 어떤 형태의 사회운동에 몸담는다. 이 원형을 가진 많은 사람들이 세상에 불을 댕기는 재능을 가지고 태어나기는 했지만, 꼭 여러분이 그럴 필요는 없다. <운동가>의 교훈은 바로 이 점을 받아들이는 것이다. 모든 일을 다 할 수 없다고 해서 아무것도 할 수 없다는 것은 아니다. 여러분이 할 수 없는 것 때문에 멈춰서기보다는 할 수 있는 것을 따르면 된다.

타고난 은총 : 희망

⠿

인류에게 한 가지 은총만이 주어진다면, 나는 희망이라는 은총을 고를 것이다. 모든 은총이 다 훌륭하지만, 희망이야말로 본질이 되는 것이기에⋯⋯. 희망 없는 삶이란 견디기가 불가능하지만, 희망이 있으면 불가능은 이겨낼 수 있다. 인류를 위해 새로운 길을 나아가는 사람들은 그들의 행동으로 다른 사람들의 희망을 지켜주므로, <운동가> 원형에게 희망은 가장 알맞은 은총이다. <운동가>들은 세상을 더 살기 좋은 곳으로 만들기 위해 가치 있거나 필요한 명분들에 힘을 쏟도록 나머지 사람들에게 영감을 불어넣고, 우리 가슴속의 희망을 거듭거듭 새롭게 한다.

<운동가>가 인권을 위해 투쟁하거나 생태에 대한 인식을 높이려고 일하거나 아니면 친환경 사업계획을 실행해 옮기거나, 새로운 사고방식을 도입하려 시도할 때 변화의 수레바퀴는 천천히 돌고 있는 것이다. 특히 새로운 것이 낡은 것을 위협할 때 그렇다. 더 나은 미래를 위한 희망, 새로운 발상이 새로운 결과를 낳으리라는 희망, 다른 사람들의 욕구를 돌보는 것이 중요하다는 희망! 희망이라는 은총이 아니라면, 과

연 그 무엇이 진정한 <운동가>를 계속 나아가게 하겠는가?

희망이야말로 인류가 칠흑 같은 어두운 시대를 살아남게 한 은총이다. 고대 그리스 신화에서, 판도라가 제우스의 명을 어기고 상자를 열었을 때 모든 해악들이 풀려나왔지만, 바닥에 단 하나가 남았으니 바로 희망이었다.

희망은 우리가 암울한 시대를 헤쳐 나갈 수 있음을, 온갖 어려움들은 반드시 끝날 것이라는 것을 알게 해 주기에 우리 가슴은 벅차오른다. 희망은 "하루하루가 새로운 시작이요, 당신의 삶은 눈 깜짝할 사이에 바뀔 수 있다." 같은 자명한 이치로 <운동가>를 버티게 한다. 희망이 있기에 여러분은 한 번도 경험해 보지는 못했을지라도 기적에 대한 믿음의 끈을 놓지 않는다. 무엇보다도 희망은 여러분이나 사랑하는 사람 혹은 사회 전체가 치유 받고 싶을 때 필사적으로 매달리는 은총이다. 그 명분이 아무리 실패한 것처럼 보여도 이에 굴하지 않고 나아가는 <운동가>만큼, 희망이라는 은총이 얼마나 실질적이고 강력할 수 있는지를 아는 사람은 아마 없을 것이다.

내면의 그림자

·
·
●

<운동가>의 모든 선의들은 부정적으로 작용할 수도 있다. <운동가>
들은 그들이 옹호하는 사회, 정치 혹은 환경 분야의 명분들에 그토록
열정적이고 헌신적이므로, 그런 자신의 노력을 인정받고픈 욕구에 더
더욱 취약하다.

앞에 설명했던 '열성운동가'의 경우처럼, 행동하고 입고 먹고 운전하
고 생각하는 모든 것이 친환경적 철학과 조화를 이루는 생활방식에 몸
을 던지는 것은 만만찮은 일이다. 그런 생활방식을 사는 '운동가'라면
모든 제품에 붙은 상표를 꼼꼼히 읽고, 유기농 식품만을 사고(구하지 못
하면 차라리 굶거나), 어딜 가든 하이브리드 자동차나 자전거를 몰아야 한
다. 이 목록은 끝이 없다. "의식 있는" 삶에 그런 노력을 쏟는 <운동가>
가, 환경을 지키려는 노력을 조금도 하지 않는 사람들을 비판하는 모습
은 쉽게 보는 일이다.

열성적인 '인권운동가'도 이와 비슷하다. 어떤 명분에 헌신하는 데에
는 위험이 따르는데, 남들도 그 명분이 갖는 중요성을 나만큼 열의를
가지고 이해하기를 바라는 것이다. 어떤 사람들은 그 문제를 심각하게

생각하지 않고, 또 어떤 사람들에게 그것은 문제조차도 되지 않는다. 어쩌면 그들은 오늘이 아니라 내일에, 다른 방식으로 사회를 돕도록 부름 받을지도 모를 일이다.

그런데 <운동가>로 산다는 것의 어두운 부분이 바로 이 점이다. 어떤 명분을 위해 희생을 무릅쓰더라도, 여러분은 앞서가는 훌륭한 본보기라는 점을 늘 잊지 않아야 한다. 여러분의 능력 밖의 것들이 늘 있기 마련이고, 여러분이 하지 않은 것들만 보는 사람들도 늘 있기 마련이다. 그들은 여러분의 노력에 고마움을 표현하지 못하거나 하지 않을 것이다. 좋게 말하자면, <운동가>가 아닌 많은 사람들은 그들의 세상을 더 좋은 곳으로 만들려고 여러분이 떠맡는 개인적 희생과 위험이 어떤 것인지 관심도 없다는 점을 기억하자. 여러분이 할 수 있는 것은 그들의 무지를 용서하는 것뿐인 때가 종종 있다.

<운동가>가 가진 또 다른 그림자는 "내가 하는 일이 네가 하는 일보다 훨씬 더 중요해."라고 생각하는 일종의 우월감이다. 이런 태도는 독과 같아서, 여러분이 삶을 바쳐 도우려고 하는 바로 그 사람들에게서 멀어지는 결과를 가져온다. 모든 사람이 모든 곳에서 최선을 다하고 있음을 기억하기 바란다. 여러분 기준에는 미치지 못할지 모르지만, 여러분이 이루지 못한 일을 되새기게 하는 말을 들으면 싫듯이, 남들도 그들의 노력이 의미 없다고 하면 똑같이 싫어한다.

남성의 경우

.
.
.

남성 <운동가>는 모든 특성들만이 아니라, 맞닥뜨린 도전까지도 여성의 경우와 동일하다. <운동가>의 능력에 있어 성별은 전혀 중요하지 않다. 그러나 <운동가> 남성들이 그들의 원형을 표현하는 방식을 선택하는 데서 조금 차이가 있다. 그 한 표현이 유기농 농부인데, 이들은 기업을 통해 강요받는 유전자변형농산물(GMO) 종자를 농장에서 몰아내려고 분투한다. 건강한 흙, 건강한 종자를 추구하는 이 <운동가>들은 사람들의 건강을 지키려고 싸우는 "건강전사"로 빠르게 진화하고 있다. 무공해 종자를 지키기 위한 분투는 온 세상으로 퍼지고 있다. 무공해 종자들이 세상에서 자취를 감춰가면서 많은 <운동가>들이 건강한 종자들을 보관하고 있다. 이들의 헌신은 GMO 종자가 아닌 재래 종자로 재배한 농산물에 대한 수요 증가와 밀접한 관련이 있다.

남성 <운동가>들이 표현하는 두 가지 다른 형태는 '환경주의자'와 '사회적 권리 운동가'이다. 이 원형들을 가진 남성은 위험한 지역과 제3세계 국가들에서 역량을 베푸는 국경 없는 의사회, 세계수의사회("국경 없는 수의사회"와 비슷한 단체), 국제연합봉사단 같은 조직에서 흔하게 만날 수 있다. 여성 <운동가>들도 이런 관심사에 투신하기는 하지만, 특히 남성 <운동가>들이 지역사회개발과 국가재건, 재난구호, 건설, 응용기술뿐 아니라, 사회정의와 환경계획, 환경보전과 관련된 조직들에 끌리게 된다.

〈운동가〉의 신화

．
．
．

〈운동가〉의 신화는 우리가 사람들을 바꿀 수 있다거나, 그들이 우리가 하는 일의 가치를 알게 될 것이란 믿음이다. 하지만 지혜에 귀 기울여 보면, 밀어붙일수록 상대는 완강히 버틴다고 말한다. 그 누구도 억지로 강요받기를 좋아하지 않는다. 사람들이 귀담아 듣게 하려면 〈운동가〉는 예리하고 영민하며 잘 참고 지혜롭고 창의적이어야 한다. 여러분이 가족, 기관, 경제, 또는 사회에 변화를 가져올 때마다, 그것이 누군가에게는 위협이 될 것이 분명하다. 그들이 여러분이 주는 메시지에 담긴 힘을 알아보는 것만으로도…….

예컨대 대체에너지를 위해 일하는 〈운동가〉들은 끊임없이 정치적 · 경제적 싸움을 치른다. 싸움에서 이길 때보다 질 때가 많아 보여도, 결국 그들은 에너지전쟁에서 이길 것이다. 언젠가는 화석연료가 바닥날 것이기 때문이다. 변화는 선택의 문제가 아니라, 시간 문제다.

외롭고 힘든 싸움을 마주한 〈운동가〉에게 행동방침이라곤 하나밖에 없다. 자신의 메시지를 믿는 것이다. 끝까지 해내는 자신의 능력을 믿어 보자. 그리고 남들의 인정을 받고 싶다는 생각은 내려놓자.

생활 속에서의 과제

·
·
●

우리 사회에서 사람들이 뭔가에 헌신하기를 두려워하는 이유가 있다. 헌신은 삶을 바꿔 놓기 때문이다. 이는 당연히 삶의 우선순위를 재정리해서 시간, 에너지, 관심과 자금을 쏟아야 한다는 의미다. 다시 말해 헌신은 여러분에게서 시간을 앗아간다. "하나의 명분에 헌신하면 내 생활방식이 바뀔까요?"라는 질문에 간단히 답하자면 "그렇다."이다. 그러나 "어떻게 바뀔까요?"라는 질문에는 많은 부분이 여러분의 개인적 환경에 달렸다고 답하겠다. 그렇지만 한 가지는 확실하다. 여러분의 삶은 더 이상 자신만을 위한 삶이 아닐 것이다. 여러분이 <운동가>가 되겠다고 진지하게 생각한다면, 여러분 삶의 초점과 추진력은 여러분이 시간과 에너지, 그리고 어쩌면 물적 자원을 바치기로 맹세한 그 명분이 될 것이다.

우리 사회가 헌신을 무서워했던 적은 없었다. 어떤 시대에서든 헌신한 사람들은 항상 있었다. 그러다가 "자기중심의 시대"인 1970년대가 왔고, 1960년대를 특징지었던 정치적·사회적 정의에 대한 관심은 자기실현과 개인적 안녕에의 집착으로 바뀌었다.

그 후로 우리가 삶 자체와 상호작용하는 근본 방식이 바뀌었다. 기술과 인터넷이 우리의 삶을 에너지의 광대한 네트워크로 바꿔 놓았다. 이제 우리는 개인의 에너지에 따라 자신의 가치를 매긴다. 어떤 프로젝트나 유대관계에 헌신할 것인지 말 것인지를 결정할 때도, 우리 역량과 자원 또는 그 프로젝트의 중요성보다 그것이 개인의 에너지를 얼마나 요구하느냐를 따진다. 프로젝트나 유대관계가 에너지를 너무 많이 요구한다면, 우리는 머뭇거리다가 거기 헌신하거나 아예 손을 턴다. 과거 우리는 지역사회와 가족 지향의(따라서 헌신이 중심이 되는) 활동들을 중시했지만, 이제는 개인적 관심과 자기계발, 돈벌이를 위한 활동들을 중시한다. 우리 세상에서 뭔가 잘못 돌아가고 또 바뀌어야 하거나, 당치 않게도 바로 자신이 사는 방식이 환경훼손에 한 몫하고 있다는 사실을 사람들이 알더라도, 자신의 안락지대comfort zone를 걸어 나오려는 위험을 무릅쓰려 하지 않는다.

지금 세상을 지배하는 가치들은 우리에게 인생이란 "다 나에 관한 것"이라고 믿으라고 하므로, <운동가>의 가치 자체가 특별한 도전이 된다. 하지만 그렇지 않다. 그랬던 적도 없다. 인생은 우리가 남들을 위해 무엇을 할 수 있는가에 관한 것이다. 여러분의 정신 속에 <운동가>가 살아 움직이고 있다면, 여러분은 지금 우리가 사는 역동적인 시대에 참여하려고 태어난 것이다. 우리는 사회적·정치적·환경적으로 큰 변화를 만들어내라는 전면적 도전에 처해 있으니까…….

내 원형 알아보기:
나는 〈운동가〉일까?

.
.
.

여러분에게 <운동가> 원형이 있다면, 여러분은 어떤 종류의 사회적, 환경적, 정치적 행동에 이미 뛰어들었거나 그런 생각이라도 하고 있을 게 거의 확실하므로, 그것을 모르고 있기는 아주 어려운 일이다. 그러나 여러분이 가진 어느 다른 원형에 붙잡혀 있을 수도 있다. 거기 <돌보미>가 있다면 아마 가족을 꾸리고 있을 것이고, <지식인>이 있다면 공부를 하고 있을 것이다.

그런데 지금 여러분은 뭔가 긍정적인 일로 세상에 이바지하고픈 솟구치는 갈망을 느낀다. 그 다음 단계로 넘어가서 실제로 뛰어들 정도의 <운동가>가 여러분에게 있을까? 다음에 제시된 <운동가>의 행동방식과 특징들을 살펴보고 그것들과 공명하는지 알아보자.

〈운동가〉의 행동방식과 특징들
- 사회, 정치, 또는 환경 문제에 자연스럽게 끌린다.
- 세상을 달라지게 하고 싶다고 느낀다.
- 생애를 바칠 만한 어떤 일에 전념한다.

- 사회에서 잘못 돌아가는 일을 바로잡는데 몸을 던진다.
- 혹사당하는 사람이나 동물 혹은 환경에 대해 보거나 들으면 행동으로 옮기고 싶다.
- 어떤 문제를 보면, 문제의 해결책을 대뜸 생각하기 시작한다.
- 특정 집단의 곤경이나 명분에 끌린다.
- 법률, 사회복지, 건강관리나 지역사회개발 같은 활동 분야에서 일하거나, 그런 일을 생각하고 있다.
- 자연재해나 그 밖의 재난을 알리는 뉴스를 보면 거기 관련된 사람들을 어떻게 도울 수 있을지 생각한다.
- 문제가 있는 위험지역에 가서 인도주의적 지원을 하거나 국제사회의 관심을 끌어내는 유명 인사들을 우러러본다.
- 힘없는 사람들을 위해 항변한다.
- 인도주의적 명분들을 진척시키는데 전념한다.

내 원형으로 들어가기: <운동가>의 힘

. . .

<운동가>가 다루어야 하는 도전은 자신의 노력을 관리하는 것이다. 다음과 같은 행동들이 여러분의 에너지와 역량을 가장 효과적으로 쓸 수 있는 곳을 찾는데 도움이 될 것이다.

- **지구적으로 생각하고 지역적으로 행동한다.** 대대적인 변화를 꿈꾸는 것은 멋진 일이지만, 뭔가를 이루려 한다면 너무 규모가 큰 문제에 달려드는 것은 좌절과 실패의 지름길이다. 여러분이 사는 지역에서 익숙한 사안을 가지고 작게 시작하고, 처음에는 신중하게 관여하는 태도를 지켜 가기 바란다. 조금씩 확장시키는 과정에서 성공이 따라온다. 배울 수 있는 기회에 마음을 열어서 신뢰를 쌓는 것이 좋다.
- **네트워크.** 우리에게는 서로가 필요하다는 사실이 <운동가> 만큼 분명한 집단은 없다. 사회적 활동은 팀이 움직이는 것이다. 한 사람의 <운동가>가 그물을 던질 수는 있지만 잡은 것을 끌어당기려면 더 많은 사람이 있어야 한다. 최근의 대통령 선거와 '오큐파이 운동'에서 보았듯이, 소셜네트워크를 잘만 이용하면 그 시너지효과는 경이로

울 수 있다. 그러나 구식이기는 하지만 오프라인 소통도 잊지 않길 바란다. 만일 기금을 모으고 있다면, 얼굴을 마주보며 하는 설득이 동참하게 하는데 가장 효과적인 방법이다.

- **조사한다.** 전념하고픈 어떤 명분을 찾아다니고 있다면, 직감에 귀를 기울이자. 해결하고 싶은 문제는 무엇인가? 여러분에게 울림이 있는 분야가 있는가? 예를 들어 보건이나 여성문제나 동물권리 같이 여러분에게 끌리는 분야가 있는가? 다르푸르(지역분쟁을 겪고 있는 수단 서부 지역)나 아이티나 팔레스타인에 끌리는가? 문제를 해결하는데 사용할 어떤 역량을 가졌는가? 여러분이 의사나 개발 전문가가 아니라도 홍보나 회계 경력이 있거나, 컴퓨터를 잘 쓰거나, 사람들을 잘 다루거나, 말재간이 좋을 수도 있다. 모두 <운동가> 세계에서는 아주 인기 좋은 능력들이다. 일단 범위를 몇몇 조직들로 좁히고 나면, 자선단체들의 경영과 기금 사용 같은 요소들을 평가하는 '채러티 네비게이터 Charity Navigator' 같은 웹사이트에서 확인해 보자. 훌륭한 <운동가>들은 시간과 에너지를 현명하게 쓴다.

- **"님비" 파괴자가 된다.** 이웃에 사회복귀훈련 시설이나 노숙자쉼터가 들어서기를 바라는 사람은 없을 것이다. 그래서 "님비NIMBY(Not In My Back Yard 내 뒷마당에는 안 돼!)"란 말이 생겼다. 그러나 인도주의 시설은 어딘가에는 들어서야 하고, 반대하는 사람들이 믿는 것처럼 그 시설들이 이웃에 있어 다 나쁜 것만은 아니다. 만약 여러분에게 <운동가> 성향과 함께 뛰어난 외교적 수완이 있다면, 모두를 위한 사회 변화를 가져올 수 있을 것이다.

- **'취미', '열성' 아니면 '강박'?** '삶의 여정'을 얘기한 앞부분으로 되돌아가서 <운동가>의 어떤 범주가 내게 가장 잘 들어맞는지 알아보자. 여러분이 내년이 아니라 지금 당장 할 수 있는 헌신의 수준과, 여러분의 기대가 현실성이 있는지 없는지가 분명하다면 나중에 실망하지 않을 것이다. '취미운동가'는 전단지를 나눠 주면서 따분한 일요일을 때울 수 있지만, 중요한 정치운동을 하기로 결정했다면, 밤늦도록 일하고 몇 주를 길에서 보낼 각오를 해야 한다. 여러분은 재정적으로 정서적으로 그렇게 할 수 있는가? 여러분이 관여하는 일의 결과로 가족이 고통 받지는 않겠는가?

- **야심 또는 분노?** 열정은 <운동가> 최고의 자산이다. 불의나 도처에 퍼진 태만에 대한 불만으로 어떤 활동을 할 마음을 내는 것은 자연스러운 일이다. 하지만 만일 개인적 원한이 여러분의 활동을 부채질한다면 사람들을 돕기는커녕 해를 입힐 수 있다. 그러니 결정하기 전에 분노의 불길을 끄고 개인의 의제가 아닌 집단의 의제에 초점을 맞춰야 한다.

- **자신을 돌본다.** '돌보미' 유형의 원형들은 자기 자신을 돌보지 않으면 힘을 잃는다. 기본이 되는 것들을 기억하자. 잘 먹고 운동하고 모든 면에서 절제하는 것이다. 다른 이들의 권리를 위해 싸우려면 싸울 태세를 갖춰야 한다.

- **세상을 구한다.** 요즘은 인터넷을 통해 세상 어딘가에 뛰어들 명분을 찾기가 그 어느 때보다도 쉽다. 국제 자원봉사 네트워크Global Volunteer Network 같은 정보센터들을 통해 어느 곳 어느 분야에서라도 일할 기

회를 만날 수 있다. 아직 자신의 소명을 찾고 있다면, 어떤 명분에 장기간 뛰어들기 전에 먼저 일주일 정도 짧은 기간 동안 전념해 보라.

<운동가>에게는 힘이 지극히 중요하다. 힘은 세상에서 여러분의 일을 하는데 필요한 연료다. 여러분의 힘은 대부분 힘없는 사람들을 위해 목소리를 높일 때 나온다. 그리고 여기 여러분의 원형이 힘을 얻을 수 있는, 또는 힘을 잃었다면 다시 되찾을 수 있는 몇 가지 방법들이 있다.

내가 힘을 얻는 방식

- 동기를 분명히 한다. 남들의 삶이 더 나아지게 하려는 갈망은 좋지만, 사리사욕은 힘을 빼앗는다.
- 내 사안에 대해 안다. 열정으로는 충분치 않다. 자신이 활동하는 분야에 대해 할 수 있는 한 모든 것을 배운다.
- 참을성을 가진다. 변화는 그것만의 속도로 진행된다. 억지로 끌어당길 수는 없다.
- 팀을 이루어 일한다. 잔 다르크도 뒤에도 군대가 있었다.
- 희망을 지킨다. 길이 험하더라도 계속 나아가려면 자신이 하는 것을 믿어야 한다.

내가 힘을 잃는 방식(그리고 되찾는 방법)

- 잘못된 이유로 일한다. 사회적 활동은 사교클럽이 아니다. 자신이 속한 조직의 목표에 초점을 맞춘다.

- 운동가가 아닌 선교사로 일한다. 여러분은 원주민들을 개종시키려는 것이 아니라 변화를 꾀하려는 것이다. 좋은 생각을 가지고 변화를 이끌면 더 많은 지지를 얻을 것이다.
- 현실적이지 않다. 목표를 너무 높게 잡으면 자포자기하게 된다. 기대하지 말고 그냥 최선을 다한다. 한 번에 한 걸음씩.
- 인정받기를 갈구한다. 여러분의 일은 인정받을 수도 그렇지 않을 수도 있다. 어쨌든 목표를 향해 꾸준히 나아간다.
- 경쟁하듯 일한다. 남보다 더 많이 일하려고 하지 않는다. 자신의 공헌 그 자체를 소중히 여긴다.

• • • 〈운동가〉를 위한 체크리스트

□ 나는 그 명분을 위해 최선을 다하려고 노력한다.

□ 나는 내 것뿐만 아니라 모든 이들의 공헌을 소중히 여긴다.

□ 나는 로마가 하루아침에 세워지지 않았음을 알고 있으므로, 기꺼이 시간을 투자할 것이다.

□ 내가 치솟는 분노를 느낀다면, 평온하고 냉철한 마음으로 일할 수 있을 때까지 잠시 물러나 있겠다.

□ 나는 다른 활동가들이 하는 일을 잘 알고 있으므로, 그들과 공통의 명분을 위해 함께 일할 수 있다.

• • • 마지막 조언

지금처럼 진정한 〈운동가〉들이 재능을 마음껏 펼치게 할 준비가 되었던 시절은 일찍이 없었다. 가슴에 귀 기울이고, 자신의 명분을 찾아내고, 거기 몸을 던져라.

PART 2

예술가 · 창작가
The Artist/Creative

창조는 나의 힘!

* **원형가족:** 창조성

* **다른 표현들:** '연기자', '스토리텔러'

* **삶의 여정:** 상상력을 키우고 창조적 표현의 새로운 형태들을 탐험하기

* **고유한 과제:** 독창적일 수 없다는 두려움 극복하기

* **보편적 교훈:** 자신의 재능을 깎아내리거나 무시하지 말고, 자신만의 독특한 자질을 발전시킨다.

* **타고난 은총:** 창조성

* **내면의 그림자:** 평범해지거나 자신의 예술적 재능을 인정받지 못할 거라는 두려움. 또는 내면의 〈예술가 · 창작가〉를 일깨우지 않은 것에 대한 원망.

* **남성의 경우:** 〈예술가 · 창작가〉는 남성과 여성 에너지가 조화를 이룬 음양의 원형이다.

* **신화:** "예술의 길을 가면 절대 먹고살지 못할 것이다." "〈예술가 · 창작가〉는 괴팍하고 별나고 반문화적으로 산다." "창조적으로 살면 약물남용의 위험이 따른다."

* **행동방식과 특징:** 〈예술가 · 창작가〉는

– 모든 곳에서 아름다움을 본다.

– 관객 앞에 서면 신이 난다.

– 음악을 연주하거나 감상한다.

– 베스트셀러 목록에 내 이름이 오르기를 꿈꾼다.

– 나만의 예술 양식을 어서 찾고 싶어 한다.

– 창조적인 꿈을 실현하려고 온 마음으로 매진한다.

* **생활 속에서의 과제:** "내 재능을 일깨워서 나를 표현할 수 있을까?" "실패하거나 웃음거리가 될지도 모른다는 두려움이 나를 막아서면 어쩌지?"

삶의 여정

∴

<예술가 · 창작가>는 가장 흥미로운 원형들 가운데 하나다. 이 원형이 인간정신의 진화에 심원하게 공헌하고 또 많은 방식으로 자신을 표현하는 까닭이다. <예술가 · 창작가>의 여정은 평범한 사람들의 눈에는 보이지 않는 것들을 상상하고 해석하고 형태를 부여하는 것이다. <예술가 · 창작가> 원형은 그 모든 표현들(예술가, 연기자, 스토리텔러, 창작가)에서 인생이라는 스펙트럼을 이루는 많은 색깔들을 드러내고, 자연이 표출하는 무수하게 많은 형태들을 잘 묘사해 주고, 또 온갖 모습으로 드러나는 자연 속의 아름다움을 담아내고 싶어 가슴이 두근거린다. 그들에게 아름다움은 자석과도 같다. 아름다움을 창조할 뿐만 아니라, 평범한 것에서 아름다움을 찾아내기까지 하니까. 일상의 것을 매혹적인 것으로, 흔하디흔한 것을 눈부신 것으로 탈바꿈시키는 힘이 있다는 그 이유 때문에 우리는 예술을 사랑한다.

'예술가'라고 하면 많은 사람들은 '시각예술가', 그것도 화가와 조각가를 떠올린다. '시각예술가'의 존재 이유는 질감이 풍부하고 다층적인 눈으로 세상을 보고 그것을 2차원이나 3차원으로 전달하는 것이다. 요

즘은 회화, 조각, 소묘에서부터 판화, 그래픽디자인, 공예, 사진, 영화에 이르기까지, '시각예술가'가 이용할 수 있는 표현수단이 많다. 첨단기술 영역은 그전에는 상상할 수 없었던 시각적 창조성의 차원들로 들어가는 문을 열어 주었다.

'시각예술가'의 기원은 아주 오랜 옛날 인류가 했던 상징적 표현행위다. 문자언어가 있기 전부터 사람들은 시각언어에 의지해 소묘와 회화를 통해 이야기를 전했고, 처음에는 동굴 벽에, 나중에는 양피지, 캔버스와 다른 재료들에 그림을 그렸다. 재능 있는 예술가들은 대리석으로 신과 영웅들을 조각했고, 성서 속 이야기들을 스테인드글라스 창문과 채색 필사본에 표현했다. '시각예술가'들은 힘의 숨겨진 부호들을 전달하기 위해 예술과 상징을 융합하는데 달인이 되었다. '시각예술가'들이 우리의 사회적·영적 영혼의 진화에 미친 영향은 지대하지만, 이는 그저 <예술가·창작가> 원형의 한 표현일 뿐이다.

'연기자'는 이 원형의 또 다른 중요한 표현인데 주로 연극, 음악, 춤, 드라마를 통해 드러난다. 여러분 안에 '연기자'가 있다면, 여러분은 그것을 어떤 열정, 심지어 어떤 소명으로 경험하면서, 세상에 대한 내적 경험을 자신의 특정 예술 양식을 통해 공유한다. '연기자'들은 그들이 연기하거나 묘사하는 것에서 느끼는 그 불꽃을 관객의 가슴에도 댕기고 싶어 한다. 특히 배우들은 관객과 일체감을 느낄 때 신이 난다고 말한다. '연기자'인 여러분은 자신의 재능이 비상하다는 것을 검증해 주는 이 일체감이 필요하고 더군다나 갈구하기까지 한다. '연기자'와 관객 사이에 이런 주고받음이 없으면, 그 공연은 고통스러워진다. 기예가 농익은 '연기자'를 일컬어 무대예술가의 지위를 얻었다고 말한다.

많은 원형들이 그렇듯이 '연기자' 원형은 보통 생애 초기에 나타난다. 브로드웨이에서 직업무용수로 활동하면서 여가시간에 즉흥 창작수업을 듣는 한 남자는 "기저귀 찼을 때부터 춤추었다."고 말했다. 학창시절 그는 수업에 집중하기보다는 머릿속으로 춤동작을 밟느라 발이 가만히 있을 틈이 없었다. 고등학교 때 처음으로 무대에 오르던 순간, 그는 자신이 있을 곳, 그리고 남은 평생 있게 될 곳이 무대 위라는 것을 알았다. 귀에 익은 이야기다. 원형패턴들은 우리 안 깊은 곳에 있다. 이 패턴들은 우리가 자신에 대해 아는 진실을 드러내 보인다. 거의 태어날 때부터 그러는 경우들도 있다.

<예술가 · 창작가>가 어떤 모습으로 표현되느냐를 떠나서, 이 원형을 가진 사람들은 모든 사람들이 어떤 식으로든 관련되어 있는 예술적 본성에 대해 더 깊이 이해한다. 숙련되거나 전문적인 예술가가 아니라 해도, 이들에게는 위대한 예술가들을 움직이는 특징을 몇 가지 혹은 다 갖춘 내면의 '예술가'가 틀림없이 있다. 아름다움에 대한 감탄, 자신을 표현하고 싶은 욕구, 자신이 사는 세상을 끊임없이 다시 빚는 상상력이 그런 것들이다. <예술가 · 창작가> 원형은 우리에게 아름다움을 찾거나 창조하고픈 욕구를 주는데, 이는 아름다움이 정신을 드높이고 낙천성과 기쁨처럼 긍정적 느낌을 불러일으키는 까닭이다.

대부분의 시간 동안 우리는 내면의 <예술가 · 창작가>를 알아보지도 못하면서 그 원형의 주술에 사로잡힌다. 가령 어떤 집에 들어갔을 때 '내 집이라면 이런저런 색깔로 칠하고, 가구도 다른 걸로 바꾸고, 저

런 커튼은 떼어 버리겠다.'라는 생각을 얼마나 자주 했는가? 옷걸이에 걸린 중고장터에서 왔을 법한 옷을 보고, 예술적 상상력을 발동해 풍부한 색상을 더하고 맞는 장신구와 신발로 코디해 보았던 적이 있는가? 내면의 예술가에게 그 옷의 숨은 잠재력을 모색해 보게 하는 순간, 그는 잠깐 사이에 평범한 옷을 전혀 딴판으로 재구성해서 멋지게 바꿔 놓는다. 여러분은 직업적 상황에서 어떻게 하면 창조성 넘치는 프로젝트를 수행할 수 있을지를 상상하면서 내면의 <예술가·창작가>를 경험할 수도 있다. <예술가·창작가> 원형이 있다면, 어떤 환경에 마주치더라도 마음의 눈으로 그것을 다시 빚는다. 상상 속 동화나라와 놀라운 것들로 가득한 드넓은 영토로 들어가서, 내면의 렌즈를 통해 보는 마법으로 시들한 삶을 채울 방법을 찾으려 하는 충동의 근원이 내면의 '예술가'다.

결국 <예술가·창작가> 원형의 여정은 자기탐색의 여정인데, 자신의 창조성과 그 심원한 힘을 깊숙이 탐색해서 삶의 모든 것을 탈바꿈시키는 것이다. 여러분이 직업예술가이든, 이 원형을 두드러지지 않게 경험하는 사람이든, 아름다움을 창조하고 둘도 없는 자신의 목소리를 표현하는 능력에는 스스로 선을 긋지 않는 이상 한계가 없다. 여러분은 머리 모양, 집 꾸미는 방식, 친구에게 줄 선물을 포장하면서 매듭 하나도 공들여 작품처럼 만드는 일 등등에서 예술적 표현방식을 찾아낼 것이다. 잠깐 멈춰서 여러분이 했던 독특하고 특별한 일들을 떠올려본다면, 그것이 독특하고 특별한 이유가 여러분이 자기가 보는 것을 하나의 예술형식으로 바꿔놓는 방법을 찾아냈기 때문임을 깨달을 것이다.

고유한 과제

:
•

    <예술가 · 창작가> 원형을 가진 모든 이들은 그들이 어떤 표현수단을 선택했느냐에 상관없이 독창적 표현 형태, 즉 독특한 시각이나 목소리를 갖지 못할지도 모른다는 두려움에 맞서야 한다. 위대한 예술을 만들어 내는 자질을 이야기할 때 맨 앞에 나오는 것이 독창성이다. 독특해지고픈 욕구가 '예술가'만을 위한 것은 아니다. 이는 인간의 기본욕구이므로 우리 모두 관련이 있다. 자신만의 목소리를 찾고 싶은 욕구가 있어서 "이 생에서의 목적, 나만이 가지고 태어난 목적이 무엇일까?"라고 묻는 것이다. <예술가 · 창작가> 원형에게는 독창성을 찾는다는 것이 그저 욕구에 그치지만은 않는다. 그것은 열정이자 열망이고, 직업예술가들에게는 추동력이 된다. 독창성은 '예술가'가 자신의 작품뿐 아니라 한 인간으로서 자기 정체성과 가치를 규정하는 표지가 된다.

    그렇다고 <예술가 · 창작가> 원형을 가진 모든 사람에게 직업예술가가 되려는 욕구나 갈망이 있다는 말은 아니다. 어릴 때부터 독창적인 예술작품을 만들고 싶은 갈망이 여러분의 삶을 이끌어 왔는가? 또는 여러분에게 중요한 것이 독창적인 사람이 되는 것인가? 어떤 사람들

은 살아 있는 예술작품이고, 여러분이 그중 한 명일 수도 있다. 어쩌면 여러분은 세련되게 옷을 입거나, 대담한 색깔과 모습으로 헤어스타일을 꾸미거나, 예술 감각 있게 책상을 정리할지도 모른다. 달리 말해 일상 속에서 예술을 창조하는 것이다. 여러분 같은 사람들은 자신을 살아 있는 예술작품으로 보지 않지만, 사실 여러분은 그런 사람이다. 예컨대 남들은 여러분의 옷차림을 보고 이런 생각을 할지도 모른다. '난 절대 저런 옷 소화 못해. 하지만 저 사람에게는 멋지게 어울리는데.' 또는 '나도 저런 감각이 있었으면.'

<예술가 · 창작가>는 남들이 못 보는 곳에서 예술을 본다. 어떤 사적지에서 내 눈길을 끌었던 사진작가가 생각난다. 그 남자는 달랑 카메라 하나만 들고 있었으므로 그가 직업사진작가라는 걸 말해 줄 어떤 것도 없었다. 그러나 나는 곧바로 그 사람이 프로일 뿐만 아니라 '예술가'이기도 하다는 것을 알았다. <예술가 · 창작가> 원형에 익숙한 사람이라면 누구라도 그 사람이 대상을 선정하는 데 있어 반짝이는 그 원형의 영향력을 볼 수 있었다. 나는 그가 무너진 성의 폐허에서 아주 흥미로운 것들을 찾아냈다는 것을 알았다. 그는 한때 중세의 왕들이 이용했던 비밀계단의 잔해인 돌들을 찾아냈고, 그것들의 수수께끼 같은 기원을 일깨워 줄 사진을 찍으려고 햇빛이 비추기를 기다리고 있노라고 내게 말했다. 돌무더기를 보고서 1,300년의 역사를 전해 줄 완벽한 사진을 마음에 그릴 수 있는 사람은 '예술가'밖에 없다.

그렇긴 하지만 나는 독창성의 수수께끼가 때때로 과장된다는 생각이다. '예술가'뿐만 아니라 모든 사람에게는 자신의 삶에서 독창적인

것을 마음에 품을 역량이 있다. 하지만 여러분은 어떻게 자신의 독특한 표현형식을 알아보는가? 그리고 그것을 찾아내고 나면 어떻게 하는가? 오랫동안 사람들과 함께 해오면서 내가 알아챈 것들 중 하나는 그들 대부분이 자신에게 독특한 것이 무엇인지 찾아내는데 진지하게 시간을 들이지 않는다는 점이다. 사람들은 자신의 느낌을 탐구하는 데는 엄청난 에너지를 쏟으면서도 자신의 잠재된 재능을 탐구하는 데는 좀처럼 시간과 노력을 투자하지 않는다. 그보다는 자기한테 재능이 없다고(또는 계발할 만한 것도 하나 없다고) 쉽게 못 박고서 이야기는 거기서 끝이다. 하지만, 자신의 독창적인 표현형식을 찾아내려면 노력이 좀 더 필요하다.

자신이 사는 방식을 그냥 관찰하는 것으로 시작해도 된다. 여러분이 시간을 들여서 특히 잘하는 일을 생각해 보자. 어쩌면 손님상을 멋지게 차리거나 생일카드를 솜씨 있게 만들거나 집을 우아하게 장식할 수도 있다. 이런 분야에서 자신의 재능을 깎아내리면 안 되고, 그 분야에서는 여러분도 예술가라는 사실을 깨달아야 한다. 필요한 시간과 에너지를 쏟으려고만 한다면, <예술가 · 창작가>에게는 어떤 재능이라도 다음 단계로 발전시킬 수 있는 역량이 있다.

보편적 교훈

‧
‧
●

　‘창조성’ 원형가족의 구성원들을 위한 교훈은 자신의 재능을 폄하하거나 묵살하지 말고 그 독특한 예술적 재능을 키워가야 한다는 것이다. 우리 사회는 일반적으로 예술을 무모하지는 않더라도 위험이 따르는 직업 선택으로 여기고, 경제적 보상이 따르지 않는 활동은 취미로 자동 분류된다. 그 결과 많은 ‘취미예술가’들이 작품 한 점 팔지 못했거나 대중 앞에서 공연하지 못했다는 이유만으로 자신의 재능을 무시해 버린다. 자기가 만든 창작물을 대중의 경쟁적이고 비판적인 눈앞에 선보이기가 두려워서, 그들은 훈련이 더 필요하다고 구실을 대거나 안타깝게도 재능을 몽땅 팽개쳐 버린다. 그렇게 살기 위해 자신의 재능이 영 신통치 않다고 스스로 둘러대기도 한다. 아니면 “나중에” 시간이 더 많을 때 다시 하겠다고 다짐하기도 한다.

　남들의 평가 앞에 나서는 위험을 무릅쓰기보다는 자신의 재능을 깎아내리기로 선택하는 길을 걸어간 사람들이 너무도 많다. 재능이란 우리가 가진 것이기보다는 우리가 하는 것이라는 점을 깨치기란 어려운 일이다. 재능이란 적극적인 것으로, 우리 안에서 표현될 길을 찾기만

기다리며 잠들어 있는 잠재에너지다. 그러나 우리는 재능을 경제적 생활력이라는 렌즈를 통해 보면서 만일 그걸로 돈을 벌지 못한다면 가치 없게 여긴다. 그래서 많은 '예술가'들은 떠오를 기회를 거의 잡지 못하고, 진정으로 자신만의 독특한 표현형식을 키워가기란 더더욱 어렵다.

<예술가 · 창작가>로서의 자신을 내보이기가 망설여진다면, 모든 '예술가'들이 자신의 독특한 시각을 찾아내고 표현하고 향상시키는 과정에 있다는 점을 기억하기 바란다. <예술가 · 창작가> 원형이 깃드는 바탕은 상상력 그 자체이다. 심미안이 부족한 사람들은 세상을 아름답게 가꾸고 탈바꿈시키는 '예술가'의 창조성과 능력에 경외심을 느낀다.

여러분에게 직접 말하고 싶다. 여러분 안의 '예술가'는 미술수업에 등록하거나 바디페인팅을 원하지 않을 수도 있다. 그러니 스스로 물어 보라. "내 안의 '예술가'는 어디에 있을까? 예술성을 타고난 내 일부를 어떻게 표현할 수 있을까?"

내게는 몇 십 년을 사귀어 온 아주 친한 친구가 있다. 그 친구는 전형적인 '예술가' 원형이다. 그림을 그려서가 아니라, 모든 일에 감각과 솜씨를 가지고 있는 데다, 또 그렇게밖에 할 수 없어서다. 친구는 일상에서 예술을 하는 아주 좋은 예가 되는 사람이다. 어느 날 저녁 그 친구가 뚝딱뚝딱 저녁을 준비하고 식탁을 차려내는 모습을 지켜보던 일이 떠오른다. 파스타와 샐러드로 차린 특별할 것 없는 소박한 저녁이었다. 하지만 이 매혹적인 친구의 상상력은 "평범한" 것이라고는 모른다. 친구는 식탁을 차리면서 여러 가지 크기의 양초들을 한가운데 멋지게 배열해 놓았다. 그러더니 앞뜰로 나가서 솔방울이 달린 사철나무 가지 몇 개를 잘라 와 양초들 주위에 펼쳐놓았다. 파스타를 살펴보려고 주방으로 돌아온 친구는 좋은 아이디어가 불쑥 떠올랐다. 서랍 하나를 열더니 장식용 반짝이 한 줌을 가져와서는 사철나무 가지 위에 뿌린 것이다. 너무 많지도 너무 적지도 않게. 지나치지 않도록 섬세하게 조절하는 친구의 손길이 경이로웠다. 준비를 마친 친구는 가족들을 불렀고, 남편과 아이들이 식탁으로 모이는 동안 불빛을 어둡게 하고 양초에 불을 붙이더니 감미로운 배경음악을 틀었다. 이번에도 아무 생각 없이 한 듯했지만, 친구는 완벽함을 이루어냈다.

예술성이 취하는 형식은 무한하다. 우리가 남들을 사랑하고 보살피는 방식마저도 그토록 절묘할 수 있으면, 그 또한 예술의 표현이 된다. 상상력을 발휘해서 그 잠재력을 드러내는 순간, 인생의 평범한 것들은 예술이 된다. 이것이 <예술가 · 창작가> 원형의 궁극적인 재능이다.

타고난 은총: 창조성

.
.
●

    창조성은 어떤 착상, 어떤 경관, 색깔의 사용, 빛의 각도, 어떤 표현방식에서 잠재력을 보는 역량이다. 창조성을 은총 또는 영적 선물이라고 말하면 놀라겠지만, 사실 이것은 심원한 것이다. 창조성에는 미술, 드라마, 문학, 음악, 춤과 우리를 북돋고 탈바꿈시키는 많은 형태의 표현들을 만들어내는 힘이 있다. 그런데 여러분은 <예술가 · 창작가>로서 창조성이라는 은총을 정확히 어떻게 경험하는가? 여러분은 자신의 삶에 은총이 있다는 생각이 낯설지도 모르고, 하물며 그것이 창조성으로 드러난다는 것은 더욱 그럴 것이다. 하지만 창조성의 본질에 대한 것을 이해하면 그 힘과 더 잘 공명할 것이다. 하나만 예를 들자면 창조성은 긍정적 환경, 인생에 대한 낙천적 태도에서 샘솟는다. 몇 주나 몇 달간 지속되는 궂은 날들과 힘든 날들을 겪을망정, 가슴 속에 낙천주의와 희망을 위한 공간을 남겨두면 창조의 불길은 꺼지지 않고 타오른다.

    창조성은 또한 현재에 있을 때 샘솟는다. 우리가 영감을 얻으려 과거로 눈을 돌리는 순간 창조성은 증발하기 시작한다. 과거에 하던 방식에 갇혀 있을 때 새로운 것을 상상하기란 불가능하다시피 하다.

내면의 그림자

.
.
.

    인간의 보다 재미있는 특성들 가운데 하나는 평범해진다는 생각을 경멸하는 것이다. 우리는 식상하다거나 그저 그렇다고 생각되지 않기 위해서라면 무엇이든 한다. 사실 광고인들은 우리 본성의 이런 특징에 의지하고 있다. 평범해진다는 것에 대한 경멸과 독창성에 대한 열망을 조합하면 '예술가'의 그림자를 이루는 구성요소들이 되는 셈이다. 여러분이 평범해질지도 모른다는 두려움에 사로잡혀 있다면, 여러분 내면의 '예술가'를 태어나게 하기가 쉽지 않을뿐더러 세상이 특별하게 인정해 주지도 않을 것이고, 여러분은 흔히 우울증을 불러오는 근원적 분노를 경험하기가 쉽다. 무슨 말인지는 다음 이야기를 보면 알 것이다.

    몇 년 전 나의 워크숍에서 만성우울증에 시달리는 한 남성을 만났다. 나는 그 사람이 늘 스케치나 낙서를 하고 있다는 것을 알아채고 혹시 예술에 관련된 직업을 가졌냐고 물었다. 그 사람은 대뜸 방어적인 태도로 돌변하더니 씩씩거리면서, 자신이 독창적인 생각을 하자마자 그것을 다른 곳에서 발견한다고 했다. 이 남자는 다른 누군가가 창조적으로 자신보다 언제나 한 걸음 앞서 있다고 속으로 되뇌고 있었고, 그래서 자신의 예술적 재능으로 경쟁하겠다는 노력이 죄다 시간낭비가 될 거라는 판단을 내렸다. 그렇지만 그는 그 대화에서 거명된 모든 예술가들의 성취를 노련하게 난도질했으므로, 적어도 예술의 한 형식에는 통달한 것 같았다. 비평예술이다. 이 사람에게는 다른 예술가를 칭찬한다는 것이 있을 수 없는 일이었다. 그들의 작품이 부족해서가 아니라 자신이 할 수 없는 일, 다시 말해 비범해지는 위험을 감수하는 일을 그들이 잘 해냈기 때문이다. 그들은 자신의 창조성을 풀어내서 그들 안에서 쏟아져 나오는 작품에 그 창조성이 영감을 주도록 오롯이 내맡겼다. 더군다나 그들은 세상 모든 사람들이 자기 작품을 좋아하지는 않으리라는 사실을 기꺼이 견뎌내려 했다. 또 대중이 어떤 식으로 인정을 해 주든지 말든지 개의치 않고, 자신의 진정한 모습으로 살기를 각오한 사람들이었다. 그 반면 워크숍에 왔던 그 사람은 자기 말마따나 "또 한 명의 그렇고 그런 예술가"로 비칠까봐 두려워서 자신의 창조성을 억누르기로 했다. 여기서 역설이 되는 것은 그 사람이 이젠 혹독한 예술비평가로서 자신의 예술적 재능을 에두른 방식으로 표현하고 있을 뿐, 예술가로서의 재능을 인정받고 싶어 하기를 진짜로 멈추지는 않았다는 점이다.

그런데 어떻게 하면 평범해진다는 두려움을 가라앉혀서 여러분이 하는 예술을 방해받지 않고 계속 할 수 있을까? 한 가지 방법은 창조성이 여러분을 거쳐 흐르면서, 어딘가에 쏟아야 할 에너지를 공급한다고 상상하는 것이다. 만일 자신의 창조성을 사용하지 않기로 한다면, 사실 여러분은 자연스런 창조적 통찰력이 흐르지 못하도록 막는 댐을 자기 안에 세우고 있는 것이다.

앞에서 보았듯이 원형은 어서 표현하라고 재촉 받는 강제적인 것이다. <예술가 · 창작가> 원형은 여러분의 창조성을 어떤 식으로든 표현하도록 요구한다. 다른 누군가가 여러분 안의 '예술가'를 인정해 주어야 자신이 받은 선물을 알아보겠노라며 마냥 기다릴 수는 없는 노릇이다. 여러분의 세상이 크든 작든, 그 선물을 세상으로 가져가는 일은 자신에게 달렸다. 여러분의 재능이 나중에 수많은 사람에게, 혹은 고작 몇 사람에게만 인정받을 수도 있겠지만, 어느 쪽이든 상관없다. 중요한 것은 여러분이 자신의 창조적 선물을 인정했다는 점이다. <예술가 · 창작가>에게 진정한 자존감을 주는 것이 이것이다.

남성의 경우

:

창조성에 대한 타고난 충동은 성별에 좌우되지 않는다. <예술가 · 창작가> 원형은 남녀에게서 동등하게 표현된다. 차이가 있다면 그것은 대개 사회적 관습의 산물이다. 가령 시각예술을 하는 여성은 성공이라 하면 대중의 찬사를 떠올리기가 쉬운 반면, 남성예술가라면 돈과 권력을 연상하기가 쉽다. 여성예술가들이 영향력이나 경제적 성공에, 남성예술가들이 대중의 인정에 무관심하다는 것은 아니다. 그래도 아직은 남성이 예술분야에서 경쟁하기가 더 쉽고, 대체로 돈을 더 많이 번다.

예술, 그것도 시각예술의 역사는 주로 성공을 거둔 남성들의 역사다. 레오나르도 다빈치, 미켈란젤로, 라파엘, 렘브란트, 피카소가 그런 사람들이다. 이유는 문화에 있다. 20세기까지 여성은 대개 예술가집단과 예술학교에서 환영받지 못했고, 영향력 있는 후원자가 있지 않고서는 대부분 혼자 힘으로 해나가야 했다. 조지아 오키프Georgia O'Keeffe처럼 시각예술계의 몇 안 되는 여성들만이 남성예술가들과 비슷한 명성을 얻었다. 여성들이 더 성공을 거두어 온 분야는 문학과 공연예술이다. 지금 가장 많은 출연료를 받는 유명 영화배우들 일부는 여성이다.

〈예술가 · 창작가〉의 신화

·
·
●

   〈예술가 · 창작가〉에게 얼마나 많은 신화들이 붙었든지, 될성부른 '창작가'들이 자기 안의 '예술가'에게 귀도 기울이려 하지 않는다는 것은 당연한 일이다. 수백 년 동안 이어지는 고정관념 하나가 '배고픈 예술가'다. 다락방 같은 곳에서 근근이 살면서 예술에 모든 것을 거는 화가, 무용수, 작가, 음악가를 말한다. 빈센트 반 고흐나 툴루즈 로트렉, 모차르트 또는 에드거 앨런 포, 아니면 예술가의 삶을 담은 고전이야기인 오페라 '라 보엠'의 주연들을 생각해 보자.

   나는 '배고픈 예술가'라는 신화가 〈예술가 · 창작가〉를 억누른다는 증거를 많이 보았다. 사람들은 남은 인생을 어떻게 보내고 싶은지 들여다봐야 하는 갈림길에 이르렀다. 이곳은 진정한 우리를 바탕으로, 그리고 우리가 아직 세상에 기여하지 않은 것을 바탕으로 진짜 삶을 살도록 기회를 주는 원형적 순간이다. 이 갈림길에서 〈예술가 · 창작가〉를 만나는 사람들은 보통 흥분이 뒤섞인 다급한 느낌에 사로잡힌다. 이들은 내면의 〈예술가 · 창작가〉가 자기를 알아달라고 아우성치면서 그 창조적 잠재력을 풀어내라고 간청하는 애원을 듣는다. 이들은 〈예술가 ·

창작가> 원형이 그들의 평범한 삶의 구속들을 거침없이 파고들어 아직 써보지 못한 힘으로 다시 채워 주기를 갈구한다. 그렇지만 나는 이들이 돌아서서 스스로 묻는 모습을 보았다. "하지만 어떻게 먹고살지? 이게 헛된 꿈이라면 어쩌지? 다 잃어버린다면?" '배고픈 예술가' 신화는 어두운 두려움과 부정으로, 내면의 <예술가 · 창작가>가 시도도 해 보기 전에 '운명' 자체로부터 성공을 보장받아야 한다고 구슬러 댄다.

'배고픈 예술가' 신화와 짝을 이루는 것이 '보헤미안 예술가' 신화다. 자유분방하고 자발적이며 유별나고 모든 면에서 규범을 벗어나는 것을 말한다. 예술을 한다는 것이 대개 작업실이나 집에서 길고도 고독한 시간을 보내는 자기성찰 과정이라는 점에서 이 신화에는 진실이 조금이나마 들어 있다. 비록 많은 <예술가 · 창작가>들이 본래 고독하고 또 놀랄 만큼 많은 수의 '연기자'들이 무대 밖에서는 수줍음을 아주 많이 타기는 하지만, 그 나머지는 다른 원형들을 가진 사람들처럼 사회적이다. <예술가 · 창작가>들이 많은 시간을 서로 함께 보낸다면, 이는 우리 대부분처럼 그들도 같은 관심사를 가진 사람들에게 끌리는 까닭이다. <예술가 · 창작가>들은 상상력이 이끄는 삶을 사는 기쁨을, 그리고 도전과 책임을 이해하는 다른 창조적인 사람들과 함께 좋은 생각과 기법을 나누는 자극을 즐긴다.

예술을 하면 가난하다는 생각이 수백 년 동안 이어졌지만, 지금은 그것과 나란히 떠오르는 또 하나의 '예술가' 신화가 있다. 바로 '유명예술가'다. 한때는 어떤 예술가가 죽어야 부와 명성을 얻었지만, 지금은 아주 팔팔하게 일하면서 엄청난 수입을 올리는 예술가와 연기자들이 있다. 줄리앙 슈나벨Julian Schnabel과 데미언 허스트Damien Hirst 같은 화가들, 아론 소킨Aaron Sorkin 같은 시나리오작가, 저스틴 비버와 레이디가가 같은 팝스타들, 그리고 할리우드 스타를 아무나 생각해 보자. 뮤지컬 '렌트Rent'에 나오는 노래 '보헤미안의 인생la vie bohème'의 내용과는 달리, 이 예술가들은 매력적이고 대접받는 삶을 산다.

당연히 예술가들 대부분이(심지어 직업예술가들도) '유명예술가'들과 나란히 최고의 삶을 사는 것은 아니다. 요즘 활동하는 <예술가·창작가>의 보다 현실적인 초상은, 아이들을 학교에 태워다 주고 와서 이젤 앞에 붙어 앉는 화가, 닷컴회사의 비좁은 사무공간에서 소설원고를 출판사에 이메일로 보내는 작가, 혹은 리드싱어의 교외 집 차고에서 데모를 녹음하는 걸 밴드일 것이다.

<예술가·창작가>의 끈질기게 이어지는 또 다른 신화는 '취한 예술가' 신화다. 중독으로 말미암아 인생이나 경력이 중단되거나 갑자기 끝난 창조적인 사람들은 수도 없이 많다. 어니스트 헤밍웨이, 딜런 토머스Dylan Thomas, 커트 코베인Kurt Cobain, 존 벨루시John Belushi, 재니스 조플린Janis Joplin, 지미 헨드릭스Jimi Hendrix가 떠오른다. 그렇지만 <예술가·창작가>가 다른 원형에 비해 중독에 빠지기 쉽다는 확실한 증거는 없다. 최근 모든 종류의 중독을 치료하는 12단계 프로그램이 생김에 따라, 많은 '예술가'들이 정신을 차리고 자신이 하던 일을 생산적으로 이어가고 있다.

생활 속에서의 과제

솔직히 말해 실패를 좋아하는 사람은 없다. 하지만 <예술가 · 창작가>에게, 그것도 '연기자'에게 실패는 더더욱 쓰라린 고통이 되기도 한다. 많은 배우 친구들이 말해 주었듯이, 그 사람의 마지막 공연이 곧 그 사람의 실력이다. 그리고 그 사람에 대한 평가가 형편없거나 그 작품이 완전히 실패한다면, 다음 작품에서 배역을 맡기가 훨씬 힘들어질 것이다. '연기자'에게 인생은 종종 끝도 없는 오디션처럼 보일 수도 있다.

그런데 다른 눈으로 보면, 끊임없는 재창출이야말로 예술의 본질, 예술과정의 고유한 부분이자, <예술가 · 창작가> 원형의 핵심이 되는 강점이다. '예술가'들은 그들의 메시지를 표현할 더 정확하거나 더 심원하거나 미적인 기쁨을 더 많이 주는 방법을 늘 찾고 있다. 예술이란 시행착오라서, 마음에 들지 않는 것들의 잿더미 속에서 제대로 된 심상이 솟아오를 때까지 칠하고 또 칠한다. '예술가'의 도전은 실패의 두려움과 실패 그 자체까지도 넘어서서 거듭거듭 다시 시작하는 것이다.

이 점을 염두에 두면 '취미예술가'가 <예술가 · 창작가> 세계에서 가장 유리한 것처럼 보일 수도 있다. 자신을 위해 예술을 한다면, 여러분은 장난삼아 한번 해보고, 즐기고, 느긋하게 해 보고, 실험해 보고, 그리고 어떤 표현수단이나 방법이라도 원하는 대로 썼다 버렸다 할 수 있다. 잘하거나 못하거나 별 문제가 되지 않는다. 실패해서 웃음거리가 될까 걱정하지 않으면서 다른 예술형식이나 장르로 옮겨갈 수 있다. 여러분의 <예술가 · 창작가>는 어떤 이에게도 "그만! 그건 하지 마!"라는 말을 듣지 않으면서 상상력을 마음껏 발휘한다.

그렇지만 실제로는, 직업예술가이든 열성아마추어이든 또는 인생의 예술가이든, 모든 '예술가'는 언제나 어떤 한계들을 가지고 일하는데, 이것들은 다름 아닌 자신이 선택한 표현수단에 기인하는 것이다. 상상의 나래가 아무리 거침없고 자유로운들, 그것을 종이나 캔버스에 펼치는데 있어서는 예술형식의 규율 안에서 작업해야 한다는 제약이 있다. 영혼으로부터 영감 어린 메시지가 온다 해도, 그것에 형태를 주어야 한다는 점엔 변함이 없다. 2차원의 캔버스, 무대, 8음의 음계, 또는 압운 2행 대구對句가 여러분의 틀이 된다.

자신의 표현형태가 욕실개조라 해도, 역시 압박감은 있다. 여러분의 과제는 비록 저녁식사에 초대한 손님들이 여러분의 실수를 두고 쉴 새 없이 입방아를 찧어댄다 해도, 자신의 결정에 따라 망설이지 말고 벽을 보라색으로 칠하고도 떳떳해 하는 것이다.

여러분의 독창적인 목소리를 찾는 길에는 착오, 오산, 전적인 실수들이 없을 수가 없다. 그러나 예술행위에 주어지는 위대한 선물 중에는 끈기 배우기가 있다. 꾸준히 시도하고 실험하면 마침내 보상을 받을 것이다.

그러므로 <예술가 · 창작가> 원형에게 생활 속의 과제는 곤경, 시작부터의 실수, 재작업, 또는 실패를 마주쳐도 포기하지 않는 것이다. 결과가 기대에 미치지 못했다 해서 여러분의 재능이 실패했다는 뜻은 아니다. 재능은 늘 거기 있고, 에너지는 언제나 쓸 준비가 되어 있다. <예술가 · 창작가> 원형은 어떤 상황에서만 살아 움직이는 것이 아니다. 여러분의 삶이 언제나 여러분의 예술형식이다.

내 원형 알아보기:
나는 〈예술가 · 창작가〉일까?

·
·
●

지금쯤이면 여러분은 브로드웨이 연극에서 주연을 맡거나 메트로폴리탄미술관에 그림을 걸어야 〈예술가 · 창작가〉 대열에 낄 수 있는 것이 아님을 알아차렸을 것이다. 독자들 중에는 오로지 '예술가'나 '연기자'가 되기만을 바랐거나 벌써 예술을 업으로 삼기로 결심한 사람들이 있을 것이다. 〈예술가 · 창작가〉 원형은 그런 여러분 안에서 생생히 살아 숨쉬고, 여러분은 예술을 소명으로 여긴다. 어느 정도(또는 많은) 호평을 받고 있을 수도 있다. 아직 직업으로 삼지는 않았지만 〈예술가 · 창작가〉와 자신을 동일시하는 독자도 있을 것이다. 여러분에게 정말로 이 원형이 있고 자신의 예술에 전념한다면, 어떤 형태로든 인정받을 날이 틀림없이 올 것이다.

또 다른 독자들은 예술에는 끌리지만 〈예술가 · 창작가〉가 자신의 원형이라고 내세워도 되는지 아직 확신하지 못할지도 모른다. 스스로 물어 보자. 여러분은 예술적으로 새 지평을 열고, 자신의 독창적인 목소리를 찾아내서 세상과 나누기를 열망하는가? 만일 그렇다면, 여러분은 이 원형과 아주 잘 맞는 셈이다. 다만 표현방식을 다듬고, 직업적으로 창작하고 싶은 건지 아니면 혼자 즐기고 싶은 건지를 생각할 시간이 필요하긴 하겠지만.

세계 수준의 예술가나 연기자가 되는 사람은 몇 안 되는 것이 현실이지만, 그보다 훨씬 많은 사람들이 자신을 <예술가 · 창작가>라고 마땅히 말할 수 있다. 여러분은 자신의 <예술가 · 창작가> 원형을 잘 드러나지 않게 경험하는지도 모른다. 이는 일상의 삶에서 심미적인 선택을 내리도록 여러분을 이끄는 내면의 목소리로 온다. 붓을 잡거나, 발레슈즈를 동여매거나, 시를 쓰려고 한 적이 있든 없든 간에, '예술가' 원형은 삶에 심원한 영향을 미치고 또 삶을 풍요롭게 하면서 미와 열정을 주위에 발산하고픈 갈망을 준다. 창조성은 표현되어야 한다. 창조적 욕구는 충족되어야만 한다. 진짜 '배고픈 예술가'란 평생의 꿈을 추구하려 라면으로 끼니를 때우며 살아가는 사람이 아니라, 여러분이 알아보고 존중하고 지원하지 않는 내면의 '예술가'다.

어쩌면 여러분은 이미 어떤 식으로 자신의 창조적 비전을 표현하고 있는지도 모른다. 주말을 정원에서 보내면서 작물을 심고 가지치기하는데 그치지 않고 품종과 색상의 정확한 균형을 맞추고, 기타를 배우고, 포토에세이를 쓰는 그런 것들이다. 이제 이런 "영혼의 취미들"을 예술로 인정할 때다. <예술가 · 창작가>를 알아보는 지표 하나는 그들이 창조적일뿐 아니라 자신이 창조하는 것과 일체감을 느낀다는 점이다. 그들에게는 창조성을 표현할 형태를 찾아내는 것이 자신의 존재에 아주 중요한 일이다.

여러분은 이렇게 말한다. "그래요, 내가 창조적일지도 몰라요. 하지만 그렇다고 내가 '예술가'일까요?" <예술가 · 창작가>가 내 원형인지 아직 확실하지 않다면, 다음에 있는 '예술가'의 행동방식과 특징들을 보고 자신의 이야기인지 확인해 보기 바란다.

〈예술가 · 창작가〉의 행동방식과 특징들

- 어디에서나 아름다움을 본다. 사랑하는 이의 볼이 이루는 곡선, 녹음의 미묘한 색조, 물결에 반짝이는 햇살. 예술과 건축의 독특한 점들에 끌린다. 색상, 질감, 형태에서 영감을 얻는다. 만일 이렇다면 여러분 안에는 '시각예술가'가 살아 있다.

- 관객들 앞에서 신이 난다. 악기를 연주하고, 연설을 하고, 농담을 하고, 탱고를 출 때, 여러분은 관객이 누구이든 그들과 일체감을 느낀다. 이는 무대를 좋아하는 '예술가·연기자'다.

- 음악을 들으면 가슴이 설렌다. 어릴 때 치던 피아노를 죄책감을 느끼면서 힐끔거린다. 아이팟이 머릿속에 심어져 있는 것 같다. 틈만 나면 노래하고(바꿔 부르고, 화음을 넣고, 즉흥적으로 부르고), 내 노래가 좋다. 내면의 '예술가·음악가'가 여러분의 주의를 끌고 있는 것이다.

- 내 이름을 베스트셀러 목록에서 보고 싶다. 어릴 때부터 일기를 적어왔다. 시나 희곡을 써서 서랍 속에 숨겨 놓았다. 살면서 뭔가 특별한 일이 생기면 맨 먼저 글로 적을 생각을 한다. 말할 것도 없이 여러분의 '예술가'는 작가다. 좀 더 부지런해지고, 블로그를 업데이트하자.

- 예술에 대해 읽거나 이야기하는 것 말고, 직접 예술을 할 준비가 되어 있다.

내 원형으로 들어가기:
〈예술가 · 창작가〉의 힘

.
.
.

 〈예술가 · 창작가〉가 자기 원형이라는 판단이 되면, 다음 할 일은 그 것을 표현할 수단을 찾는 것이다. 이미 여러분이 다음 번 전시회를 준비 하고 있거나 밴드의 첫 공연을 위해 공연장을 예약했다면, 여러분의 원 형이 가진 힘에 다가간 것을 축하한다. 그러나 예술을 향한 생각을 실제 행동으로 옮길 방법을 아직 모르겠다면, 한 시간이나 하루 또는 일주일 동안 자신이 〈예술가 · 창작가〉인 것처럼 행동해 보기 바란다. 뭔가 예 술적인 일을 해 보고 거기서 힘을 얻는 느낌을 받는지 살펴보자. 〈예술 가 · 창작가〉와 시간을 보내면서 창조적인 영감을 들이마셔라. 내면의 〈예술가 · 창작가〉가 어떤 식으로 말을 걸어오든, 거기 주의를 기울이 고 반응해 보라. 부디 작은 것부터 시작하자. 록 오페라를 작곡하지 말 고 노래를 한 곡 써 보라. 하지만 선율 몇 마디와 가사 한두 줄을 써 보고 멈추지는 말라. 여러분이 '예술가'라면 여러분에게는 재능을 세상에 선 물하고 싶다는 영적 의무감이 있다. 그러니 계속하자.

 이렇게 물을지도 모르겠다. "창조성이 벽에 부딪치면요?" 만일 그렇 다면 잠시 방향을 바꿔 보자. 모든 〈예술가 · 창작가〉에게 종종 그런 일이 생긴다. 그림을 그리고 있었다면, 책을 읽거나 음악을 듣는다. 케이크를 만들거나 개를 빗질해 본다. 친구에게 전화를 건다. 일어나서 방을 이리저리 걸어 본다. 하지만 포기해선 안 된다. 여러분 안의 <예술가ㆍ창작가>는 때때로 살살 흔들어 깨울 필요가 있다.

어쩌면 여러분이 예술을 아직 시작하진 않았지만, 어떤 들썩거림을 느낄 수도 있다. 인생이 만족스럽지 않고, 확실치는 않지만 뭔가 다른 것을 원하는 것이다. 이상해 보이지만, 들썩거림은 여러분의 <예술가ㆍ창작가>가 문을 두드리는 것일 수도 있다. 자신이 키우거나 다듬지 않은 채, 많은 시간이 지나버린 재능이 있는가? 내면의 '예술가'와 이어지는데 한 걸음 내딛을 수 있는 방법은 무엇인가? 활동하고 있는 '예술가'들 대부분에게는 착수하려 하는 프로젝트들의 목록이 있다. 그들이 '예술가' 지망생과 다른 점은 목록에서 하나를 골라 노력을 기울이고, 그런 다음 거기 빠져든다는 것이다. 그게 다다. 한번 해 보자.

그래도 아직 머뭇거리고 있다면…… 뭐, 좋다. 이번만 구해 주겠다. 여기 창의력을 뿜어 올릴 몇 가지 제안이 더 있다. 그 효과는 내 예술가 친구들이 확인해 주었다.

- **자신에게 귀를 기울인다.** TV를 끄고, 스마트폰을 잠재우고, 몇 분 동안 그냥 앉아 있어 보자. 마음속 수다가 조용해지게 하자. 거기서 찾게 되는 것은 일종의 창조적인 빈 공간이다. 자연은 공백을 싫어하므로, 좋은 생각과 영감이 솟아오를 길이 생긴다. 마음속에 의문이 있다면(이를테면 "내 <예술가ㆍ창작가>는 무엇을 하려 하는가?") 그것에 연결하

고서 그냥 내버려 두자. 지금 하고 있는 일은 직관이 여러분 자신이 정말로 관심 갖고 있는 것이 무엇인지를 말해 주도록 공간을 만드는 것이다. 어쩌면 여러분이 걱정하고 있는 것 아니면 여러분이 하고 싶은 것이리라. 들썩거림을 느끼는 순간 벌떡 일어서지 말라. 내면의 눈이 집중할 시간을 주자. 여러분의 직관이 진주를 내어 주기까지 이렇게 몇 번을 해야 할 수도 있지만, 나를 믿으라. 기다린 보람이 있다.

- **창조적이던 어린 시절에 묻는다.** 모든 아이들은 창조적이다. 아이들은 아직 사회의 규칙들을 주입받지 않았고 젖소를 무슨 색으로 칠해야 하는지를 듣지 않았다. 여러분의 어린 시절, 무엇을 가장 즐겨 했는지를 돌이켜 생각해 보자. 아마도 색칠, 그림 그리기, 북이나 장난감 피아노 두드리기 또는 변장놀이나 발레놀이 같은 창조적인 것이었겠다. 아니면 그냥 공상에 빠지거나. 내가 아는 많은 예술가들은 어린 시절을 상상 속 친구들, 괴물들, 다른 생물들이 있는 상상의 나라에 푹 빠져서, 그런 이야기를 지어내거나 실연하면서 보냈다. 지금 여러분에게 그때로 돌아가라고 하는 게 아니다. 예술은 지금 살아 움직이는 발상과 심상들을 가지고 현재에 만들어진다. 그러나 어린 시절 여러분의 창의력을 꿈틀거리게 했던 것에 대한 감각을 되살리면 여러분의 창조적 에너지와 연결하는데 도움이 된다.

- **돌아다닌다.** 내가 적극 권하는 제안이 있는데, 쇼핑을 가보라. 물건을 사려는 의도가 아니다(어떤 것이 눈에 들어오더라도 나중에 다시 사러 가면 된다). 여기서 하려는 것은 여러분의 상상 속 동화나라에 풍부한 자극을 주는 것이다. 어느 작가는 느낌이 메마르면 부유층이 다니는 백

화점에 가서 마치 풀을 뜯는 가축처럼 어슬렁거리며 걷는다고 했다. 스카프, 가방, 옷이 진열된 모습, 희한한 모자에 팔꿈치까지 올라오는 팔찌를 한 쇼핑객 등 눈이 가는 대로 구경한다. 한 시간쯤 둘러보다 책상 앞으로 돌아온다. 그 작가의 말로는 글을 쓰려고 다시 앉을 때, 예외 없이 새로운 심상이 떠오르거나 그동안 씨름하던 문장이나 문단이 저절로 풀려나온다고 한다. 어떤 화가는 화훼시장에서 시간을 보낸다고 한다. 그는 꽃을 그리지는 않고, 유화물감을 가지고 생생한 색조로 커다란 추상화를 그린다. 그는 화훼시장 가판대의 다채로운 색상에서 영감을 끌어오는 것이다.

- **창조적인 일자리를 갖는다.** 많은 예술가와 예술가 지망생들은 자신의 <예술가 · 창작가> 원형을 깨달으면서, 그들의 직업생활에 창조성을 더 많이 도입하려는 강한 끌림을 느낀다. 모든 걸 버리고 그림만 그리거나 글만 쓰거나 춤만 공부하는 것은 현실적이지 않다. 그렇지만 자신의 재능을 이용할 기회를 주는 일자리나 진로를 찾아봐도 된다. 빤한 곳들보다는 멀리 보면서 창조적인 태도로 찾아야 할 것이다. 비영리단체의 지원부서처럼 재미없어 보이는 일자리도, 예컨대 여러분이 연례모금행사에서 장식을 맡거나 웹사이트 관리와 소셜미디어 인터페이스 설정을 맡는다면 무척 창조적인 일이 된다.

자신이 <예술가 · 창작가> 원형임이 분명한 경우에도, 그것을 표현하는 딱 맞는 방법을 찾는데 성공한다는 보장은 없다. 습관적 사고방식과 해묵은 심리패턴들이 뜻밖의 순간에 창조성을 가로막는 장애물을 만들기 때문이다. <예술가 · 창작가> 원형을 최대한 키워가려면 여러분이 앞으로 나아가도록 힘을 주는 것과 길을 막아서는 것이 무엇인지를 알아야 한다.

내가 힘을 얻는 방식

- 나만의 예술가적 비전, 독창적인 목소리를 의식적으로 표현한다.
- 색상, 질감, 디자인으로 실험하면서 심미안을 갈고 닦는다.
- 영감을 주는 창조적인 사람들과 가까이 한다.
- 내 창조적 소질을 오롯이 신뢰한다.
- 예술적 표현을 위해 태어났음을 기억한다.
- 내가 선택한 표현수단뿐만 아니라, 모든 예술형태에서 얻는 것으로 상상력을 살찌운다.
- 새로운 것에 마음을 열기 위해 문화에 관심을 가진다.
- 창조성을 자극하고 내적 삶이 풍요로워지도록 오감을 살찌운다.
- <예술가 · 창작가>의 으뜸가는 친구, 직관을 키워 간다.
- 늘 긍정적으로 내다본다. 창조성은 낙천주의에서 샘솟는다.

내가 힘을 잃는 방식(그리고 되찾는 방법)

- 나를 다른 예술가들과 비교한다. 경쟁하지 말고, 동료들과 협력하고 그들에게서 배운다.
- 내 재능을 대중이 인정해 주기를 갈구한다. 예술을 하는데 초점을 맞추면 나머지는 따라온다.
- 내 예술가적 비전을 바로 찾아내고 싶어 한다. 참을성을 길러야 한다.

- 창작에 대한 압박과 함께 올 수 있는 감정의 기복에 빠진다. 일어나서 움직이자. 걷기, 요가, 스포츠, 춤, 무술과 같은 것들이 릴랙스하게 해준다.
- 후회에 잠긴다. "도전할 수 있었는데……."와 같은 후회는 과거에 빠져 있게 한다. 지금에 머물자. 예술은 지금 여기서 하는 것이다.
- 성공을 경제적 이득과 동일시한다. 가족을 먹여 살리고 자신의 예술을 이어가며 가끔 외식을 할 정도가 된다면, 여러분은 행복한 사람이다.

● ● ●〈예술가 · 창작가〉를 위한 체크리스트

▫ 나는 날마다 창작에 시간을 내어 상상력을 자유롭게 펼친다.
▫ 내게는 내 예술가적 비전과 창조적인 생활방식을 지지해 주는 친구
  와 멘토들이 있다.
▫ 내게 영감을 주는 아름다운 것들을 주위에 늘어놓는다.
▫ 내게는 당장 물질적 이득이 없어도 창조하는 인내력이 있다.
▫ 나는 남들이 어떻게 생각하는지 신경 쓰지 않고 날마다 내 재능을
  긍정한다.

● ● ● 마지막 조언

〈예술가 · 창작가〉원형에게는 삶에 창조적으로 이바지한다는 타고
난 소명이 있다. 예술적 자질과 재능을 가졌다는 것은 특권이다. 여
러분의 자질과 재능을 키워 나가기 바란다. 그것을 부인하는 것이야
말로 진짜 고통이다.

PART 3

운동선수
The Athlete

육체의, 육체에 의한, 육체를 위한

* **원형가족:** 육체

* **다른 표현들:** '왈가닥Tomboy', '모험가', '아웃도어 마니아', '경쟁자'

* **삶의 여정:** 육체의 힘과 체력을 통해 삶을 경험하기

* **고유한 과제:** 내 몸의 강점과 한계를 존중하기

* **보편적 교훈:** 육체의 취약함에 맞닥뜨려 이에 맞선다.

* **타고난 은총:** 인내

* **내면의 그림자:** "인생의 모든 목표를 이루는데 체력만 있으면 된다."

* **남성의 경우:** 운동선수, 스릴시커thrill seeker

* **신화:** '철인', '신新생존주의자'

* **행동방식과 특징:** 〈운동선수〉는

─ 내 몸을 무척 돌본다.

─ 육체적으로 도전하는 활동을 즐긴다.

─ 지극히 경쟁적이지만 늘 정정당당하게 겨룬다.

─ 신체단련 일과에 마사지와 몸을 돌보는 요법들이 들어 있다.

─ 영감과 지원을 얻으려 다른 〈운동선수〉들과 어울린다.

* **생활 속에서의 과제:** "〈운동선수〉 말고 나는 누구일까?"

삶의 여정

•
•
•

<운동선수>의 '삶의 여정'은 몸을 단련해서 자신의 힘과 정체성에 대한 감각을 찾아내는 것이다. '운동선수'의 자존감은 몸을 극복하는 데서 나온다. 진정한 '운동선수'에겐 스포츠가 단순히 게임이나 운동이 아니다. 어떤 사람이 내게 말했다. "달리기는 '내가 태어난 이유'를 있는 그대로 말해 주는 거예요." 그들이 겨루는 모습을 본 사람이라면 이 말을 이해한다. 이런 열정이 요즘에만 있는 것은 아니다. <운동선수> 원형의 이야기는 고대 그리스로 거슬러 올라간다.

고대 그리스의 올림픽게임은 <운동선수>란 원형을 낳으면서, 경쟁의 규칙들뿐만 아니라 완벽한 몸의 이상형까지 규정했다. 올림픽은 남성 육체의 강인함과 인내력은 물론 그 힘과 아름다움을 찬미했다. 수천년이 지난 지금, 완벽한 <운동선수>에 대한 본보기와 경쟁에서 따라야하는 예법은 그대로 남아 있다. 종종 그것이 파기되는 것이 현실이긴 하지만, 우리는 세계수준의 운동선수들이 정정당당하게 겨루고, 약물을 쓰지 않고, 결코 매수되지 않기를 바라고 있다.

고대 그리스인들은 우리에게 완벽한 몸의 인상을 주었을 뿐 아니라,

몸을 단련하는 지침까지 주었다. 성실함과 인내를 통해 <운동선수>는 육체를 철저하게 통제한다는 이상을 성취한다. 고대 그리스인들에게 그런 육체적 완벽함을 이룬다는 것은 인간이 신의 반열에 오를 수 있다는 의미와 흡사했다. 우리는 그런 헌신의 노력을 동경하게 하는 그들의 탄탄한 몸매에 지금도 경외심을 느낀다. (나는 일주일에 세 번 헬스클럽에 가는 것으로 만족해야겠다.)

그렇다고 올림픽게임이 처음 열린 이후, 그쪽 분야에 중요한 변화들이 없었다는 말은 아니다. 한 가지 예로, 이 원형 분야가 한때는 남성들의 세상이었지만 지금은 여성이 굳게 자리 잡고 있다. 많은 스포츠 분야에서 여성 <운동선수>들은 무척 존경받는다. 사실 2012년 하계올림픽에 참가한 미국팀에는 여성이 남성보다 많았다. 여성 프로 선수들의 상업적 돈벌이 능력이 남성들만큼 가치 있게 여겨지려면 아직 갈 길이 멀기는 하지만, 여성들도 남성들 못지않게 기량이 뛰어나고 승부욕이 강한 것으로 입증되었다.

프로스포츠계 밖에서도 <운동선수> 원형을 가진 여성들은 역량을 아낌없이 발휘했다. 이제 '체육'의 정의에는 신체단련에 지속적인 주의를 기울여야 하는 온갖 활동과 직업들이 들어간다. 춤, 모든 형태의 운동들, 그리고 요가와 무술처럼 몸으로 하는 활동들은 육체적 노력과 많은 훈련이 필요하다는 점에서 체육의 범주에 들어간다. 최근에 신체단련이 강조되고 체육관과 헬스클럽이 증가하면서 수많은 사람들이 자신의 <운동선수> 원형을 일깨웠다. 헬스클럽들은 밤낮없이 사람들로 북적거리고 달리기, 수영, 킥복싱, 웨이트트레이닝, 요가교실에서 우리 안에 있는 <운동선수>의 건강을 유지하려는 욕구를 충족시킨다.

<운동선수>들은 땅의 사람들이다. 몸을 가지고 살고 내 몸의 모습에 편안해 한다. 이 원형이 주는 혜택을 즐기려고 마라톤을 하거나 역기를 들지 않아도 된다. <운동선수>들은 대부분 야외에서 보내는 시간을 좋아하지만 <운동선수>의 '삶의 여정'은 그것을 훌쩍 넘어서 아주 육체적이고 직접적인 생활방식을 통해 자신을 표현한다. 이 원형을 가진 사람들 중에는 목공일과 가구 손질과 집의 리모델링처럼 손으로 하는 일을 즐기는 사람이 많다. 또 건강과 활력의 척도로서 자신의 강인함을 자랑스러워한다.

그러므로 당연히 노화는 <운동선수>의 천적이다. 다른 원형들이 충분히 무르익으려면 몇 십 년이 걸리는데 비해 이 원형은 젊은 시절 그 절정에 이른다. 물론 우리 문화는 젊음에 집착한다. 노화방지를 다룬 책들은 내용이 아무리 형편없어도 영락없이 베스트셀러가 되고, 화장품 산업은 이런저런 것들을 찍어 바르면 세월을 피해간다고 장담하며 수십억의 매출을 올린다.

노화에 대한 혐오는 '안티에이징 운동선수'를 낳았는데, 이는 시간의 흐름을 거스르는 경주에 전념하는 <운동선수> 원형의 변종이다. 당연히 절대로 이길 수 없는 경주를 뛰는 것이다. 젊음에 대한 우리의 동경은 몸을 극한까지 밀어 붙이면 노화 자체를 이길 수 있다는 믿음을 부추긴다. 그런 극단적인 목표는 '안티에이징 운동선수'로 하여금 삶을 극단적인 요구조건들에 맞추게 한다. 극단적 영양관리와 비타민, 건강음료, 철저한 운동과 신체단련 프로그램에 강박적인 관심을 갖는 것은 시간을 거꾸로 돌리려는 목표가 깔려 있다.

도교는 모든 것엔 그 반대의 것들이 들어 있고, 한쪽 끝이 있는 곳엔 다른 쪽 끝도 있다고 가르친다. 육체에 강박적인 '안티에이징 운동선수'

의 반대에는 '무기력 운동선수'가 있다. 그들은 운동을 꿈꾸고 헬스클럽 이야기를 하지만, 그보다는 소파에 엉덩이를 붙이고 앉아 텔레비전 앞에서 멍하니 있기를 선택한다. 채널이야 당연히 스포츠경기다. '무기력 운동선수'는 몸을 움직이고 싶은 마음이 간절하다. 어느 날 아침에 눈을 떠서 헬스클럽에 가고픈 주체할 길 없는 충동에 휩싸일 수만 있다면 무엇이든 내 줄 사람들이다. 하지만 그런 일은 일어나지 않는다. '무기력 운동선수'들은 자신의 육체에서 떨어져 나온 사람들이고, 대개 위험할 정도로 그렇다. 적잖은 사람들에게는 '지식인' 원형도 있어서 머리로만 살면서 언젠가는 정말로 운동을 할 거라고 스스로 주문을 외운다.

이들 '안티에이징 운동선수'와 '무기력 운동선수'의 두 극단은 순수한 <운동선수>의 어두운 측면으로, 우리가 사는 시대의 가치들이 바뀌고 있음을 보여 준다. 우리가 젊음에 대한 집착을 지나고 노화에 대한 혐오를 넘어갈 때까지는, 이 변종 원형들이 우리 집단의식 속에서 활발하게 움직일 것이다.

한편 '영웅'에 굶주린 세상은 <운동선수>들을 영웅 대신 받아들이는데, 그들이 엄청난 육체적 목표를 이룬 까닭이다. 일례로 마이클 조던은 내면의 의미를 찾아 나서는 고전적인 '영웅의 여정'이 아니라 경기장에서의 전설과도 같은 기량 덕분에 '영웅'의 지위에 올랐다. 조던은 아이들에게 꿈을 크게 꾸고 농구장에서 자신을 더 채찍질하라는 영감을 주었다. 타이거 우즈의 경우도 위신이 떨어지기 전까지는 골프계의 위대한 영웅 전설 가운데 한 명이 될 정도로 잘나갔다. 그러나 우즈를 실패하게 했던 것은 골퍼로서의 기량이 아니라 존경할 만한 인간으로서의 실패였다. <운동선수>들이 대중의 초인적인 기대를 저버리면, 대중들은 그들을 가혹하게 심판한다.

여성 <운동선수>들도 전설적 지위를 얻기 시작하면서, '여가 운동선수'들과 포부를 가진 '어린 운동선수'들에게도 영감을 주고 있다. 윌리엄스 자매와 마리아 샤라포바 같은 테니스스타들은 그 스포츠 종목에 관심을 불러 모을 뿐 아니라 멋진 몸매를 원하는 여성들에게 강인함과 신체단련의 본보기가 된다. 헬스클럽과 스포츠클럽에서 북새통을 이루는 사람들 대부분은 올림픽 팀을 만들지도 못하려니와 그런 꿈을 꾸지도 못할 것이다. 그러나 최고 수준의 남녀 '운동선수'들이 보여 주는 육체단련의 기준들은 모든 원형에게 있는 <운동선수>의 신체단련 수준을 끌어 올리는데 도움을 주고 있다.

오늘날의 <운동선수> 원형이 고대 그리스 시절보다 훨씬 더 복잡하다는 점은 분명하다. 하지만 그래도 여전한 것은 여러분 안에 있는 <운동선수>가 역동적인 '삶의 여정'을 가진 원형임은 물론 여러분의 생명력에 꼭 있어야 하는 부분이라는 점이다. 여러분은 평행봉을 올라타거나 200미터 수영기록을 깨지 못할지도 모른다. 하지만 여러분의 <운동선수>는 바다 내음을 맡거나 언덕을 오르거나 사막을 가로 지르거나 마라톤 훈련을 갈망하는 여러분 안의 바로 그 충동이다. 결국 가장 중요한 것은 이렇다. <운동선수> 원형에게는 자기 몸을 탄력 있고, 멋지고, 나이 들어 가는 살아 있는 놀라운 존재로 다룰 때가 최상이다. <운동선수>의 여정은 활기 넘치는 마음을 지탱하는 건강하고 탄탄한 몸으로 잘 살고 지혜롭게 사는 것이다. 또한 잘 나이 들고, 지혜롭게 나이 드는 것이다.

고유한 과제

.
.
.

　진지한 <운동선수>가 듣고 싶지 않은 것이 있다면, 그것은 "당신 몸은 이 이상 할 수가 없어."라는 말이다. 나는 운동에 대한 집착이 자기 학대 수준으로 선을 넘어가는 사람들을 보았다. 그들이 몸이 따라오지 못할 정도로 근육의 힘을 키우거나, 빨리 회복되도록 몸을 몰아세우기로 한 까닭이다. 여러분이 일주일에 5일 이상 운동하면서 진지하게 노력하는 <운동선수>이든, 일주일에 잘해야 세 시간 운동하면 다행인 부류이든, 자기 몸이 할 수 있는 것과 할 수 없는 것을 알아야 한다. 여러분은 아무리 훈련을 해도 육체적으로 실현할 수 없는 야망을 품었을지도 모른다.

　<운동선수>에게는 자기 몸에 대한 일차적 책임이 있다. 이들은 머리 끝부터 발끝까지 자신의 육체적 요구들을 알아야 한다. 만일 척추의 정렬이 어긋났다면, 꼬박꼬박 척추교정요법을 받고 그런 치료를 운동계획의 필수항목으로 생각해야 한다. 운동화는 발에 딱 맞는지 확인해야 한다. (하나마나한 소리로 들리겠지만, 여러분이 홍보 계약의 일환으로 새 나이키를 꼬박꼬박 받지 않고서야 새 것을 사는 일을 미루기가 쉽다.) 그리고 쑤심과 통증

으로 몸이 여러분에게 말을 걸 때 거기 신경 써서 반응해야 한다. 여러분의 신체단련 수준이 대부분의 보통 사람보다는 나으므로, 이따금씩 찌릿한 통증을 느껴도 별것 아닌 것으로 넘어가기 십상이다. 그러나 별것 아닌 것들이 쌓이면 마침내 별것이 된다. 그것도 아주 큰 것이 될 수도 있다.

진지한 <운동선수>들은 모두 몸이 쇠약해지는 시기가 올 테고 별 수 없이 몸을 위한 가장 좋은 치유계획을 짜야만 할 것이다. 통증과 신호들을 무시하면 치유가 더 어려워진다. 이는 여러분의 건강을 지키도록 설계된 내부 메시지센터에 직관을 연결하고 싶지 않다고 몸에게 말하는 것이다. 인대가 찢어지거나 뼈가 부러진 상태로 경기를 했다가 결국 몇 달 동안 벤치 신세를 벗어나지 못했던 프로선수들 소식은 자주 듣는다.

사고는 느림보들뿐 아니라 육체적으로 활동적인 사람들에게도 잘 생긴다. 그러나 <운동선수>인 여러분은 몸에 대한 자각을 타고났다. 여러분에게는 몸에 자연스럽게 초점을 두고, 자신의 육체적 모습에 자연스럽게 편안해 하고, 몸의 강점과 한계 그리고 균형을 깨지게 하는 것을 자연스럽게 자각하는 장점이 있다. 여러분의 도전은 자신의 자연스런 중심에 맞춘 채로 머물고, 중심에서 벗어났을 때 주의를 기울여서 그 중심의 파워존으로 돌아가는데 필요한 일을 하는 것이다. 여러분이 <운동선수>라면 눈에 잘 띄는 곳에 이 말을 적어서 붙여놓길 바란다. "내 파워존을 벗어나서는 경주에서 이기지 못한다."

보편적 교훈

.
.
.

다음으로 이 원형의 교훈은 몸의 취약함과, 따라서 인생 자체의 덧없음과 대면하는 것, 그러니까 나이를 먹으면서 별 수 없이 힘과 체력이 떨어진다는 현실을 오롯이 받아들이는 것이다. 성숙해 가면서 더 지혜로워지고 더 다듬어지는 '돌보미', '교사', '어머니 · 아버지' 같은 원형들과는 달리, <운동선수> 원형은 생애 초기 몇 십 년 동안 그 정점에 이른다. 몸이 사십대에 접어들면, 쑤시고 아픈 증상이 여기저기 앞 다퉈 나타나기 시작한다. 인생의 현실은 <운동선수>가 가장 소중히 여기는 바로 그 자질들이 조금씩 사그라지면서 머리를 내민다.

그런데 생활방식에서의 습관들이 더 나아진 덕분에 "중년의 위기 지점"이 더 뒤로 옮겨 갔다. 하지만 아무리 좋은 신체단련 습관이 있다 해도 시계를 멈출 수는 없는 노릇이다. 우리 육체의 취약성을 마주한다는 것은 기껍지 않은 일이다. 그러나 여기서 <운동선수>는 다른 원형들보다 유리하다. 바로 여러분에게 인생이란 몸과 마음에서 일어나는 것들이 전부인 까닭이다. 여러분 내면의 <운동선수>는 운동일과를 짜고 몸의 힘과 유연성을 극대화하는 프로그램뿐만 아니라, 최상의 건강을 얻게 해 주는 정신건강법을 준비할 때 최선의 상태에 있는 것이다. 여러분은 몸에서 관심이 필요한 곳을 보살피도록 "원형적으로 설계되었다."

그럼에도 불구하고, 지금의 <운동선수>에게는 나이를 먹어가는 실제 육체과정보다 젊음을 지켜야 한다는 사회적 압박이 훨씬 더 커다란 도전이다. 지금의 세상에서 나이 먹어가는 것에 대한 두려움은 워낙 만연해 있어서 그것을 피하기란 불가능하다. 노화의 정신적 · 정서적 측면들은 영양관리, 운동, 좋은 건강습관들로 잘 다룰 수 있는 육체적 변화보다 더욱 저돌적이다. 정서적 건강습관들은 또 다른 문제여서 한 사람의 삶에 짜 넣으려면 다른 형태의 노력이 필요하다. 다른 원형들에게도 그렇지만 <운동선수>에게는 균형 잡힌 마음을 닦아 기르는 일이, 생기 넘치는 육체적 생활방식 못지않게 유용한 것이다.

타고난 은총: 인내

·
·
·

인내는 <운동선수>의 은총이다. 인내라는 은총은 불가능한 일을 하고 그야말로 힘든 시기를 헤쳐 나갈 의지를 주는 더없이 아름다운 힘이다. 인내는 눈앞의 가야 할 길이 멀거나 심혼을 다해 전념해야 할 때 솟구치는 그런 유형의 은총이다.

<운동선수>인 사람은 몸을 유지하고 치유하며 또 재충전하는데 인내가 필요하다. 인내력이 떨어지면 몸을 좋은 상태로 유지하기가 어렵다. 아침이면 침대에서 몸을 억지로 끌어내서, 헬스클럽에 간신히 가고, 지치기도 하고 기분도 좋은 상태가 될 때까지 운동하고 나서는, 샤워를 하고 일상으로 돌아와야 한다. 몸을 관리하려면 거기 전념해야 하고 효과를 보려면 몇 달이 걸리기도 한다. 인내력이 관건이다. 팔다리 하나를 잃고서도 스포츠를 이어갈 방법을 찾아보겠다고 결심한 사람들의 이야기는 드물지 않게 들린다. 인내라는 은총으로 힘을 얻은 그런 사람들은 마라톤에서 뛰거나 수영 릴레이경주를 용케 해낼 뿐만 아니라, 수많은 사람들에게 좌절을 어떻게 이겨내는지를 보여 주는 귀감이 된다. 남아프리카공화국의 단거리 주자 오스카 피스토리우스Oscar

Pistorius는 2012년 하계올림픽에서 비록 메달을 따지는 못했지만, 두 다리가 없는 선수로서는 처음으로 올림픽에서 정상인 선수들과 나란히 달리는 역사를 만들었다.

인내라는 은총에는 우리가 약해지는 순간에 슬그머니 일어나서 꼬드기는 내면의 방해공작을 내치는 힘이 있다. "오늘은 너무 피곤해서 운동 못하겠어." 또는 "오늘 하루 빼먹는다고 무슨 차이 있겠어?" 이럴 땐 한 줄 기도문을 단숨에 읊조리면 운동일과나 물리치료 프로그램을 지킬 결단력이 너끈히 생길 것이다. "내 나약한 천성을 이겨 나가도록 은총을 베푸소서."

여기 여러분의 삶에서 인내라는 은총을 알아보는데 도움이 될 통찰 몇 가지가 있다.

- 인내는 '포기하지 마' 같은 생각들을 통해 여러분에게 들어온다.
- 인내는 약해지는 순간에 '내 삶이 다른 사람들에게 어떤 의미가 있는가.', '내게는 아직 베풀지 못한 사랑이 얼마나 있는가.' 같은 영적 가치들로 마음을 채워서 여러분을 북돋고, 그렇게 여러분에게 계속 나아갈 의지를 준다.
- 인내는 보통 여러분의 명치(복강신경총)에서 고동치면서, 고된 길에서 벗어나고 싶게 하는 나약한 생각을 사그러지게 한다.
- 인내는 할수록 그 힘이 커지니, 여러분이 무엇이라도 견딜 수 있음을 보여 준다. 여러분은 자신이 상상할 수 있는 것보다 무한히 더 강하다.

내면의 그림자

· · ·

    나는 '머리 대 완력'을 대표하는 원형적 인물들인 다윗과 골리앗 이 야기를 처음으로 들었던 때를 아주 똑똑히 기억한다. 머리 빈 완력보 다 머리가 더 가치 있다는 것이 이 이야기의 교훈이라는 점은 분명했 다. 그렇지만 이 이야기를 여러 번 듣고 또 들었는데도 우리는 그 속의 지혜를 자주 놓치고서 완력을 쓰기로 결정하는 이유가 하나 있다. 바로 즉각적 만족이다. 잘났다고 뻐기거나 소리소리 질러 대봐야 아무런 이 득이 없다는 것을 알기는 하지만, 그 순간 괜스레 긴장감이 감돌게 함 으로써 내가 더 세진 것 같은 착각을 하는 것이다.

    골리앗은 당연히 '불량배' 원형으로 <운동선수>의 어두운 단면이다. 자기보다 더 세 보이는 사람들의 기지나 재능, 성격에 기죽은 '불량배' 는 육체의 힘만 믿고서 자기보다 약한 사람에게 굴욕감을 준다. (여성 '불량배'들은 사회적 위협이 되는 소녀들을 표적으로 삼는 경향이 있다.) '불량배 운 동선수'는 사람의 육체만 꺾으면 다시 일어나려는 의지를 꺾을 수 있다 는 신조를 따른다. 상대를 나가떨어지게 해서 매트 위에 누워있게 하면 되는 것이다. '불량배'가 간과하는 것은 자신이 써먹는 것을 되받아칠 수도 있다는 점인데, '불량배'가 정확한 한 방에 나가떨어지는 것은 이런 이유에서다.

'불량배 운동선수'에게 드리운 내면의 그림자는 패배, 굴욕감, 지배당함에 대한 뿌리 깊은 두려움에서 생긴다. 이런 두려움들에 정신을 얼마나 사로잡혔던지, '불량배 운동선수'는 잠재적 표적들에게 공격받기 전에 선제공격대가 되어 먼저 해치우는 행동을 한다. 바로 이 원형은 지금 우리 사회에서, 특히 학교와 길거리에서 아주 활발하게 돌아다닌다.

최근 스포츠에서는 폭력이 더 많아지는 추세인데, 복싱이나 레슬링 경기장에서만 그런 것이 아니라 풋볼 경기장과 하키 링크에서 몸싸움이 인정되는 것만 봐도 그렇다. '불량배 운동선수'에게 최고의 스포츠는 "익스트림 케이지 파이팅"으로, 두 선수가 직경 9미터 가량의 팔각형 우리 안에서 혼합무술로 검투사 유형의 전투를 벌이는 것이다. 선수들은 경제적 보상을 받으려 팔다리가 부러지는 부상을 입어도 견뎌낸다. "종합격투기"는 복싱과 레슬링의 인기를 퇴색하게 하면서 고대 로마의 유혈스포츠에 대한 열광 심리를 흔들어 깨웠다. 비록 선수들이 죽을 때까지 싸우도록 허용되지는 않지만, 우리에 갇힌 투사들이라는 시각적 연출과 조합된 대회 형식은 최고의 운동선수가 되려면 이러이러한 것은 이루고 견뎌내야 한다는 새로운 기준을 정해 놓았다. 케이지 파이터들이 고도의 무술을 연마했다는 점을 당연히 인정해야 하지만, 이 스포츠는 <운동선수> 원형의 어두운 측면을 드러내 보여 준다. 책과 영화로 나온 블록버스터 '헝거게임The Hunger Games'에는 죽을 때까지 싸우는 시합이 묘사되는데, 케이지 파이팅은 이러한 인간의 더없이 어두운 원초적 욕구들 가운데 하나를 흔들어 깨웠다. 바로 강자가 약자를 이기는 모습을 구경하고픈 욕망이다.

약함은 우리를 불안하게 하고 자신의 취약함을 자꾸 떠올리게 한다. 우리는 지는 것이나 자신을 연약하게 생각하는 것을 싫어한다. 상징적으로 우리를 대신해 싸우는 운동선수들을 지지함으로써(이를 두고 팬이 된다고 한다.) 나와 사회의 약한 모습이 그럭저럭 밖으로 드러나지 않는다는 느낌을 갖는다. 상대를 무릎꿇게 하는 '불량배 운동선수'를 보면서 순간적으로나마 우리가 우리 자신의 취약함을 정복하고 솟아올랐다고 느끼는 것이다.

남성의 경우

:
:
•

<운동선수> 원형을 가지고 위험한 스포츠와 단독모험을 즐기는 여성들이 있지만, 열기구여행, 에베레스트 등정, 자동차경주, 또는 헬리콥터에서 활강하는 오프트레일 스키off-trail ski 같은 극한의 활동들에 있어서는 남성들이 훨씬 더 한계를 초월할 법도 하다. '스릴시커thrill seeker'에게는 아주 위험하고 아드레날린을 치솟게 하는 스포츠가 절정을 경험하는 자연스런 방식이다. 한 남성은 이렇게 말했다. "위험이 클수록 집중력도 높아져요. 내가 하고 있는 일에 완전히 몰입해야 해요. 딴 생각을 했다가는 치명적인 결과가 생길 수도 있어요." 마음과 가슴의 온갖 관심사들이 잠시 침묵하는, 더없이 부담스러운 그런 상황에 뛰어드는 '스릴시커'에게는 활짝 깨어 살아 있다는 들뜬 느낌이 그 보상이다. 스릴을 찾는 스포츠들은 육체활동을 최대화하면서 지복의 의식 상태로 들어가는 지름길이다.

〈운동선수〉의 신화

·
·
•

   '철인(鐵人)'은 이 원형이 가진 최고의 미덕을 부활시킨 새로운 '엘리트 운동선수'를 나타낸다. 그 미덕이란 곧 스포츠경기에서 최선을 다한다는 자부심이다. 철인 3종 경기에서 선수들은 장거리 코스의 경우 4킬로미터의 수영으로 시작해서 사이클 180킬로미터, 마라톤 42.195킬로미터를 완주한다. 이들은 분명 시합에서 서로 경쟁하기는 하지만, 이 인내력 시험을 마친 것에 대단한 자부심을 가지고 스스럼없이 이야기 나눈다. 철인 3종 경기 훈련을 하던 마리안 카레로는 이렇게 말했다. "난 나 자신을 위해 뛰어요. 선수가 결승선을 넘을 때마다 다른 모든 선수들이 기다리다가 환호해요. '해냈어요. 당신은 철인이에요!' 한번 이 지위를 얻고 나면, 절대 뺏길 수 없어요."

   기지와 적응력이 결합된 유체적 힘과 체력은 최근 〈운동선수〉 가족에 추가된 '신생존주의자New Survivalist'가 가진 요소들이다. 운동능력이 뛰어난 사람들을 가혹하고 터무니없는 육체적 도전에 부딪치게 하는 리얼리티 TV프로그램으로 유명해진 이 유형은 〈운동선수〉의 또 하나의 원초적 일면, 곧 살아남기 위해서라면 뭐든지 하는 우리의 본능을 잘 보여 준다. 지금 우리 사회에서 육체의 힘은 가장 인기 있는 유형의 강점이고, '신생존주의자'의 신화는 육체의 강인함만 있으면 생존에 충분하다는 것이다. 사실 그 이상이다. 땀으로 번질거리고, 섹시하고, 불뚝불뚝 불거진 근육에, 야성미까지 넘치니까. 하지만 진실은 그것만으로는 생존에 충분하지 않다는 것이다. '신생존주의자'는 성공적으로 삶을 살아가려면 튼튼한 지성과 정서적 체력도 꼭 필요하다는 점을 까맣게 모르고 있다.

    <운동선수>의 이들 두 변종은 원형이라는 하나의 막대에서 양쪽 끝에 있다. '신생존주의자'는 경쟁상대를 무너뜨리는데 자신의 힘을 사용하고, '철인'도 못지않게 경쟁적이기는 하지만 동료의 기량을 축하할 줄은 안다.

생활 속에서의 과제

⋮
●

진지한 <운동선수>들에게 뜨거운 논란이 되고 있는 문제가 있다. "<운동선수> 말고 나는 누구일까?" 최고의 몸 상태를 지키기 위한 훈련과 규율을 따르는 과정에서 다른 것을 할 시간은 도무지 없다. <운동선수>들의 선수생활은 대부분 짧아서, 그 생활의 막다른 곳에 다가가는 프로선수와 열성 아마추어들은 서둘러 인생의 다음 장을 위한 계획을 진지하게 세워야 한다.

사람은 모두 한 가지 이상의 존재다. 최고의 <운동선수>가 되려고 얼마나 전념하고 있는지에 상관없이, 여러분은 여러분의 몸이 이룰 수 있는 것 이상의 존재다. 프로선수, 개인트레이너, 마사지사, 아니면 요가강사까지 여러분이 체육 관련 직업으로 생계를 꾸린다 해도, 그것이 여러분이라는 사람의 전부는 아니다. 우리는 모두 자신이 가진 원형 정체성의 한계를 넘어 뻗어가는 생활방식에서의 도전에 부딪친다. 그러나 오롯이 의지했던 강인함과 기량이 약해져 가는 <운동선수>에게는 이 시험대가 누구보다도 쓰라리다. <운동선수>가 다음 일을 생각해 본다 해서 너무 빠를 것은 없다. 아직 은퇴를 한참 남겨둔 세계적인 <운동선

수>들이 식당을 열고, 프랜차이즈를 사들이고, 의류사업을 시작하거나 학위를 따는 모습을 보라.

여러분에게는 <운동선수> 아닌 어떤 "힘 있는" 정체성들이 있는가? 산비탈이나 경기장에서의 삶 못지않게 여러분의 자존감을 높여 주는 다른 재능이나 기량은 어떤 것들이 있는가? 우리가 전해 받은 지혜는, 한 바구니, 특히 우리가 개인의 힘을 가져오는 바구니에 달걀을 몽땅 담지 말라고 한다. 만약 질병이나 부상, 또는 부득이 나이 때문에 이전에 즐겼던 생활방식을 이어가지 못한다면, 여러분은 어떤 내면의 자산들을 끌어오겠는가?

내 원형 알아보기:
나는 〈운동선수〉일까?

:

이 원형도 대부분의 사람들이 자신에게 있는지 없는지 궁금해 할 필요가 없는 원형이다. 〈운동선수〉는 착각할 수가 없다. 여러분이 〈운동선수〉라는 증거는 선반에 죽 늘어놓은 트로피나 벽장 한 가득인 스포츠용품 또는 멋진 근육이 아니다. 다른 원형들도 그렇듯이 그 사람이 〈운동선수〉라는 것을 말해 주는 특징적 행동방식들이 있다.

여러분 스스로 〈운동선수〉라 확신할지라도, 이 원형에 대해 더 많이 알고 싶어 하는 여러분 비슷한 다른 사람들이 있을 수 있다. 다음에서 〈운동선수〉의 행동방식과 특징들을 살펴보기 바란다.

〈운동선수〉의 행동방식과 특징들

• 운동을 꼬박꼬박 한다. 몸을 탄탄하게 지키는 일은 생활방식에서 꼭 있어야 하는 부분이다.
• 몸을 무척이나 돌본다.
• 몸에 귀 기울이고 통증과 같은 몸의 신호들에 즉각 반응한다.
• 영양관리를 신성시하고 바르게 먹으려고 노력한다.

- 지극히 경쟁적이지만 늘 정정당당하게 겨룬다.
- 육체적으로 도전하는 활동들에서 짜릿한 쾌감을 느낀다.
- 어릴 때 왈가닥이었고 어쩌면 지금도 그렇다.
- 일과에 스포츠, 신체단련이나 바디워크가 들어 있다.
- 여가시간을 야외활동, 달리기, 수영, 등산이나 스포츠를 하며 보낸다.
- 신체단련 일과에 마사지와 몸을 돌보는 요법들이 들어 있다.
- 영감과 지지를 얻으려 운동성향을 가진 다른 이들과 어울린다.
- 삶을 신체단련 중심으로 구성한다.

내 원형으로 들어가기 : <운동선수>의 힘

．
．
●

    <운동선수>인 여러분은 자신에게 힘이 있다는 자부심을 느끼지만, 힘이란 단순히 육체의 힘과 운동기량만이 아니라는 점을 알고 있다. 운동으로 성취하려면 정신적 · 정서적 요소들도 꼭 있어야 한다. 육체적으로 탄탄한 몸은 여러분의 바탕이자 신체단련을 해나가는데 굳은 발판이 된다. 지성과 정서적 균형을 잘 키워나가면, 온전히 통합된 <운동선수>가 되어서 육체활동에서의 기량을 이룰 뿐더러 성공적이고 만족스런 삶을 살아갈 수 있다.

    여기 여러분의 <운동선수> 원형이 가진 모든 측면들을 다져나가기 위한 지침과 실천방법 몇 가지가 있다.

- **최근 동향을 따라잡는다.** 여러분은 자신이 선택한 육체활동이나 스포츠에 사용되는 최신 기술과 장비에 대해 모두 알고 있을 것이다. 하지만 영양관리, 운동, 스포츠심리학에 관한 최근 내용들은 따라잡고 있는가? <운동선수>의 관리에 대해 아는 내용이 추가되면서, 더는 그것을 근본적으로 뒤엎는 새로운 연구가 나오기 마련이다. 믿

을 만한 웹사이트 몇 개를 골라 꼬박꼬박 검토하자. 아니면 관심이 가는 사이트들의 피드를 구독하도록 RSS리더를 설정하자. 미국대학스포츠의학회(www.acsm.org)에서는 뉴스, 연구, 전자뉴스레터를 제공한다. '애스래틱 인사이트Athletic Insight: 스포츠심리학 온라인저널(www.athleticinsight.com)'에는 새로운 연구들과 도움이 되는 링크들이 들어 있다.

- **영감을 얻는다.** 과거와 현재의 위대한 스포츠스타들에게서 배우자. 인종과 성별, 심신을 무너뜨리는 질병의 장애를 딛고 고난에 맞서는 인내력의 본보기가 되었던 재키 로빈슨Jackie Robinson, 무하마드 알리, 제시 오언스Jesse Owens, 빌리 진 킹Billie Jean King, 루 게릭Lou Gehrig처럼 우상과도 같은 인물들을 다룬 전기를 읽거나 다큐멘터리를 보라. 정상에 오르려고 그들이 발전시킨 기량은 무엇이었을까? 그들이 극복한 도전은 무엇이었을까? 그들의 이야기에서 어떤 것을 취해 내 삶이나 경력에 적용할 수 있을까?

- **자신의 수준에 맞춘다.** 몸을 거스르지 말고 몸과 함께 해나가면 탄탄하고 활동적이고 지구력이 좋은 몸을 가질 것이다. 트레이너가 없다면, 부상의 위험을 고려해 여러분의 나이와 활동수준에 맞는 프로그램을 짜는데 도움 받을 사람을 찾아보라. 판박이 같은 프로그램을 대충 정하지는 말자. 경험 부족한 트레이너들이 마흔다섯 먹은 사람에게 스무 살짜리도 버거워할 운동을 시키는 일이 얼마나 많은지 알면 아마 놀랄 것이다. 나이와 신체단련 수준에 상관없이 최적의 수준으로 꾸준히 해나가는 것이 여러분의 목표다.

- **여러 가지를 숙달한다.** 어릴 때 체육시간에 뭐가 재미있었는지 생각
나는가? 매주 다른 운동이나 스포츠였다. 이번 주는 구름사다리, 그
다음은 배구, 그 다음에는 텀블링. 하루도 빠짐없이 같은 육체활동을
고수하기보다는 다른 활동과 병행해 보자. 골프를 하는 농구스타들,
농구를 하는 풋볼선수들을 생각해 보라. 주로 혼자 하는 운동을 한다
면, 체육관에서 팀에 들어가 보라. 팀 안에서 운동하고 있다면, 혼자
하는 서핑이나 스케이트보드를 타 보자. 잘해야 할 부담은 없다. 그
냥 재미로 하되, 뭔가 새로운 것을 배워서 몸과 마음을 기민하게 지
키려는 것이다.

- **나는 누구인가?** 자신의 <운동선수> 자아와 너무나 동일시한 나머
지, 삶의 다른 부분들이 텅 비어있다면 이제 여러분의 자기규정 범위
를 넓힐 시간이다. 여러분이 우러르는 사람들에게서 그들을 움직이
게 하는 것이 무엇인지, 그들이 힘을 끌어내는 곳이 어디인지를 찾아
보자. 다른 <운동선수>들에게서 찾지는 말라. 그들은 여러분과 같은
배를 타고 있는지도 모른다. 여러분이 가졌지만 한 번도 써본 적이
없는 재능들, 밀고 나가지 않았던 관심사들을 생각해 보라. <운동선
수>로서 키웠던 기량들(집중력, 인내력, 학습능력)을 다른 가치 있는 활
동들에 적용해 보라. 자신에 대해 더 많이 알아내 보자.

<운동선수> 원형은 힘의 화신이다. 하지만 아마 여러분은 자신의 힘
을 더 효과적으로 관리할 수 있을 것이다. 여기 힘을 찾아내고 또 만일
그 힘을 잃기 시작한다면 다시 되찾을 수 있는 방법들이 있다.

내가 힘을 얻는 방식

- 일과를 지킨다. 여러분은 경기장 안에서든 밖에서든 규율을 가지고 최고의 기량을 발휘한다.
- 남들을 격려한다. 동료 <운동선수>들을 응원하면 모든 사람을 위한 기대치가 높아진다. 상대를 짓밟으려는 마음 없이 경쟁한다.
- 본보기가 된다. 아이들은 <운동선수>를 우러러본다. 신체단련이나 내 종목을 위한 홍보대사가 되어 보자.
- 멘토가 된다. 다른 사람을 가르친다는 것은 내 기량을 갈고 닦는 좋은 방법이다. 자녀와 친해지는 데도 좋은 방법이다.
- 마음을 넓힌다. 여러분은 멋진 몸만 가진 게 아니다. 마음과 영혼을 계발하면 삶에 가져올 수 있는 것들이 더 많을 것이다.

내가 힘을 잃는 방식(그리고 되찾는 방법)

- 해로운 지경까지 몸을 몰아붙인다. 몸이 회복할 시간을 가지자.
- 마음만 <운동선수>다. 신체단련 프로그램을 "내일부터" 하겠다고 다짐만 하지 않는다. 여러분을 헬스클럽까지 태워가서 함께 트레이드밀에서 달릴 친구를 찾아본다.
- 운동이 예방약이라고 믿는다. 운동이 필요하긴 하지만 여러분의 전반적인 건강과 안녕에 충분하지는 않다. 바르게 먹고, 정기검진을 받고, 인생에서 자기가 바꿀 수 없는 것들은 걱정을 내려놓기도 해야 한다.
- 패배를 깨끗이 인정하지 않는다. 졌다고 화를 내면 모든 사람의 게임을 망친다. 최고의 선수가 이긴다는 점을 늘 기억하자.

••• 〈운동선수〉를 위한 체크리스트

□ 나는 차를 타는 대신 걷거나 자전거를 타면서 내 안의 〈운동선수〉
를 자축한다.

□ 내 몸이 나이 먹어 가고 있음을 받아들이고, 오늘 할 수 있는 일이 있
으므로 내 몸을 사랑한다.

□ 내가 먹는 음식에 너무 극성스럽지는 않게 지속적으로 신경 쓴다.

□ 내 몸은 물론 마음과 영혼에도 자양분을 주므로, 행복하고 균형 잡
힌 사람이 될 수 있다.

□ 나는 하기 싫을 때에도 신체단련 프로그램을 지킨다.

□ 나는 내가 생각하는 것보다 더 강하다. 어떤 일이 있어도 나는 견딜
것이다.

••• 마지막 조언

이제 모든 진정한 〈운동선수〉들이 빛을 낼 시간이다. 자신의 안녕과
스스로 돌봄에 전념하는 여러분은 개인의 건강과 책임에 대한 새로
운 기준을 세우는데 도움을 주고 있다. 그렇게 하면서 여러분은 세
상이 더 나아지도록 바꾸고 있다.

PART 4

돌보미
The Caregiver

나는 온 세상을 돌보기 위해 태어났다

* **원형가족**: 돌보기

* **다른 표현들**: '양육자Nurturer', '어머니', '러버Lover', '자매', '교사', '구원자'

* **삶의 여정**: 자신은 돌보지 못하면서 남들을 보살피기

* **고유한 도전**: 이기적으로 보이거나 남들을 돌볼 수 없다는 두려움

* **보편적 교훈**: 도울 때와 돕지 않을 때를 배운다.

* **타고난 은총**: 자비

* **내면의 그림자**: 자신은 돌봄을 받지 못한다는 느낌과 억울함

* **남성의 경우**: 〈돌보미〉는 남성과 여성의 가슴에너지가 조화를 이룬 음양의 원형이다.

* **신화**: "내가 남들을 돕지 않으면, 그들은 내가 이기적이라고 생각할 거야." "내가 사람들을 돕지 않으면 그들은 살아남지 못할 거야."

* **행동방식과 특징**: 〈돌보미〉는

- 도움이 필요한 사람을 거부하는 법이 없다.

- 가족의 돌보미 역할을 한다.

- 돌보는 직업을 선택한다.

- 남을 돕는 일을 소명으로 본다.

- 자비와 너그러움의 본보기다.

* **생활방식에서의 도전**: 나 자신을 충분히 보살펴서 내가 정말로 누구인지를 찾아내기

삶의 여정

.
.
•

    <돌보미> 원형에게는 자비, 너그러움이라는 자질과 도움이 필요한 사람들에게 손길을 뻗는 타고난 성향이 있다. 자비와 너그러움이라는 감정이 모든 사람에게 공통된 것이기는 하지만, 특히 <돌보미>를 움직이게 하는 핵심적인 힘이 바로 이 고차원의 속성들이다. '돌보기' 가족의 구성원들, 즉 '돌보미', '양육자', '어머니', '구원자', '교사'는 다른 이들을 보살필 때 보람을 느낀다. <돌보미>들은 이렇게 질문하는 근원적 본능으로 세상에 반응한다. "이 사람을 위해 내가 할 수 있는 게 뭐지? 이 사람은 내가 어떻게든 도와주길 바라는 걸까? 어떻게 하면 도움이 될까?"

    <돌보미>의 '삶의 여정'은 다른 사람들이 자신의 삶을 살아가도록 도우면서 보살피는 것이다. 사랑과 관심이나 도움이 필요한 사람이 있을 때마다 반응하는 것이 <돌보미>의 천성이다. 우리는 모두 보살핌이 필요하기에 이것이 가장 사랑받는 원형들 가운데 하나라는 사실은 놀라운 일이 아니다. 여러분이 이 원형과 동일시한다면, 이 생애에 여러분은 사랑과 감사를 주고받기로 되어 있다는 확신이 들 것이다.

가슴 중심의 원형인 <돌보미>는 인류애라는 뿌리 깊은 느낌을 갖고 있다. <돌보미>는 천성적으로 모든 사람에게서 선善을 보고 쓰러진 이를 일으키려 한다. <돌보미>들은 사랑이 가진 힘을 믿는 자로 태어나, 온갖 노력을 기울이고 모든 상처를 치유한다. <돌보미>에게는 남들을 보살피는 일을 멈춘다는 것이 사실상 있을 수 없는 일이다.

다른 원형들과는 다르게, 이 원형에게는 가족, 친구, 동료가 되었든 낯선 사람이 되었든, 다른 사람들의 욕구를 감지하는 능력이 있다. 여러분이 지친 것을 알아차리고, 저녁거리를 가지고 여러분의 집을 방문하는 것은 딱 <돌보미>가 하는 일이다. 저녁을 먹으려고 들른 것이 아니라 저녁거리를 가지고 들른 그들은 오래 있으려고 하지 않는다. <돌보미>는 여러분에게 휴식과 집에서 만든 음식이 필요한 때를 직관적으로 알지만, 꼭 함께하면서 대화하지는 않는다. 남들에 대한 <돌보미>의 예리한 감지력은 이 원형을 갖지 않은 사람들을 자주 당혹스럽게 한다. "돌아오는 게 거의 없을 텐데 어째서 그렇게 많이 줘요?" <돌보미>에게 이렇게 묻는다면, 십중팔구 대답은 이럴 것이다. "모르겠어요. 그냥 내 사는 방식이 그래요."

당연하다. 여러분에게 이 원형이 있다면 끝없는 자비와 이해심을 가졌을 것이다. 여러분이 안에서 자원을 찾아내 이유 없이 주고, 다른 사람이라면 바닥 날 끊임없는 손길을 베푸는 모습을 보고 다른 사람들은 깜짝 놀란다. 끝도 없이 샘솟는 힘과 체력을 가진 <돌보미>들은 어떤 일에 가장 먼저 대응하는 사람들로 태어났다. 재앙이 생긴 곳에 맨 먼저 도착하는 사람들 틈에는 이들이 있다. 시간과 에너지와 자원들을 바쳐서 홍수, 토네이도나 다른 자연적 또는 인위적 위기로 삶이 무너져 버린 사람들을 지원한다. 그 위기가 상처난 무릎이든 불에 타버린 집이든, <돌보미>는 어느새 구급약상자, 담요를 가지고 나타나서 다정하게 보살필 것이다.

<돌보미>들은 자연히 양육자들이다. 대부분이 주방에서 맛있고 영양만점인 식사를 준비할뿐더러 식사시간이 가족들에게 정서적 자양분이 되도록 애쓰고 있다. 이 원형을 가진 많은 이들에게는 다른 사람을 먹이는 일이 궁극적 형태의 돌보기다. 어쩌면 <돌보미>에게는 어머니와 할머니가 자신에게 해 주던, 가족이 좋아하는 음식이 가득한 레시피 노트가 있지 않을까.

<돌보미> 원형을 가진 남성들 역시 베풀 준비가 된 삶의 단계에서 부모가 되면 양육의 역할을 너끈히 해낸다. <돌보미>들에게는 남을 보살필 일이 자연스럽게 생긴다. 하지만 그들이 억울한 마음이 들지 않고 줄 정도가 되려면 좀 더 성숙할 필요가 있다. 그 지점에 이르기 전에 돌보는 역할을 억지로 떠맡는다면, 그들은 자신의 천성을 억울해하는 불편한 상황에 빠질 수도 있다.

하지만 대개 <돌보미>들은 두 번 생각하지도 않고 그냥 준다. 그러지 않을 수가 없다. 작은 친절이나 배려라도 망설임 없이 베푼다. <돌보미>는 멈춰 서서 다른 쇼핑객의 장바구니에서 쏟아진 오렌지들을 모아 주거나, 바둥대는 아기와 짐 꾸러미 사이에서 쩔쩔매고 있는 어느 엄마에게 손을 빌려 주는 일에 머뭇거리지 않는다. <돌보미> 원형이 없는 사람들은 누군가 도움이 필요하다고 알아채기는 하겠지만, 그들은 자

신이 편리할 때만 도움을 주거나 낯선 사람에게 다가가기가 어색해 망설일지도 모른다.

그런데 중요한 것은 다른 이들을 돌보는 역량이 <돌보미>에게만 남다른 것이 아니라는 점이다. 인간인 우리에게는 서로를 돌봐주고자 하는 타고난 욕구가 있다. 그러나 어떤 원형들에게는 돌보고 양육하는 일을 최대한으로 표출하는 잠재력이 있는데, 바로 <돌보미>가 그중 하나다. <돌보미> 원형의 한 표현인 '어머니'는 가족을 돌보고 양육하는 일과 뗄래야 뗄 수가 없다. 그리고 또 하나 중요한 것은, 자신에게 <돌보미> 원형이 있다고 해서 여러분이 다른 이들을 돌보는 기량에 있어 성숙하다거나, 자기 자신을 돌보지 않아도 된다는 것은 아니라는 점이다.

게다가 모든 <돌보미>들이 한결같지도 않다. 돌보기란 가슴의 자질이므로, 돌보기 유전자 또는 본능은 많은 수의 원형들에 얼마든지 들어갈 수 있다. 하지만 '돌보기' 가족의 구성원들인 '돌보미', '어머니', '교사', '자매', '구원자', '동반자'에게서 돌보고 양육하는 가슴을 가장 쉽게 찾아볼 수 있다.

고유한 과제

．
．
●

<돌보미>들은 자신을 돌보는 행동이 더없는 이기심이라는 고질적 믿음에 사로잡혀 있다. 천성적으로 남들에게 손을 뻗으려는 충동을 느끼기 때문에, 이들은 으레 자신만의 관심사들을 맨 뒤에 놓는다. 돕는 일에 워낙 푹 빠지기 쉬워서 자신의 허기나 피곤함에는 신경 쓰지 않는다. 남들의 욕구를 잘 감지하기는 하지만, 자기 몸이 보내는 메시지를 놓치고, 다른 사람들이라면 건강상의 경고로 여길 만한 욱신거림과 통증을 무시하기가 일쑤이다. 누군가 어떤 사람 뒤에서 샌드위치를 들고 졸졸 따라다니며 "이제 그만 하고 좀 먹어요!"라며 애원조로 말한다면 그 사람은 틀림없는 <돌보미>다. <돌보미>인 사람의 고유한 도전은 정교하게 조율된 직관이 자신의 육체적·정서적 욕구들에 대해 하는 말을 신뢰하는 법 배우기다.

여러분에게 <돌보미> 원형이 있다면 보나마나 친구들에게 이런 말을 들은 적이 있을 것이다. "이제 좀 쉬엄쉬엄해. 네 몸도 챙겨야 하잖아." <돌보미>들도 대부분 자신을 위한 일을 하고 싶어 한다. 요가교실에 가고, 마사지를 받고, 휴가를 가고 싶어 하는 것이다. 하지만 누군가

그런 제안을 하기가 무섭게 이 원형이 앞으로 나서서, <돌보미>는 왜 그렇게 해서는 안 되는지 구실들을 끌어 모으기 시작한다.

이 원형에게는 이기적으로 생각된다거나 남들을 보살필 수 없다는 두려움이 계속 되는 도전이다. 부모 또는 병든 배우자나 아이를 돌보는 데 몇 주, 몇 달, 심지어 몇 년을 헌신했던 사람들이 있다. 그들은 주로 여성들이다. 이들은 자신을 위한 시간을 갖는데 늘 죄책감을 느낀다. 헌신적인 <돌보미>에게는 하루 저녁 밖에서 친구들을 만나는 것마저도 마치 배신처럼, 의무를 소홀히 하는 심각한 일처럼 보일 수 있다.

보편적 교훈

•
•
•

만약 <돌보미> 원형이 있다면, 여러분은 자신을 비롯해 도움이 필요한 모든 이들을 보살피는데 타고난 역량을 어떻게 이용할지 배우는 중일 것이다. 여기서 핵심이 되는 부분은 분별력이다. 누구를 보살피고 보살피지 않을지, 자신을 희생하지 않으면서도 어떻게 하면 보살필 수 있을지에 대한 것이다. 남들을 보살피지만, 정작 나 자신은 아무도 보살펴주지 않으리라는 두려움과도 맞서야 한다.

이는 모든 <돌보미>들이 내적 성장을 위해 반드시 배워야 하는 영혼의 교훈이다. 장담컨대 여러분은 이 교훈을 일깨워 줄 상황이나 관계들 또는 둘 다를 만나게 될 것이다. 하지만 여러분이 자신의 삶을 보고, 그것이 원형이라는 지혜의 렌즈를 통해 가져다주는 도전들을 볼 수만 있다면, 여러분의 심금을 울리는 모든 사람, 여러분이 돕고픈 충동을 느끼는 모든 사람이 어떤 식으로든 여러분의 배움에 기여하고 있다는 사실을 깨치게 될 것이다. 바로 여러분이 그들의 배움에 기여하고 있는 것처럼.

지혜로운 <돌보미>는 지나치게 주는 것만큼 상대에게 나쁜 건 없다는 점을 알기에, 줄 때와 주지 않을 때, 그리고 딱 필요한 것을 주는 방법을 안다. 너그럽고 연민 어린 마음으로 명쾌하고 지혜롭게 주는 <돌보미>라면, 그 활동범위가 좁든 넓든, 지역적이든 국제적이든, 대상이 소수의 사람이든 넓게는 인류이든 간에, 세상의 선을 위한 강력한 힘이 될 수 있다. 하지만 알아두길 바란다. 언제 줄지, 언제 주지 않을지, 그리고 언제 받을지를 배우는 데는 시간과 힘겨운 경험이 필요하다. 이는 인생에서 가장 어렵게 배우는 교훈 중의 하나가 되겠지만, 틀림없는 말이다. 우리는 모두 그것을 배워야 한다.

타고난 은총: 자비

<돌보미> 원형의 은총은 자비다. 자비가 어느 <돌보미>의 삶에 와
닿을 때, 그들은 사람들을 달리 보고, 누군가에게 기회를 한 번 더 주고,
처음 본 사람을 믿도록 영감을 불러일으켜 스스로도 내심 놀라게 된다.
우리가 평소 성격과는 사뭇 다르게 행동할 때면 그것은 대개 은총의 손
길이 우리에게 와 닿았다는 신호다. 의심할 나위 없이 <돌보미>들은
내가 "은총의 발동"이라 부르는 것에 익숙하다. 어떤 상황에 뜬금없이
자비롭고 너그럽게 반응하게 되는 아주 뜻밖의 경우들이다.

은총은 우리를 더 긍정적이고 굳건한 마음 상태로 옮겨 놓는 신비로
운 힘으로서 또 하나의 강력한 기능을 한다. 삶의 여정은 우리를 끝없
는 기회들, 경이로운 마주침들, 많은 모험뿐만 아니라 우리가 함께 하
는 도전과 장애로도 이끈다. 보통 이 도전들은 결국 더할 나위 없는 축
복이 모습을 감추고서 나타난 것이지만, 그것들을 지나는 동안에 우리
는 "여기서 내가 어떻게 살아남을까?"라며 머리를 감싸 쥔다. 만일 <돌
보미>가 혼자서만 가족들의 정서적 뒷받침을 떠맡아야 한다면 외롭고
버겁다고 느낄 수 있다. 그렇지만 자비라는 은총은 그들을 그 상태에서

들어올린다. 느닷없는 정신적 변화를 겪게 해서 상황을 달리 해학적으로 보게 하기도 한다. 아니면 상황이 아무리 힘들어도 결국 지나갈 것이며 또 자신이 그것을 견뎌낼 것임을 알고, 결코 지지 않겠노라 다짐하는 "거룩한 열의"를 갖게 하기도 한다.

자비라는 은총은 어쩌다 문 앞에 웅크리고 있는 노숙자를 보거나 어떤 사람의 고투에 대해 읽거나 들을 때, 눈 깜짝할 사이에 우리를 휘감기도 한다. 은총은 우리가 잠시 멈춰 숨을 깊이 들이마시고, 오늘 하루라도 우리의 세상이 괜찮았음과, 인생이란 경이로운 여정임을 떠올릴 시간을 준다.

내면의 그림자

．
．
●

<돌보미>가 마치 성자 비슷하게 보일지도 모르겠다. 하지만 성자들에게도 결함이 있고, 돌보는 일을 하는 사람들에게도 모두 어두운 측면, 곧 그림자가 있다. 인정받지 못한다는 뿌리 깊은 느낌과 함께 오는 억울함이다. 다른 사람에게 많은 것을 주는 <돌보미>들은 정작 자신이 등한시되고 보살핌을 받지 못한다고 느낄 수 있지만, 그들은 그 어떤 부정적인 느낌에도 맞서기를 어려워한다. 사랑받지 못할까봐 두려워하는 <돌보미>들은 정서적 취약성을 조금이라도 내보이려 들지 않는다. 그러나 받아들이지 못하는 느낌들은 어떻게든 새어 나오기 마련이라, 등한시 된다고 느끼지만 그것을 받아들이지 못하는 <돌보미>는 자신의 화를 수동공격적 행동으로, 간접적으로 표현하기도 한다.

<돌보미>의 그림자가 드러나는 좋은 예가 하나 있다. 내가 아는 한 여성은 꽤 큰 회사의 인사 담당이었는데, 인정을 베풀고 보살피는 일의 방식을 대단히 좋아했다. 회사가 감원을 시작하면서 그녀는 감원 대상 근로자들을 다른 부서로 재배치하는 일을 맡았다. 점점 많은 사람들이 감원되면서 그녀는 그들이 모두 새로운 자리를 찾도록 도울 수 없다는

사실을 깨달았다. 회사의 인사관리방침과 그 상황에서 어찌할 수 없는 자신의 무력감에 좌절한 그녀는 출근을 늦게 하기 시작했다. 그런 수동 공격적 행동의 첫 단계는 그다음 단계로 이어졌다. 점차 성급해지고 동료들을 비난하고, 자신이 날마다 목격하고 있는 고통은 안중에도 없어 보이는 그들에게 화를 냈다.

마침내 친한 친구로 지내던 동료가 그녀를 붙잡고, 그녀가 잠시 궂은 날들을 보내고 있으며 개인적 위기의 한가운데 빠져 있다는 점을 짚어 주었다. 마침내 이 여성은 친구의 도움으로 필요한 사람들을 모두 도울 수가 없는 좌절감을 터놓고 이야기할 수 있었다. 원형의 관점에서 보면 그녀는 "돌보미 신화의 위기"를 겪고 있었다. 자기 사무실 문을 열고 들어오는 모든 사람들의 삶을 다 자신이 책임지고 있다고 믿었지만, 사실은 회사 안에서 그들을 배치하는 데에만 책임이 있었던 것이다. 그녀가 누구보다도 잘하고 있던 일이었다. 하지만 스스로를 그런 전능한 역할에 앉혔기에, 위기가 생기자 자신의 극단적인 돌보기 욕구를 이기지 못해 무너졌던 것이다.

<돌보미>의 어두운 원형은 '조장자Enabler(자신은 문제가 있는 사람들을 헌신적으로 돕는다고 생각하지만 실제로는 오히려 망치는 사람을 일컫는다.-옮긴이)'이다. 알코올과 약물중독자의 가족과 친구들을 위한 12단계 프로그램인 알아넌Al-Anon에 오는 사람들은 온통 '돌보미'와 '조장자'들이다. 약물중독자나 알코올중독자를 떠맡은 여성들이 대부분인데, 이들은 당사자가 파괴적인 중독행동을 계속하게 하고 있다. 건전하지 않은 이 역학관계는 돌보는 일이 극단적인 양상을 보이는 상황에서 찾아볼 수 있다. '돌보미'와 '조장자'가 점차 당사자의 삶에 대한 책임을 떠맡으면서 당

사자는 갈수록 의존하게 되고 '돌보미'와 '조장자'는 결국 더없는 억울함에 빠져 들어간다.

내 워크숍에서 만난 한 여성의 삶에서 이런 일이 일어나고 있었다. 당시 이 여성은 결혼생활의 위기를 겪고 있었다. 진심으로 사랑하는 남자와 30년 남짓 결혼생활을 해온 그녀는 남편을 가정에 충실하고 열심히 일하는 좋은 배우자이지만 정서적으로 의존적인 사람으로 묘사했다. 반대로 이 여성은 생기발랄하고 활동적이고 외향적이며 모험심이 많았다. 정반대의 사람들이 결혼했다는 것쯤으로 보이겠지만, <돌보미> 원형을 통해 이것을 들여다보면 더 깊은 의미를 알 수 있다.

그녀의 말로는 남편이 엄청난 보살핌과 관심을 요구했는데, 결혼 초기에 그녀는 남편이 원하는 대로 해줄 생각이었다고 했다. 그녀의 '돌보미' 원형이 딱 맞는 짝인 의존적인 '영원한 아이Eternal Child' 원형과 만난 것이다. 결혼 18년이 지나 아내에게 유방암이 생길 때까지는 다 괜찮았다. 이제 관심과 보살핌이 필요한 사람은 아내였다. 다른 사람이 식사를 차려 주고 집안일을 대신 해 주어야 했고, 아내의 관심사는 자신의 병에만 집중되었다. 남편은 아내를 여전히 사랑하지만, 이제는 자신이 등한시되고 살아오는 내내 받기만 했던 정서적 뒷받침을 이제는 자신이 해야 한다는 데에 무의식적으로 억울해했다.

이 부부가 원형의 진실에 대해 이야기를 나누었더라면 두 사람 관계가 얼마나 빨리 치유되었을까. 남편의 내면이 성장해서 아내에게 마음 쓰기를 요구받는 상황을 억울해 하는 자신을 받아들일 수 있었더라면…… 아내가 자기를 보살피거나 사랑하지 않을 것이 두려웠기에,

'영원한 아이' 원형을 벗어버리고 싶지 않았다는 점을 남편이 받아들일 수 있었더라면……. 그리고 아내는 자신이 필요할 때 남편의 보살핌을 받을 수 없다는 상처와 억울함을 받아들일 수 있었더라면…….

안타깝게도 일은 그런 식으로 흘러가지 않았다. 남편은 자신의 감정에 맞서는 대신 '영원한 아이' 속으로 더 움츠러들어가서, 아내가 독방에 갇힌 것처럼 느끼도록 내버려 두었다. 아내는 <돌보미> 원형에 의지하면서 가족과 친구들에게 손을 내밀었고, 그들은 아내가 회복되도록 사랑을 베풀었다. 그러나 무정한 남편의 행동으로 말미암아 두 사람의 결혼생활에는 손님방에 세든 달갑지 않은 하숙생처럼 소리 없는 쓰라림이 자리 잡았다.

나와 이야기를 나눈 후, 아내는 두 가지 선택이 있음을 알게 되었다. 자신의 억울함을 계속 억누를 수도 있고, 마침내 자기 감정들을 터놓고 남편과 이야기할 수도 있었다. 나는 노련한 치료사의 도움을 받아 보라고 제안했다. 왜냐하면 여기서 해야 할 일은 아픈 감정을 그냥 나누는 것만이 아닌 까닭이었다. 그러니까 이 여성은 자신의 인생과 남편의 인생에 어둠을 드리운 원형의 신화들을 깨부수는 만만찮은 일을 시도하고 있는 것이었다.

우리가 원형패턴들에 지배당하고 종종 소유 당하기까지는 않더라도, 그 영향에서 자유로울 수는 없다. 그런데 그림자로 표현되는 패턴보다 영향력이 더 센 패턴은 없다. 여기에 맞선다는 것은 도전이 되기도 하지만, 우리의 인생 드라마를 원형이란 렌즈로 보면 그 패턴들이 더 많이 이해되기 시작한다.

남성의 경우

•
•
●

　<돌보미> 원형이 여성들에게서 더 흔한 듯 보이기는 하지만, 본질에 있어서는 여성다운 것도 남성다운 것도 아니다. 솔직히 말해 남성들도 여성들 못지않게 다른 이들을 잘 보살필 수 있고 또 기꺼이 그렇게 한다. 교사나 코치, 혹은 화재진압과 응급의학과 같이 사람을 구하는 직업을 가진 남성들은 직업을 통해 남들을 진정으로 돕고 보살피려는 욕구가 있다.

〈돌보미〉의 신화

·
·
·

    모든 원형들처럼 〈돌보미〉에게도 자신만의 신화들 혹은 이야기들이 있어, 이것들을 통해 내면의 깊은 자아가 의식하는 마음에 두려움과 의심과 희망을 전달한다. 〈돌보미〉 원형의 특징이 되는 이야기는 이것이다. "남들을 돕지 않으면, 그들은 나를 이기적이라 생각하고 나에게 실망할 거야." 이런 확신으로 〈돌보미〉들은 남들의 욕구를 들어 주느라 버거운 상황에 빠진다. 이기적으로 비치고 남들에게 실망을 줄 수도 있다는 것이 〈돌보미〉의 가장 큰 걱정거리다. 용납되지 않는 실패로 간주하는 것이다. 그래서 아무리 피곤해도 스스로 쉬엄쉬엄하려 들질 않는다. 그들은 '백만돌이'처럼 끊임 없이 하고 또 하고, 쉼 없이 주고 또 준다.

    지나치게 주는 것은 '돌보기' 가족의 원형적 위험요소다. 주는 것을 줄이거나 멈춘다는 생각만으로도 〈돌보미〉에게는 가슴과 영혼의 위기가 생긴다. 이 원형을 갖지 않은 사람들은 〈돌보미〉가 누군가를 돌볼 수 없다는 것을 왜 그리 충격적인 경험으로 보는지 이해하지 못한다. 만일 〈돌보미〉가, 가슴을 향하는 원형의 나침반이 없는 친구에게 다른 사람의 욕구를 돌보느라 진이 다 빠졌노라고 말한다면, 그 친구는 필시 이렇게 말하리라. "뭐가 대수야? 그들에게 더는 돌볼 수 없으니까 딴 데서 알아보라고 말하면 되잖아."

그런 조언은 <돌보미>의 입을 떡 벌어지게 할 것이다. 비록 다른 적당한 방법을 마련해 준다 해도, 도움이 필요한 사람에게 등 돌린다는 것은 생각조차 할 수 없는 일이다. 물론 남모르게는 등 돌리고 싶은 사람도 많을 것이다. 그들도 인간이니까. 하지만 다른 이의 요청을 거절하는 일은 <돌보미>의 천성을 거스르는 짓이다. <돌보미> 원형은 보살피려고 태어나지 않았다. 그들은 너무 많이 보살피려고 태어났다.

<돌보미>의 DNA에는 다른 사람들에게는 부정적인 특성처럼 보일 수도 있는 것이 들어가 있다. 여러분에게 이 원형이 있다면 정확히 무슨 말인지 알 것이다. 자신의 본질을 거스르고 싶어도 거스를 방법이 없다.

<돌보미>에게 인생이란 보살펴 주어야 하는 정원이고, 그들은 그 정원이 무성히 우거지게 하려고 태어났다. 현실적으로 볼 때 그 일을 하는데 아무리 딱 맞는 원형이라 해도, 자신이 만나는 사람들을 모두 돌본다는 것은 그 누구도 할 수 없다. 분별력과 사려 깊게 선택하는 법을 배운 <돌보미>는 가장 도움이 필요한 사람이 누구인지, 그들에게 필요한 도움이 무엇인지, 그것을 주는데 자신이 맞는 사람인지를 결정하는데, 자신의 정교하게 조율된 감지력을 쓸 수 있다. 세상에는 보살핌이 필요한 사람들이 끝도 없지만, 그들이 모든 요청에 반응하는 사람이 되어야 한다는 뜻은 아니다.

경이로울 정도로 베푸는 사람조차도 가진 자원에는 한계가 있다. <돌보미>는 남들에게 관심을 베푸는 만큼 이 자원들도 똑같이 돌보아야 한다. <돌보미>는 다음과 같은 신화들을 아우르는 내면의 이야기에 쉬이 희생양이 된다. "내가 여기 없으면 이 사람은 어떻게 될까?" 또는 "내 시간을 좀 가지면 사람들은 나를 어떻게 생각할까?" 만약 여러분에게 <돌보미> 원형이 있다면, 여러분이 가진 자비심의 보고를 훨씬 더 생산적으로 사용하는 방법은, 그것을 어디에 쏟아야 가장 효과가 있을지를 헤아려 보는 것이다. 그리고 자기 자신에게 다정한 관심을 기울이는 것도 거기 들어간다.

여러분이 돌보지 않으면 그들이 끝장나리라는 믿음은 하나의 신화라기보다는 중세시대의 주문에 가깝다. <돌보미>의 신화가 무의식 속으로 아주 깊이 들어가서 하나의 주문이 되어버리면 떨쳐버리기가 무척 힘들다. 어느 <돌보미>가 내게 말했다. "내가 일주일 집을 비우면 엄마는 몸져누우실 테고 그건 다 내 잘못이에요." 딸이 집을 비우자 마치 약속이나 한 듯 어머니는 몸져누웠다. 심각할 게 없는 일이었다. <돌보미> 딸이 휴식을 위해 잠시 떠났을 때마저도 어머니는 자신에게 매어있게 하기에 충분한 심신상관적psychosomatic 드라마를 연출해 냈던 것이다.

<돌보미>가 그 주문을 깨부수려면, 자신이 며칠 자리를 비워도 세상과 사람들이 절대 끝장나지 않을 것이란 사실에 안심할 필요가 있다. 사람들은 살아남을 것이고, 회복탄력성이 아주 크다. 때로는 다른 사람들이 자신을 돌볼 수 있는 의지와 자원들을 자기 안에서 찾아내게 하는 것이 최고의 보살핌이다.

생활 속에서의 과제

．
．
．

앞에서 본 것처럼 원형들은 파티에서 재미삼아 입에 올릴 그럴듯한 딱지들이 아니다. 원형은 여러분 깊은 곳, 다시 말해 진정한 자아로 들어가는 입구다. <돌보미>에게는 자신을 돌보는 일이 힘을 돋우는 수단이자 진정한 자아로 이어지는 핫라인이다.

한 여성은 평생 주위의 모든 이들을 보살펴야 하는 처지에 있었다고 했다. 어릴 때도 부모가 일을 나가면 어린 동생들을 도맡아야 했다. 마치 비운처럼 느껴지는 이 처지를 절대 벗어날 수 없을 것만 같았다. 하지만 그때 계시가 왔다. 자신의 <돌보미> 원형과 이어진 이 여성은 남을 돌보는 일이 비운이 아닌 운명임을 깨쳤다. 그것은 버거운 의무가 아니라 영적 소명이었다. 인생의 목적이었던 것이다. 지난날을 돌이켜 본 이 여성은 어디에 살거나 무슨 일을 하든 도움이 필요한 사람들을 끌어당겼다는 사실을 깨달았다. 존재 깊은 곳의 자신이 바로 그런 사람이었으니까. 이 여성은 남들을 도우려고 태어났다. 이 문제에 있어서 선택을 내려야 한다는 것도 깨달았다. 어떻게 도울지에 대한 선택이었다. 그녀가 선택한 <돌보미> 역할은 자기희생을, 자신을 소홀히 하기를 요구하지 않았다. 아니 정반대였다. 이분은 "아니에요.", "지금은 안 되겠어요.", "내 몸 좀 추슬러야겠어요."라고 말하는 법을 배웠다. 이것을 이해하고 나자 다른 이들의 요구가 짐스럽기보다는 그들을 도울 수 있다는 것이 축복으로 느껴졌다. 자신의 원형 정체성에 깃든 진짜 의미를 파악하자 자신의 인생에 있어 완전히 새로운 선택의 감각이 생겨난 것이다.

<돌보미>로서 여러분의 도전은 자신을 충분히 돌보면서 자신이 정녕 누구인지를 알아내는 것이다. 남들을 돌보려는 타고난 욕구와 갈망의 더 깊은 수준을 면밀히 들여다보고 기꺼이 경험하는 것이다. <돌보미>로서의 삶의 목적과 연결될 때 탈바꿈이 일어난다. 여러분이 사람들을 보살피느라 헌신했던 만큼 그들이 여러분을 보살피지 않아서 느꼈던 억울함이 한결 홀가분해진다. 자신을 돌보는 데서 느꼈던 죄책감도 벗을 수 있다. 자신을 돌보는 것이, 남들을 속이는 것이 아니라 오히려 그들을 돌보는데 필요한 체력을 갖춘다는 점을 알게 된다.

내 원형 알아보기:
나는 〈돌보미〉일까?

이 장을 읽으면서 〈돌보미〉를 설명한 내용에 공감하며 고개를 끄덕이지는 않았는가? 이것이 자신의 원형임이 아직 확실하지 않다면, 다음에 있는 〈돌보미〉의 행동방식과 특징들을 읽고 그것들과 일치하는지 살펴보기 바란다.

〈돌보미〉의 행동방식과 특징들

- 다른 이들의 고통에 자연스럽게 동정심이 일고 걱정하며, 그런 감정에 따라 행동하고픈 충동을 느낀다.
- 남을 보살피는 것이 가장 큰 강점이다. 도와달라는 부탁을 거절할 수가 없다.
- 친구와 가족들이 내게 정서적인 뒷받침을 의지한다.
- 간호, 호스피스 케어, 심리치료, 사회복지, 교직, 요리, 육아와 같은 '돌보기' 분야에 끌리거나 이미 그런 일을 하고 있다.
- 원하든 원하지 않든, 결국 다른 이를 돌본다.
- '가족 돌보미'가 될 운명이었다. 어릴 때도 동생들을 보살폈다.

- 받는 것보다 흔히 더 많이 준다.
- 아무리 좌절을 느끼는 순간에도 내가 돌보는 사람에게 등 돌리는 일은 있을 수 없다.
- 흔히 다른 사람들이 부탁하기도 전에 필요한 것을 감지한다.
- 남에게 최선을 다하는 천성이다. 사람들은 내가 이야기를 잘 들어 준다고 한다.
- 남을 돕는 일이 내 소명이라는 것을 안다. 그들의 욕구를 내 것보다 앞에 둔다.
- 세상일에서 자비와 너그러움의 본보기가 된다.

<돌보미>의 행동방식과 이 장에서 설명한 내용들과 관련이 있다면 필시 이것이 여러분의 원형일 것이다. 여러분은 자신이 사람들을 잘 돌본다고 생각은 했지만 "내가 바로 <돌보미> 원형이야."라고 깨치지는 못했을 수도 있다. 내가 <돌보미> 원형임을 안다는 것이 어떻게 내 삶을 바꿀까?

자기이해는 가능성들을 열어 준다. 내 원형 정체성을 기꺼이 받아들이면 삶의 실제적인 측면들을 다시 생각하게 된다. 가령 어떤 일자리나 경력을 추구할지, 또는 우선순위를 어떻게 두어야 하는지와 같은 것들이다. 하지만 이는 더 깊은 수준에서 여러분을 어루만지기도 한다. 원형은 여러분 영혼의 목적이 담긴 청사진이며, 그것과 연결되면 내 삶뿐만 아니라 다른 이들의 삶도 탈바꿈시킬 힘을 표출한다. <돌보미> 원형을 드러내 표현하면서 여러분은 자비와 너그러움의 본보기로서 더

넓은 세상에 이바지한다.

　<돌보미>들은 세계무대에서 아주 유력한 활동가가 될 수 있다. 이 원형을 가진 사람들은 대개 남들과 조화를 이루며, 또 자신들이 고용한 사람들, 동료들, 공동체들을 잘 보살피므로 세상의 영향력 있는 위치에 많이들 있다. 최고의 <돌보미>들은 단연 부모들이기는 하지만, 마더 테레사도 <돌보미>가 아니었던가? 그분의 아이들은 캘커타의 빈민들과 수녀들, 그 일에 모여든 수천 명의 자원봉사자들이었고, 온 인류였다. 그 분은 어떤 세계지도자 못지않게 강력했다.

내 원형으로 들어가기: 〈돌보미〉의 힘

．
．
．
●

　자신이 〈돌보미〉 원형이라 확신했다면, 이제 그것을 여러분의 삶에서 표현하기 시작할 때다. 한 가지는 진심어린 방법으로 베푸는 것이다. 어떤 사람이 앞에서 도움을 달라고 애걸하는데 거절할 수가 없는 일이기는 하지만, 혹시나 의무감에서 베푼다면 그 결과는 사실 내가 돕는 사람뿐만 아니라 나 자신에게도 오히려 해를 끼칠 수 있다. 여러분의 〈돌보미〉 원형에 진실해진다는 것은 가슴에서 우러나 베푼다는 뜻이다. 도와주려고 뛰어들기 전에, 의식적으로 잠깐 멈춰 서서 그저 습관처럼 반응하는 것은 아닌지 점검해 보자.

　진심어린 도움의 또 다른 측면은 받는 사람에게 내 도움이 정말 최선인지를 생각해 보는 것이다. 어쩌면 다른 사람이 이 문제를 해결하거나 필요한 도움을 주는데 더 좋은 자격을 갖추었을지도 모른다.

　〈돌보미〉 원형의 힘을 끌어내리려면 균형 있게 베푸는 방법을 반드시 배워야 한다. 여기서 열쇠는 여러분의 돌보는 기량을 자신에게 집중하려고 노력하는 것이다. 여러분이 그토록 쉽게 남들에게 내미는 보살핌의 형태를 여러분 자신에게도 주기로 선택하면 된다. 처음에는 이것이 어색하고 억지스럽게 보이기도 하겠지만, 여러분은 평생 굳어진 습관들을 깨고 있는 것이다. 다음과 같이 단순한 행동, 작은 것부터 시작해도 된다.

- **"그래요"라고 대답하고 싶은 마음이 굴뚝같을 때 "아니요"라고 대답하도록 뇌를 다시 훈련시킨다.** 반대하려는 것이 아니다. 이는 정서적 경계를 세우기 위해 꼭 필요한 부분이다. (너무 빈틈 많은 경계를 세우거나, 아예 경계가 없으면 <돌보미>들은 생명력을 잃게 된다.) 아이가 "엄마, 물!"이라고 요구하면 이렇게 말한다. "애야, 네 스스로 가져오렴." 툭 하면 퇴근시간이 다 되어서야 야근하라고 하는 상사에게는 이런 말을 해 준다. "죄송하지만, 오늘밤은 안 되겠는데요. 계획이 있어서요." 다음날 새벽 일찍 나오는 한이 있더라도, 여러분에게도 직장 밖 생활이 있으니 시간을 존중해 달라고 상사에게 상기시키는 것이다. "아니요"라고 대답하는 연습이 멋진 것은, 그렇게 하면 반사적으로가 아니라 이성적으로 결정하는 법을 배운다는 것이다. 게다가 행동하기 전에 잠깐 멈춰 생각하면, "그래요"가 실제로 맞는 대답일 때를 보다 잘 찾아내게 된다.

- **분별한다.** 도와주려고 뛰어들기 전에 잠깐 멈추면 그 행동의 결과들을 충분히 생각할 시간도 생긴다. 만일 여러분이 손대지 않아도 도움이 필요한 사람이 괜찮을지를 스스로에게 물어본다. 도움이 필요한 것과 절실한 것의 차이를 알아보는 법을 배울 것이다. 돕지 않는 것이 도움이 될 수도 있을 가능성을 생각해 본다. 그들이 스스로 해결책을 찾아내고 강해질 수 있을 여지를 점검하는 것이다. '영원한 아

이'를 줄곧 받아만 주는 <돌보미>는 '어머니' 원형의 어두운 측면에 빠져 있게 된다. 고기를 잡아 주기보다는 고기 잡는 법을 가르쳐 주라는 말이 있다. 지나치게 주는 <돌보미>는 더 유익하게 도울 방법을 찾아야 한다.

- **자신을 도울 사람이 있음을 믿는다.** <돌보미>들은 자신을 도울 사람들이 있으리란 사실을 쉽게 믿지 못한다. 아마도 어린 시절 여러분을 도울 사람들이 없었던 까닭이다. 그러나 혹시 여러분을 도우려는 사람들의 노력에 퇴짜를 놓아서 그들이 여러분을 보살피지 않도록 길들인 결과는 아닐까? 다른 사람들이 여러분을 보살피게 놔두는 것이야말로 <돌보미>에게는 더없이 어려운 교훈이지만, 여러분의 안녕이 여기에 달렸다. 슬프거나 외로워서 함께 있을 사람이 필요할 때, 몸이 아파 다정한 보살핌이 필요할 때, 여러분이 무서워하는 일을 해 줄 누군가가 필요할 때는, 그냥 부탁하자. 내게 필요한 것을 사람들이 알아 줄 때까지 기다리지 말자. 사람들은 대부분 여러분만큼 직관적이지가 않다. 그러니 솔직히 말하자. "이게 필요해요. 도와주세요." 그러고서 도움이 올 때까지 머무른다.

- **잠시 부릴 수 없는 사람이 된다.** <돌보미>에게 하나의 도전이 있다. 저녁식사 약속을 하고 아이패드와 휴대전화를 집에 놓고 가는 것이다. 자신에게 몇 시간 자유를 주자. 죄책감에 너무 괴로워서 여러분과 친구들의 저녁을 망칠 것 같다면, 미리 대리 <돌보미>를 섭외해 두고, 여러분 대신 그 대리인에게 전화하거나 문자를 보내도록 일러둔다. 대리인에게 여러분 전화기를 맡기고 가면 더 좋다.

- **건강검진을 받는다.** 진지한 이야기다. 다른 사람들은 다들 그럭저럭 병원에도 가지만, <돌보미>는 자신이 초능력 소머즈가 아니라는 것을 인정하기도 전에 들것에 실려 가야 한다. 건강검진 일정을 잡고 치과 정기검진을 받는다. 예약시간을 지키는데 다른 누구도 방해하지 않게 한다. <돌보미>들이 대부분 그렇듯이 쇠약해져 가고 있다는 경고신호를 스스로 무시하고 있다면, 친구나 가족에게 주의를 주도록 부탁한다. 그리고 그들의 경고에 주의를 기울이겠다고 엄숙하게 약속한다.

- **입양한다.** 아이가 아니다. 여러분이 열정을 바치는 분야가 그쪽이 아닌 한은……. 내가 사는 방식을 방해하지 않는다면 반려동물 입양을 고려해 본다. 반려동물에게는 우리가 절실하게 필요하다. 푸들이나 카커투 앵무새는 스스로 먹을 것을 마련하거나 잠자리를 치우지 못한다. 그러나 우리가 몇 시간이고 케이지에 넣어둘 때도 우리를 조건 없이 사랑한다. 동물보호소에서 반려동물을 구해 내는 것은 <돌보미>다운 일이다. 이렇게 한 마리 반려동물에게 사랑과 관심을 쏟아 보면, 지나친 보살핌으로 사람들을 숨 막히게 하고 싶은 생각이 들지 않을 것이다. (털과 깃털이 있는 녀석들에게는 지나친 돌봄이란 없다. 그리고 물고기는 그러든지 말든지 알지도 못한다.)

어떤 원형이라도 그렇지만, <돌보미>의 힘을 끌어안으려면 내가 삶에서 나아가도록 힘을 주는 것이 무엇인지, 물러서게 하는 것은 무엇인지를 이해하는 것이 중요하다.

내가 힘을 얻는 방식

- 누군가를 돌보는 시기와 방법을 의식적으로 결정한다.

- 죄책감이나 의무감이 아닌 자비로 다른 이들을 보살핀다.

- 다른 이들을 보살피기 위한 육체적 · 정서적 · 영적 체력을 갖추도록 나를 돌본다.

- 다른 이들을 도우려고 왔다는 내 운명을 오롯이 인정한다.

내가 힘을 잃는 방식(그리고 되찾는 방법)

- 남들이 어떻게 생각할까 하는 두려움이 내 행동을 좌우한다. 초조해 말라. 하고 있는 일에 집중하고 내가 최선을 다하고 있음을 기억한다.

- 사랑 또는 다른 보상을 얻으려는 수단으로 다른 이들을 돌본다. 나 자신이 가식적인 사람이 되어 가고 있다고 느끼면, 순수한 동기가 일어날 때까지 물러나 있는다.

- 받을 수 있는 도움을 거부한다. 그냥 받자. <돌보미>의 도전은 나 자신을 돌보는데 있다는 점을 잊지 않는다.

● ● ● ⟨돌보미⟩를 위한 체크리스트

☐ 나 자신을 보살피는데 시간을 낸다.

☐ 나는 다른 이들을 돌보는 만큼이나 나 자신을 돌보려고 노력한다.

☐ 나는 도울 때와 돕지 않을 때를 분간하는 법을 배워 가고 있다.

☐ 내가 돕기로 선택한 사람들에게 억울한 마음을 품지 않는다.

☐ 나는 다른 이들을 보살피는 내 운명을 행복한 마음으로 받아들인다.
봉사할 수 있는 기회에 감사한다.

☐ 나는 다른 이들이 나를 위해 해 주는 것에 감사하고 그들의 보살핌
을 흔쾌히 받아들인다.

☐ 내가 필요할 때면 도움을 부탁하고 그것을 받을 수 있을 때 받아들
이겠다.

● ● ● 마지막 조언

⟨돌보미⟩는 가장 사랑받고 또 사랑 가득한 원형이다. 여러분이 이 원형
이라면, 여러분의 운명은 다른 이들을 돌보는 것임을 깨닫기 바란다. 여
러분은 보살핌이 필요한 사람들에게 천성적으로 끌린다. 여러분이 그들
을 돕는 것과 똑같이 그들도 여러분을 돕고 있음을 알기 바란다. 그들은
인생에서 여러분의 스승들이다.

PART 5

패셔니스타
The Fashionista

화려한 백조로 산다

* **원형가족:** 패션

* **다른 표현들:** '유행선도자Tastemaker', '스타일리스트', '여신', '모델', '디바'

* **삶의 여정:** 겉모습이 아니라 내 힘을 키우는 삶을 살기

* **고유한 과제:** 외면의 아름다움을 표현하면서 내면의 자질들 키우기

* **보편적 교훈:** 한 사람으로서의 자질보다는 겉모습으로 판단된다는 것이 얼마나 고통스
  러운지를 발견한다.

* **타고난 은총:** 충만함

* **내면의 그림자:** 절대로 백조가 되지 못하는 미운 오리새끼

* **남성의 경우:** 신사, 도시남

* **신화:** "옷이 날개다." "사람은 첫인상이 끝인상이다." "인생역전: 피그말리온과 신데
  렐라"

* **행동방식과 특징:** 〈패셔니스타〉는

– 패션의 노예가 되지 않고 그것을 사랑한다.

– 늘 멋져 보인다.

– 진정한 자존감을 키우는데 패션을 이용한다.

– 다른 사람들이 자기 옷맵시를 찾도록 돕는다.

* **생활 속에서의 과제:** "어떻게 하면 내가 누구인지를 보여 주고, 내 힘이 생기는 생활방
  식을 만들어낼까?"

삶의 여정

.
.
•

<패셔니스타> 원형은 우리의 원형 갤러리에서 또 하나의 변종이다. 이 원형은 새롭게 등장해서 미디어와 패션, 가십 잡지들, 모델과 디자이너 의류, 그리고 인터넷의 힘으로 유명해지게 되었다. 이들이 만들어 낸 연금술은 서구 역사에서 유례없는 패션에 대한 관심을 낳았다.

<패셔니스타>를 옷 중독자나 최신유행 추종자로 묘사하는 것은 어울리지 않을뿐더러 적절하지도 않고, 이 앞서가는 특별한 원형 고유의 복잡한 영혼의 여정을 아예 무시하는 처사다. <패셔니스타>는 '삶의 여정'에 바탕이 되는 개성과 자존감을 찾아 나선다는 것을 상징적으로 표현한다.

<패셔니스타>의 진화과정을 따라가 보자. 역사를 통틀어 우리가 옷을 선택하는 행위는 디자인보다는 '힘'과 관계가 있었음을 알게 된다. 지금의 <패셔니스타>는 그저 수세기를 거슬러 올라가는 전통을 이어 나가고 있을 뿐이다.

인간에게는 자신이 '힘'과 맺은 관계를 세상에 보여 주는 것을 몸에 걸치고자 하는 원형적 욕구가 있다. 그것이 벨트에 매단 부적 장신구

(고대에 흔했고 지금 다시 인기를 얻는)이든, 반지에 새긴 가문의 문장紋章이든, 아니면 오늘날의 고가 디자이너 신발이든……. 인간은 사회에서의 지위를 넌지시 보여 주며 "내겐 힘이 있어."라고 말하는 무언가가 없이는 세상을 대면할 수가 없다. 새로 입구를 뚫은 피라미드 안을 들여다보는 고고학자들이 몇 천 년이나 된 시신을 조사할 때, 그들은 보통 투박한 옷감 조각에 새겨진 아주 작은 상징 하나로 그 사람의 인생이야기를 구성해낸다. 그는 하인이었을까? 파라오의 궁전에 살았던? 그 하나의 작은 상징은 남자의 옷이 그 당시 세상에 드러내보였던 것, 곧 "나는 왕실의 일원이다."라는 메시지를 거의 3천 년이 지난 지금까지 전해 주기에 충분한 힘을 아직 간직하고 있다.

옷이 패션이기 훨씬 전에, 그것은 힘과 신분을 드러내는 광고판이었다. 고대의 파워웨어power ware는 전사 복장이나 예복 또는 주술사의 제복祭服이었을 것이다. 지금의 파워웨어는 고대의 주제를 변형한 것일 뿐이다. 예컨대 디자이너들은 섹스와 유혹의 힘, 외설과 금기란 상징을 전달하려고 가죽, 그것도 검은 가죽을 의도적으로 사용한다.

디자이너들이 정말 이런 상징들을 의식하는지는 미심쩍지만, 그들이 새 작품을 스케치하는 일이 그냥 멋진 옷을 만드는 것만은 아니다. 힘과 환상이라는 정신적 에너지장에 형태를 부여하기도 하는 것이다. 바로 그 정신적 에너지와 힘이 깃든 것들을 살 준비가 되어 있는 사람이 <패셔니스타>다. 이런 상징성을 전혀 알아차리지 못하면서도, 디자이너와 <패셔니스타>는 세계 곳곳에서 사람들이 재연하는 힘의 의식에 함께 참여한다.

중세시대에는 목과 허리와 손목에 두르는 장신구부터 말과 검과 깃발에 이르기까지 모든 것에서 그 사람의 신분을 한눈에 알 수 있었다. 부유한지 가난한지, 귀족인지 평민인지, 기사인지 병정인지, 시민인지 외국인인지, 지주인지 농노인지, 상인인지 배달꾼인지, 선장인지 선원인지, 경비인지 죄수인지, 유식한지 무식한지를. 우리가 입은 옷은 우리 이야기, 우리 개인의 역사를 말해 주고, 성공과 실패까지도 드러냈다.

르네상스와 함께 우리가 몸에 걸치는 것은 전혀 다른 이야기를 들려주기 시작했다. 한낱 생존을 위한 옷에서 패션과 디자인으로 바뀐 것이다. 동방으로 교역로가 열리면서 형형색색의 실크와 화려한 직물들이 들어왔고, 재력 있는 남녀들은 몸을 치장하느라 잘 차려입기 시작했다. 다음 몇 세기 동안 끝도 없이 벌어진 무도회와 왕들, 여왕들, 신하들의 사교 모임은, 의상을 "있으면 좋은 옷"에서 루이 14세의 베르사유 궁전을 수놓은 호사스런 유행복으로 격상시켰다. 루이 14세는 패션을 행동 강령으로까지 승화시켰는데, 이것은 하도 치밀해서 구두 버클이나 나비 리본에 이르기까지 이를 따르지 않을 경우 그 자리에서 쫓겨나는 사유가 될 정도였다.

유럽 귀족층의 옷은 맵시 있고 우아하다는 평판을 받았다. 하지만 곧 하찮은 재미거리로 여겨졌던 패션은, 성적 세련미를 갖춘 신비롭고 호기심을 불러일으키는 패션으로 진화했다. 옷은 이제 성적 풍자와 전략적 힘이라는 보다 대담한 메시지를 전하는 역할을 하게 되었다. 귀에 익은 이야기 같은가? 오늘날의 패션이 전하는 메시지들을 생각해 보자. 그런 메시지들이 여기에 많이 뒤섞여 있다.

입는 사람이 불안함을 느끼고 있는지 충만한 힘을 느끼고 있는지에 따라 패션은 방패 또는 아주 매력적인 포장이 될 수도 있다. <패셔니스타>는 옷을 힘의 상징언어로 뚜렷하게 인식하고 있다. 만일 여러분이 <패셔니스타> 원형이라면 '삶의 여정'은 옷 자체를 다루는 이야기가 아니라 자신의 힘을 표출하는 과정을 다룬 영웅담일 것이다. <패셔니스타>에게 옷은 나를 표현하는 광고판이다. 그들은 몸에 두른 온갖 새 작품들을 통해 이렇게 말하고 있다. "세상이여, 나를 보라." 이들은 길을 걸을 때 남들의 표정을 훑으면서 사람들이 자기 모습을 좋아하는지 반응을 살핀다.

여러분이 현대의 <패셔니스타>라면, 두 가지 상반된 힘이 지금의 여러분을 있게 했다. 하나는 자유롭게 표현하고픈 욕구를 심어 주고 자신의 몸을 존중하게 해 준 60, 70년대의 페미니스트 운동이다. 다른 하나는 모델업과 화장품 산업의 등장이다. 이 둘은 여성들에게 만족할 만큼 늘씬해 질 수는 없겠지만 나이보다 젊어 보일 수는 있다는 생각을 심어 놓았다. 노화는, 살이 찐다는 두려움에 버금가는 여성 최대의 적이다. 광고가 60대 여성들에게 촉촉하고 젊어 보이는 피부를 약속하면서 열아홉 살 모델들을 보여줄 때, 거기 숨은 메시지는 이것이다. "이보다 더 나이 들어 보인다면, 세상에서 당신은 끝난 겁니다."

그렇다면 <패셔니스타>는 모순되게 살고 있는 것이다. 사실이든 허황된 것이든 사소한 불완전함을 트집 잡아 다른 목소리가 여러분을 깎아내리고 있을 때도, 여러분 내면의 페미니스트는 자신의 힘을 찾도록 북돋고 있으니까. 쇼핑을 "정상급 수준으로" 하는 <패셔니스타>들은(그런 사람들은 많다.) 대개 내면의 페미니스트를 만나고 자존감을 추구하는 경우이다. 패션 아이템 쇼핑은 돈쓰는 재미보다는 역할극에 관한 것이다. 자신이 되고 싶은 사람, 아마 살이 빠졌을 때, 또는 특별한 저녁식사에 가려고 차려입을 때를 상상하며 하는 역할극인 것이다.

많은 여성에게 패션 쇼핑은 궁극적으로 내 힘을 북돋우는 공상의 산물이다. 그리고 <패셔니스타>가 자신의 자존감을 반드시 키워야 하는 이유가 바로 이것이다. 이들에게 아름다움과 패션은 다른 어떤 원형과도 견줄 수 없을 정도로 자신의 힘을 북돋고 내적으로 성장하는 이들의 여정이 투영된 것이다. <패셔니스타>에겐 "그 블라우스 그쪽한텐 별로예요." 같은 말이 처참한 개인적 거부로 들리는 게 아주 당연하다. 하지만 '예술가' 원형이라면 그런 말을 무시해 버리거나 아니면 블라우스를 뒤집어 입으면서 "지금은 어때요?" 같은 말로 에둘러 쏘아붙일 것이다. <패셔니스타>는 패션을 아예 자기 몸과 동일시하고 사람의 모습을 살아 있는 예술품으로 본다. 따라서 여러분의 원형이 <패셔니스타>라면 다른 무엇보다도 자기 모습에 느긋해지고 자신만만해질 필요가 있다.

패션이란 이 계절에 어떤 스타일이 유행하는지, 어떤 디자이너가 패션쇼에 새로 등장했는지를 아는 것이 다가 아니라는 점을 기억해야 한다. 여러분에게는 어떤 패션이라도 잘 차려입는 자존감이 필요하다. 기품 있게 원숙해진 모든 <패셔니스타>들은 꼭 기억하기 바란다. 여러분은 나이를 먹으면서 더 좋아진다는 것을. 패션파워는 끝도 없는 다이어트나 성형수술로 몸을 다시 만들라고 요구하지 않는다. 여러분은 내면의 힘을 멋지게 입으면 된다. 몸무게, 체형, 나이야 어떻든지…….

고유한 과제

· · ·

   사람들은 '패션'이라고 하면 예쁜 모델들, 값비싼 옷, 최신유행 스타일을 연상한다. 그러나 <패셔니스타>가 패션을 사랑하는 이유는 이것이 아니다. 얼마나 멋지고 매력적으로, 심지어 얼마나 튀게 차려 입는가를 떠나서 진정한 <패셔니스타>의 심장은 개성이다. 진정으로 자신을 알고 자신의 온 존재를 반영하는 자기표현fashion statement을 창출하는데서 나오는 개성이다.

   이 원형은 남들이 관심을 보이고, 감탄하고, 따라하는 것을 무척 좋아한다. 이들에게는 옷을 믹스 앤 매치하고, 색다른 것들을 걸치고, 허접스러운 것들이 고급 디자인처럼 보이게 뚝딱 바꿔 버리는 재주가 있다. 이런 재주가 없는 사람이라면 꼭 깜깜한 방에서 옷을 입은 것처럼 보일 수 있겠지만, 이들은 상상력을 조금 펼치고 솜씨를 부려 평범하기 그지없는 옷을 딱 맞는 스카프와 장신구를 곁들여 아주 멋들어진 것으로 바꿔놓는다. 프랑스인들은 <패셔니스타>의 타고난 감각에 "젠세크와je ne sais quoi"가 있다고 말할 것이다. 어떤 것을 매력 있고 독특하게 만드는 "말로 표현할 수 없는" 특질을 말한다.

여성들이 모이면 수다의 주제가 최신 스타일이 되기 마련이다. 그리고 더없이 멋지거나 독창적인 옷차림이 입에 오르면, 어김없이 이런 말이 나오기 마련이다. "나도 그렇게 한번 입어 봤으면." <패셔니스타>가 아닌 여성은 딱 어울리는 옷차림을 한껏 즐기는 여성이 부러워서 눈을 떼지 못한다. 힘과 맵시가 찰떡궁합을 이룬 그런 여성을…… 이는 디자이너 의류를 살 능력이 있느냐의 문제가 아니다. 본질적으로 내가 누구인지 그리고 내가 가진 힘의 느낌을 어떤 형태의 패션이 표현해 주는지를 아느냐의 문제다. 어떤 옷을 입었느냐에 상관없이 자기표현을 딱 맞게 할 수 있는 공식이 이것이다. 내 말이 믿기지 않는다면 그 반대로 생각해 보자. 좋아하기는 하지만, 그게 정말로 "여러분"은 아니란 것을 아는 고가의 디자이너 의류를 입고 어떤 느낌이 드는지 보라. 아마 쇼핑백 한가득 사들고 왔지만, 매장에서는 멋져 보였던 옷들을 결국 한 번도 입지 않았던 적이 있을 것이다. 왜일까? 우리가 그걸 입는 순간 그 옷이 힘 빠지는 느낌을 주었기 때문이다. 아마도 색상이 맞지 않았거나, 스타일이 안 맞았거나, 옷매무새 때문에 엉덩이가 원하는 것보다 훨씬 더 두드러져 보였을 것이다. 우리는 거울 앞에서, 매장에서는 그렇게 잘 맞아 보였던 그 옷이 거북해 보인다고 결론짓고야 만다.

전형이 되는 <패셔니스타>란 없다. 사람마다 체형, 피부색과 머리칼, 성격은 물론 디자이너에 대한 취향도 다르다. 여러분은 세련되고 숙녀다운 옷을 입은 오드리 헵번이나 기네스 팰트로처럼 고전적 디자인에 끌리는 사람일지도 모른다. 아니면 '섹스 앤 더 시티'의 캐리 브래드쇼처럼 이런저런 스타일을 믹스한 의상을 선호할 수도 있다. 또는 재활용

소재와 유기농제품으로 만든 "녹색의류"만 고집할지도 모른다. 평생 엄격한 채식주의자로 살아온 디자이너 스텔라 매카트니_{Stella McCartney}가 추구하는 방식이다.

<패셔니스타>로서 자기표현을 창출한다는 것은 그냥 취미 정도가 아니다. 여러분 정체성의 핵심이다. 여러분이 진정으로 이 원형과 공명한다면, 옷 입는 방법에는 다른 원형들이 이해하지 못하는 방식으로 나만의 상징적인 권위가 실린다. 예를 들어 <운동선수>는 최신 패션잡지를 찾아 읽는 <패셔니스타>의 열성을 도무지 이해할 수가 없다. 그렇지만 <패셔니스타>인 여러분은 내 몸에 어울리는 옷을 입는 것뿐만 아니라, 내면의 특질들을 투영하는 수단으로도 옷을 입을 필요가 있다. 즉 몸만이 아니라 영혼에게도 옷을 입히는 것이다.

물론 <패셔니스타> 역시 쇼윈도의 최신 디자인에만 유혹당하기 쉽다. 이렇게 유행하는 스타일을 입는 것이 <패셔니스타>에게 하나의 자기배반이 되는 걸까? 그렇다. <패셔니스타>들이 다른 사람들보다는 더 마음껏 입고 싶은 대로 입을 수는 있지만, 규칙은 여전히 적용된다. 자신의 원형에 따라 입으라는 것이다. 여러분의 패션 안락지대로 가는 열쇠는 원형에 있다. 원형은 상상력의 원동력이기에……

<패셔니스타>가 고유한 자기표현을 한다는 것은, 어떤 스타일이 가장 어울리는가를 결정하는 것만큼이나 중요한 자신의 내적 자아감을 키워가는 문제다. 여러분이 따라야 할 "규칙"은 옷을 입는데 남들의 생각에 휘둘리지 않는다는 것 하나뿐이다. 그러면 여러분 안의 진짜 <패셔니스타>가 자신을 드러내기 시작한다.

보편적 교훈

●
●
●

　<패셔니스타>가 배울 큰 교훈은 나라는 사람의 자질보다는 겉모습으로 평가받는 것이 얼마나 고통스러운 일인지를 깨닫는 것이다. 평가받는다는 느낌, 특히 내가 입은 옷으로 평가받는다는 느낌을 좋아하는 사람은 아무도 없다. 하지만 솔직히 말해 보자. <패셔니스타>들은 이런 일을 누구보다도 많이 하고, 그게 여러분의 좋은 측면은 아니다. 여러분은 다른 여성을 대충 훑어보고 그 사람에게 감각과 맵시가 있는지 없는지와 가까이할 만한 사람인지 아닌지를 결정한다. 사람들을 상품처럼 전시하는 일을 전문으로 하는 비즈니스만큼 시샘 많고 경쟁적이며 비판적인 업종은 별로 없다. 남들이 어떻게 보이는지를 평가하는 것은 패션업과 미용업계의 어두운 측면이자 취약점이다.

　나는 내 강의를 들으러 왔던 한 '패셔니스타 모델'에게서 그야말로 의미심장하고 가슴 아픈 솔직한 이야기를 들었는데, 이때 그녀는 인생에서 영적 전환점에 서 있었다. 이 친구는 자기 말마따나 "꽉 찬 나이"였는데, 이 말은 시간이 자기편이 아니라는 뜻이었다. 그녀는 서른셋이었고, 이 업계에서 그 나이는 중년을 조금 넘긴 것이라고 했다. 그

녀는 일자리를 놓고 열다섯 살 모델들과 경쟁해야 했고, 압박도 들어오고 있었다.

이 여성은 유난히 고통스러웠던 사건을 겪은 뒤 자구책으로 영적인 길에 접어들었다고 했다. 한번은 화장을 마치고 옷을 차려입은 한 젊은 모델이 자신에게 물어보았다고 한다. "저 괜찮아 보여요?" 그날의 촬영이 처음 아니면 기껏해야 두 번째나 됐을까, 어린 모델은 피가 마를 듯이 초조해서 노련한 모델에게서 격려를 받고 싶었던 것이다. "그 애에게 아주 멋지다고만 말하면 됐어요. 정말 그랬으니까요. 그런데 그 말을 할 수가 없었어요." 그녀는 말을 이어갔다. "젊고 예쁜 그 애한테 제가 기죽어 있었으니 자신감을 그리 듬뿍 줄 수는 없는 노릇이었죠. 좋아 보인다고 말하기는 했지만, 정반대 뜻으로 들리는 말투로 그렇게 했어요. 고의로 그 애의 힘을 빼서 처참한 기분이 들게 하고 싶었거든요. 그리고 먹혀들었어요. 그 애 눈에서 그걸 봤죠. 그 애가 돌아서서 가는 순간, 전 수치심이 밀려드는 걸 느끼고는 뒤따라가서 사실은 엄청 멋지다고 말해 주고 싶었지만, 그것도 못했어요. 그때 난 내게 빠진 게 있다는 걸 알았어요. 그 신참에게 칭찬을 해 줄 만큼 충분한 알맹이가, 충분한 '나'가 없었어요. 겉으로 이룬 온갖 것들에 대보면, 속으로는 텅 빈 껍데기였던 거죠."

내가 이 사랑스럽고 용기 있는 여성에게 말했듯이, "텅 빈 껍데기"들에게는 그녀가 자기 안에서 찾아낸 그런 솔직함과 자기성찰이 없다. 그 젊은 모델을 두 번 다시 찾지 못했을망정, 그녀는 자기 안에서 불타는 질투심을 들여다보고 계속되는 고통의 뿌리와 맞붙기로 결심했다. 하지만 그토록 불안을 느끼는 한은, 자신의 아름다움과 성공에 관계없이 모든 사람을 잠재적 위협으로 볼 것이다.

<패셔니스타>들은 그들의 스타일이 멋지지 않다는 말을 듣는 것처럼 "완벽하지 않은 패션"으로 비웃음을 살까봐 두려워하는 것 못지않게, 한편으로는 남들의 시선을 즐긴다. 장신구, 팔찌, 진주목걸이가 아무리 많아도 질투나 정서적 불안 또는 공허함이라는 어두운 감정들을 날려버릴 수는 없다. 어두운 감정들은 여러분을 그 '패셔니스타 모델'과 같은 사람으로 바꾸어서, 자신의 질투심 어린 부정적 감정들을 딴 사람에게 투사하게 한다.

사실을 바로 보자. 여러분보다 젊고 매력 있는 사람들이 늘 여러분 눈에 띌 것이다. 하지만 그들이 더 친절하거나 사려 깊을까? 중요한 건 그런 자질들이고, 또 이런 자질들은 나이를 먹으면서 더 좋아진다. 여러분이라는 존재는 여러분이 입은 옷보다는 더 강한 내면의 구조물로 이루어져야 한다. 그렇지 않으면 남들이 살짝 눈을 흘기는 것만 보고도 여러분은 바스라질 것이다. 중요한 것은, 온 마음을 불타게 하는 질투심이 생기는 방식을 기억하는 것이다. 그것이 다른 사람에게 해를 주지 않도록…….

세상의 온갖 최신 패션도 낮은 자존감은 채워주지 못한다. 그렇지만 나 자신에 대한 좋은 느낌이 있으면 어떤 옷을 입는다 해도 꼭 맞는다.

타고난 은총: 충만함

· · ·

<패셔니스타>의 은총은 충만함이다. 충만함은 느낌으로 경험된다. 감정이 아니라 거리낌 없는 열정과 나라는 존재로 있다는 충만한 기쁨의 느낌이다. 다시 말해 여러분은 내 삶의 아름다움과 사랑스러움을 온 가슴으로 감사한다. 이 심원한 은총의 선물은 나 자신이나 내 삶에 있는 것을 있는 그대로 정말 어느 것 하나도 바꿀 필요가 없다는 깨우침을 준다.

이 은총은 분명 그 자체로는 패션에 관한 것이 아니라 여러분이 삶 전체를 어떻게 빚어내느냐에 관한 것이다. 충만함이라는 은총은 삶 속에서 반짝이는 요소들과 공명할 수 있기에 더욱 감사하고 감격하게 된다. 여러분은 줄곧 나를 둘러싼 일들이 지금과는 다르게 되어 갔더라면 하고 바랐을지도 모르지만, 열혈 <패셔니스타>들은 대부분 기회가 주어진다 해도 다른 모습으로는 거의 바뀌지 않는다는 것이 심원한 진실이다. 누구라도 오랜 고통, 중병, 무거운 빚에서 당연히 벗어나고 싶어 한다. 그러나 자신의 본질(깊디깊은 수준에서의 자신)을 다르게 바꾸는 일이라면 <패셔니스타>들 대부분은 그것을 선택하지 않는다. 왜 그런

지 이유를 들여다보면, 그 핵심은 이렇다. <패셔니스타>들에게는 평범한 것을 눈부시게 탈바꿈시켜놓는 타고난 능력이 있다는 것. 그들은 자신뿐만 아니라 다른 사람들에게 잠재하는 아름다움을 보는데 달인들이다.

그리고 이야말로 충만함이라는 은총이 빛을 뿜는 곳이다. 은총이 여러분의 정신영역으로 들어가면, 어떤 은총이든 곧바로 여러분의 타고난 재능들을 고양한다. 충만함은 여러분이 어떻게 하면 다른 사람의 잠재력을 드높일 수 있는지에 대한 감각으로 자주 표출된다. 다시 말해 아름다움을 보는 여러분의 재능은 누군가의 삶을 더 나아지게 할 수 있다는 것이다. 은총은 여러분 안에서 베풀고 싶은 충동을 일깨우고, 평범한 것들을 탈바꿈시키는데 재능을 나눔으로써 여러분은 내면에 깊이 깃든 아름다움과 여러분이 베풀어야하는 것들을 모두 깨칠 수 있다.

충만함은 여러분이 지금을 살 때 고양된다. 과거에 초점을 맞추면 삶속을 끊임없이 흐르는 기회와 축복들을 알아차리는 힘이 줄어든다. 충만함이라는 은총은 여러분이 삶 속의 아름다움을 놓쳐버렸을 때 찾아야 하는 것이기도 하다. 은총은 살아있다는 들뜬 기쁨을 다시 불러일으키고 세상에 여러분과 똑같은 사람은 전혀 없다는 사실을 깨치도록 다시 일깨운다.

내면의 그림자

·
·
●

<패셔니스타>인 여러분에게 취약한 부분은 아름다움에 대한 인위적인 기준에 맞서는 것이다. 패션쇼 모델들은 늘씬한 게 아니라 굶어서 깡마른 것이다. 얼굴에 주름이 생기면 보톡스와 지방을 분해하는 셀룰라이트 패치를 당연하게 여긴다. 여러분은 불가능한 것에 집착하고, 미운오리새끼 같다는 느낌을 보상받으려고 패션을 이용하기도 한다. 미운오리새끼증후군의 고통에 빠질 때면, 아예 쇼핑을 할 수가 없거나 아니면 내게 맞지 않는 온갖 것들을 사들인다. <패셔니스타>의 어두운 측면은 자기 자신을 육체적으로 실패한 사람으로 보는 것이다. 매력도 없고 뚱뚱하고 겉늙어 보이므로, 따라서 힘이 없다고 느낀다. 차라리 그냥 다리에서 뛰어내리는 편이 낫다고 생각한다.

어떤 미운오리새끼들은 내내 이런 내면의 어두운 공간에서 사는데, 이는 지옥 같은 삶이다. 여러분이 자신에 대해 사랑할 만한 것을 찾을 수 없거나 자기 안에서 아름다운 것을 찾을 수 없을 때는, 숨 쉬는 일마저도 고역이다. 어렸을 때 여러분의 모습이 어때야 한다고 말하던 시기심 많거나 참견하기 좋아하는 어머니, 여러분의 겉모습을 놀려댔던

놀이 친구들이 어떤 부정적인 심상을 마음속에 심어놓은 것만 같다.

거식증과 폭식증은 미운오리새끼증후군의 결과로 생기는 두 가지 장애다. 멋진 백조가 아니라서 손가락질 받거나 거부당한다고 느끼는 미운오리새끼는 자기가 아는 방법으로만 몸을 통제하려 한다. 미운오리새끼의 그림자는 집요하다. 자신이 결함투성이라는 목소리는 한도 끝도 없다. 가만 놔두면 날이면 날마다 온종일 귀에 대고 속삭일 것이다. 미운오리새끼증후군에 시달리는 <패셔니스타>가 거기서 벗어나기 위한 본질은 그것이 온화한 방법이긴 해도, 아름다운 백조인 '참나'가 누구에게나(여러분에게도) 있음을 깨치는 것이다.

남성의 경우

·
·
·

　이 책의 내용 대부분은 자신을 <패셔니스타>로 생각하는 모든 남성들('신사' 또는 "도시남Metro-male")에게도 적용된다. 이 원형의 핵심요소들은 성별에 따라 바뀌지 않지만, 남성 <패셔니스타>는 그 표현방식이 다르다.

　'신사'는 오랜 세월 이어진 원형이고, 요즘의 '신사'는 기품, 전통, 의전을 상징하는 기사와 귀족들의 풍요로운 유산을 상속한 사람들이다. 반면에 '도시남'은 패션산업, 화장품산업과 그들을 다룬 미디어가 만들어낸 변종이다. 여자라면 누구나, 차문을 열어 주고 저녁식사 비용을 치르고, 식탁에 다가가면 일어나서 외투를 받아 주는 '신사'라는 원형이 규정하는 배려 깊은 행동을 하는 남자를 기대한다. 그렇지만 '도시남'에게서 이런 걸 기대할 수 있을까? 나는 아니라고 본다. 아마도 '도시남'은 거울 앞에서 머리를 매만지느라 바쁠 것이다.

　간단히 말해 '도시남'은 자기 자신과 자신의 육체적 잠재력을 찾아낸 사람이다. 그들은 이 변종 원형이 출현하기 전에는 없었던 틈새시장인 남성 미용산업과 함께 등장했다고 볼 수 있다. '도시남'들이 잡지 표지에 실리고 할리우드 관객들을 사로잡으면서 완벽한 조각 같은 몸만들기나 헤어스타일에 대한(머리를 자르는데 그치지 않는) 관심이 급등했고, 이와 함께 고전적인 '신사'는 퇴색해 갔다. 미디어의 "가장 섹시한 남자들" 목록은 온통 <운동선수> 원형과 '도시남'이 독차지한다. 가장 많이 화제에 오르는 '도시남'의 "부드러운 일면"이란 대개 얄팍한 것들이다. 손발톱 치장, 머리염색, 얼굴관리, 심지어 화장을 비롯한 몸치장이 갈수록 인기를 얻고 있다. '신사'의 목표가 세련된 패션으로 아름다움을 추구하는 것인 반면, '도시남'의 목표는 아름다워지는 것, 남들이 따라하도록 최신 패션으로 겉치레를 하는 것이다. '신사'는 로맨스가 안에서 배어나는 반면(캐리 그랜트나 프레드 아스테어 또는 숀 코네리 같은 로맨스의 전설들을 생각해 보라) '도시남'의 로맨스는 몸에 두른 인공물, 곧 심상과 형태를 투영한다. '도시남'에게는 로맨틱한 리비도가 부족한 까닭이다. '도시남'은 자부심과 힘을 알맹이가 아닌 보디빌딩과 스타일에 쏟는다. '도시남'의 등장으로 <패셔니스타> 원형을 가진 남성과 여성들은 몇 세기만에 처음으로 누가 더 아름다운지를 놓고 겨루고 있다.

그렇지만 다른 원형들에 비하면 변종 '도시남'은 일시적인 원형일 뿐이다. 그들이 잠깐 반짝이다 사라지고 나면, 타고난 우아함을 지닌 '신사' 원형이 남을 것이다.

〈패셔니스타〉의 신화

⠇

패션계에서 떠받드는 신화들은 "옷이 날개다.", "사람은 첫인상이 끝
인상이다."이고, 그 뒤를 바짝 쫓는 것이 "스타일이 최고"이다. 여러분이
"난 그 정도로 패션에 관심 없는데요."라고 머리를 내저을지도 모르겠지
만, 나는 이렇게 답하겠다. "말도 안 돼요." 진실을 말하자면, 사람은 모
두 어쨌거나 패션에 관심이 있다. 설사 마지막으로 옷을 산 때가 기억나
지 않을지라도⋯⋯. 우리가 모두 〈패셔니스타〉는 아니지만, 미국인들
대부분이 그렇듯이 나도 유명인들이 어떤 옷을 입는지 보려고 오스카상
시상식을 본다는 점을 인정해야겠다. 어떤 디자이너의 옷인지 알아볼
수는 없지만 상관없다. 나는 사람구경을 좋아하고, 나처럼 할리우드 〈패
셔니스타〉들이 사는 방식에 흥미가 당기는 다른 수많은 시청자들도 그
렇다. 레드카펫에 선 이 여인들 대부분이 스타일리스트가 맞추어 준 의
상을 입었다는 점은 중요하지 않다. 그들은 "옷이 날개다."라는 신화를
살고 있고, 우리는 이들이 그 신화를 실현하는 모습을 보며 즐거워한다.

〈패셔니스타〉의 신화가 하나 더 있으니 그것은 인생역전 이야기다.
가장 널리 알려진 것이 피그말리온과 신데렐라다. 고대 그리스 전설에

서 조각가 피그말리온은 자기가 만든 조각상과 사랑에 빠졌다. 조지 버나드 쇼의 연극과 뮤지컬로 유명한 '마이 페어 레이디My Fair Lady'도 비슷하다. 헨리 히긴스 교수는 거리에서 꽃을 파는 일라이자라는 아가씨를 귀부인으로 바꿔놓겠다며 내기를 건다. 일라이자는 말투와 예법을 완벽하게 배워 당대의 '영국 패셔니스타' 시험을 통과해야 하는 것이다. 모두가 알다시피 일라이자는 상류층 놀이를 잘해냈고, 결국 피그말리온(헨리 히긴스 교수)의 사랑도 얻었다.

신데렐라 이야기도 마법의 주문, 유리 구두 한 짝, 꽃미남 왕자가 소녀를 '공주 패셔니스타'로 바꿔놓는다. 이 변형판 신화에서 신데렐라는 "꿈이 이루어지는" 마법세계로 들어간다. 신데렐라 이야기가 원형적 고전으로 남는 이유는 우리가 왕자 공주의 사랑이야기를 좋아하기도 하려니와 변신이라는 발상에 무척이나 끌리기 때문이다. 그런데 이처럼 화장과 패션이 지팡이 마법을 부릴 수 있는 걸까? 아니면 성공한다는 보장도 없는데 그런 마법을 공부하고 연습해야 할까?

지금은 사람을 딴판으로 바꿔놓는 패션과 화장의 힘을 주제로 한 리얼리티 TV쇼들이 있다. 그것은 <패셔니스타>처럼 변신한 사람은 사회에서 훨씬 좋은 기회를 잡는다는 신화를 이용하는 것이다. 우리가 <패셔니스타>에게서 배우는 것은 패션과 옷은 다르다는 점이다. 옷은 실용이고, 패션은 즐거움이다. 옷에는 신화, 이야기, 동화가 따르지 않지만 패션에는 따른다. 패션에는 여러분의 평범한 부분을 비범하게 변신시키는 힘이 있다. 적어도 그 순간만큼은 그렇다. 패션은 우리를 자기만의 개인적 신화로 데려간다. 얼마나 재미있는 일인지!

생활 속에서의 과제

．
．
●

　<패셔니스타>의 창조적 본능은 패션에만 국한되지 않는다. 사실 그 영향력의 범위가 어디까지인지 엄밀하게 규정된 원형은 없다. 모든 원형의(적어도 많은 원형의) 특징들은 생활방식의 모든 영역에 섞여 있다. <패셔니스타>의 경우, 패션에 대한 사랑은 멋들어진 생활환경은 물론 세련된 사회생활을 선호하는 데까지 확장되기도 한다. 세련된 생활방식이란 괜찮은 레스토랑과 나이트클럽에서 보내는 시간이나, 생바르텔르미 섬 또는 생트로페 같은 꿈의 휴양지에서 보내는 휴가를 의미할 수도 있겠다. 그러나 '세련된fashionable'이란 말은 마음의 상태이지 의상을 묘사하는 것이 아니다. 이 말은 삶을 살아가는데 대단히 중요한 접근방식이 되는 몸가짐, 스타일, 디자인, 예절, 자아상이 복합된 것이다.

　분명히 말하지만 세련된 삶을 살려면 이것들을 함께 조합하려는 노력이 필요하다. <패셔니스타>로서 여러분의 도전은 나를 나타내고 나에게 힘을 주는 생활방식을 창조하는 것이다. 여러분은 자신의 몸과 마음과 옷에 좋은 느낌을 가져야 한다. 여러분의 생활방식은 여러분 최고의 디자인이 되어야 한다. 자신감이야말로 최고의 장식품이니까.

내 원형 알아보기:
나는 〈패셔니스타〉일까?

:
.

여러분은 '열혈 패셔니스타'이거나, 그냥 멋진 옷을 좋아하는 사람이거나, 아니면 신분을 나타내려고 패션을 따르는 사람일 수도 있다. 그 차이는 미묘한 것이라 무심한 관찰자가 알아채지 못하는 경우도 있지만, 패션과 힘의 관계를 보는 다양한 시각들이 이런 차이를 만든다. 최신 스타일로 치장하고 유명 디자이너의 옷을 처음 입는 사람이 되려고 열성인 여성들은 숱하게 많다. 이런 여성들은 패션의 노예다. 뭇사람들에게 "나는 최신 패션을 알고, 그걸 살 여유도 있어. 유명 디자이너 상표가 아니면 안 입을 거야."라고 말할 수 있다면 가격 따위는 개의치 않는다. 이 여성들에게 힘이란 부와 신분을 투사하는 능력, 엘리트 행세를 하는 능력이다. 하지만 이는 모두 허상이다. 머리끝부터 발끝까지 샤넬로 치장한 사람은 걸어 다니는 광고판에 불과하다.

〈패셔니스타〉는 이런 패션의 희생양들과는 사뭇 다르다. 진정한 〈패셔니스타〉라면, 따끈따끈한 신상보다는 자신의 감각을 보여 주고 힘의 진짜 원천이라고 생각하는 것, 다시 말해 자기가 누구인지에 대해 안에서 뿜어 나오는 확연한 감각을 전하는 옷을 입는데 관심을 기울인다. 이들이 샤넬을 입는 방식은 샤넬 재킷과 젊은 신인 디자이너의 진, 마트에서 산 만 원짜리 티셔츠에, 아주 멋져 보이지만 계절과 맞지 않을 수도 있는 신발을 코디하는 식이다.

<패셔니스타>인 사람들은 때와 장소에 맞춰 입은 것과는 상관없이 아주 멋져 보이는 방법을 안다. 파워드레싱(성공한 여자들의 옷차림)이라는 개념도 바르게 이해한다. 자신의 개인적 이야기를 들려주는 것은 명품 시계가 아니라 부적처럼 지니고 다니는 장식품 한 점이란 사실을 잘 안다. 가격이 싸든 비싸든, 그에겐 값으로 헤아릴 수 없는 가치가 있다. 이것은 여러분의 본질, 다시 말해 여러분의 미적 감각, 가치관, 자존감을 표현한다.

<패셔니스타>인 여러분은 자신에게 어떤 것이 좋아 보이는지를 알 뿐더러 남들에게도 같은 마술을 부린다. 여러분의 타고난 열정과 심미안은 남들과 나누는 선물이다. 옷을 잘 입는 것은 재능의 단편일 뿐이다. 그러니까 여러분은 삶 전체를 자기표현, 즉 내가 누군지를 말하는 궁극적 표현으로 만드는 것이다.

자신이 <패셔니스타>라는 확신이 아직 없는가? 그러면 다음에 있는 <패셔니스타> 원형의 행동방식과 특징들을 보고 그것들과 일치하는지 확인하기 바란다.

〈패셔니스타〉의 행동방식과 특징들

- 무엇이든 멋지게 입는 재주가 있다.
- 내가 옷을 입지, 옷이 나를 입지 않는다고 생각한다.
- 패션을 진정한 자존감을 키우는 수단으로 본다.
- 요령 있게 쇼핑하고 새로운 스타일을 즐겨 시도한다.
- 남들 생각에 끌려 다니지 않고 내가 누군지를 말해 주는 것들에 지갑을 연다.
- 다른 이들에게서 아름다움을 보고, 〈패셔니스타〉가 아닌 사람들이 자기 스타일을 찾아내도록 돕는 것을 즐긴다.
- 유행하는 다이어트는 절대 따르지 않고, 바르게 먹고 운동해서 몸매를 가꾸는 것을 선호한다.
- 내게 쇼핑이란 나 자신에게 힘을 주는 옷을 찾아내는 정찰임무다.
- 내가 선호하는 패션을 만드는 젊은 인재와 여러 창의적인 디자이너들을 기꺼이 지지한다.
- 내 스타일에 자주 감탄한다(그리고 부러움을 산다).
- 패션을 내 예술형식으로 대하고 몸을 캔버스로 본다.
- 나만의 미적 기준이 있고 나 자신을 남들과 비교하지 않는다.

내 원형으로 들어가기 :
〈패셔니스타〉의 힘

.
.
.

자신이 〈패셔니스타〉임을 안다고 해서 늘 제대로 하고 있다는 뜻은 아니다. 〈패셔니스타〉들의 옷장이나 집안 곳곳에서 디자인적인 실수를 발견할 수 있다. 그러나 여러분에게 패션이란 겉으로 좋아 보이는 것만을 의미하지 않으므로, 여러분은 기꺼이 배우려 한다. 여기 내 안의 〈패셔니스타〉에게 다가가기 위한 몇 가지 제안이 있다.

- **옷장 안을 치운다.** 너무 많은 것들, 그것도 한 번도 쓰지 않은 것들만큼 에너지를 빼앗아가는 것은 없다. 〈패셔니스타〉들에게 옷장은 한때 끔찍이 좋아했던 옷들, 감상적인 가치를 지닌 것들, 이젠 매력을 잃어버린 파워아이템들로 가득 찬 에너지 씽크홀이 될 수 있다. 이런 말을 들어봤을 것이다. 지난 2년 동안 입지 않은 옷들은 앞으로도 그럴 거라고. 차마 그것들을 보내지 못하겠거든, 1년 동안 따로 보관해두라. 〈패셔니스타〉의 옷장은 우상과도 같은 디자인들이 가득한 기록보관소다. 아름답거나 멋진 옷들은 남겨두라. 십중팔구 언젠가 다시 꺼내서 입을 것이다. 아니면 전시라도 할 것이다.

- **가차 없이 정리한다.** 절대로 하지 말아야 할 한 가지는 살을 빼면 입을 거라는 생각으로 어떤 옷이든 부여잡고 있는 것이다. 그러나 살을 빼는 날, 새 옷들로 자축하면 된다. 그러니 날씬했던 기억일랑 모두 중고의류 가게에 갖다 주고 몸매를 만드는데 분발하자.

- **전문가를 부른다.** <패셔니스타>는 패션에 대해 자신이 모르는 것이 있다는 사실을 받아들이기 어렵다. 내 스타일이 과도기에 있거나 옷 입는 방법에서 더 대담해지고 싶다면 도움을 구하는 것이 부끄러운 일은 아니다. 여러분의 단짝친구가 틀림없는 눈을 가진 <패셔니스타>가 아니라면 패션컨설턴트를 만나 보자. 돈을 들일 가치가 충분한 일이고 멀리 보면 오히려 절약이 될 수 있다. 감각이 뛰어나고 새로운 시각을 가진 사람이라면 여러분의 자기정의에 맞지 않는 옷들을 추려내 준다. 영혼에 옷을 입히는 일이 몸에 옷을 입히는 일만큼이나 중요하다고 생각하면, 반드시 여러분의 가치관에 맞는 사람을 고르도록 하자.

  자신의 목표를 분명히 하자. 지금 있는 옷들의 용도를 바꿔 입고 싶은가? 또는 거기에 옷들을 더하거나 바꾸고 싶은가? 아니면 모두 중고의류 가게에 보내고 새로 시작하고 싶은가? 컨설턴트들은 옷을 더 싸게 살 수 있는 가게나 디자이너들과 알고 지내는 사람이 많다. "전문가들"이 말하는 대로 따라야 한다는 생각에는 절대로 빠지지 말자. 기억하시라. 판매인들은 대부분 수수료를 받고 일한다. 아무리 많은 도움을 준다 한들, 그들의 목적은 매출을 올리는 것이다.

- **내 색깔을 찾는다.** 패션은 즐거움을 주어야 한다. 나를 보다 돋보이게 하는 옷으로 옷장을 채우는 한 가지 방법은 색채관리사와 함께하거나,

내 피부와 머리색과 가장 잘 맞는 색깔을 찾아 주는 컨설팅을 한번 받아 보는 것이다. (여러분에겐 여러 가지 색이 주어질테니, 하나만 고집하지 않아도 된다. 자신이 어스톤earth tone이 가장 어울리는 "가을형"이더라도 겨자색만 입을 필요는 없다.) 돋보이게 하는 색상으로 옷을 입는 것은 무척 큰 힘이 된다. 제아무리 디자이너 블라우스라 해도 색조가 맞지 않는다면, 오랫동안 입었던 잘 맞는 색조의 블라우스만큼 자신감을 느낄 수 없다. 장담한다.

- **놀이삼아 입는다.** 여러분에게 영원히 같은 스타일을 지켜야 한다고 말하는 사람은 없다. 이는 <패셔니스타>로 사는 기쁨이다. 온갖 종류의 디자인을 모두 접해 보자. 어떤 사람은 백화점 명품 매장에서 유명 디자이너 제품을 입어보면서 희한한 점심시간을 보낸다. 그는 그런 옷들을 살 여유는 안 되지만 색깔, 디자인, 장인의 솜씨에 대한 아주 세련된 감각을 키워서 자기 옷들을 아주 멋지게 차려입는다. 혹시 수줍음을 타서 발망과 스텔라맥카트니를 입어볼 엄두가 안 난다면, 패션쇼와 미술관 의상전시실에 가보라. 만질 수는 없어도 볼 수는 있다. <패셔니스타>에게 아름다움은 보는 사람의 눈 속에 있다.

- **다른 사람을 아름답게 해 준다.** 내가 아는 것을 베푸는 것보다 더 힘을 실어 주는 일은 없다. 피그말리온이 되어서 스타일 감각이 없는 친구가 특별한 행사에 옷을 맞춰 입도록 도움을 주자. 그 친구의 자연스런 아름다움을 끌어내기 위해 잊지 말고 화장품매장에 들르자.

- **혼자 쇼핑한다.** 여러분이 투사하고 싶은 이미지, 세상에 보여주고 싶은 자아감을 아는 사람은 여러분 자신뿐이다. "저런 옷은 절대 아냐."라고 말하는 어머니나 친구와는 절대로 쇼핑하지 말자.

어떤 원형이든 그것을 오롯이 표현하는 중요한 단계는 내게 힘을 주는 것, 힘을 빼가는 것, 그리고 힘을 되찾는 법을 알아내는 것이다.

내가 힘을 얻는 방식

- 자기만을 표현할 수 있는 생활방식을 창조한다.
- 새로운 스타일을 시도하는 자유를 누린다.
- 내 최고의 자산을 강조한다. 그것이 무엇인지, 어떻게 하면 그것을 십분 활용할 수 있는지는 여러분이 안다.
- 건강을 지킨다. 아름다움과 신체단련은 함께 간다. 고통을 주는 다이어트는 답이 아니다.
- 과감해진다. 훌륭한 디자인에 대한 여러분의 본능은 정확하다. 자신의 직관을 의심하지 말자.
- 지금을 산다. 추억을 더듬는 여행은 지금 주위에 있는 아름다움을 못 보게 한다.

내가 힘을 잃는 방식(그리고 되찾는 방법)

- 정서적 쇼핑 충동에 의지한다. 기분전환에도 효과가 없을뿐더러 그 옷들은 결코 입지 않을 것이다. 그러니 기분이 좋을 때만 쇼핑하라.
- 다른 사람의 찬성을 구한다. 필요한 것은 자신의 찬성뿐이다. 그것을 키워 나가자.
- 남과 비교한다. 여러분보다 젊고 아름다운 사람은 늘 있다. 내면의 아름다움에 마음을 모은다. 마지막으로 남는 것은 이것뿐이다.

- 내면의 비판자에게 귀 기울인다. 그 목소리가 여러분이 너무 뚱뚱하고, 너무 나이가 많고, 또는 감각이 없다고 말하기 시작하면 귀를 닫아버리자.
- 내면의 파워게이지를 무시한다. 여러분은 힘을 실어 주는 것에 저절로 끌린다. 그 신호들에 주의를 기울인다.

● ● ● 〈패셔니스타〉를 위한 체크리스트

□ 내 인생을 자기표현Self statement으로 본다.

□ 나는 옷을 입으면 힘을 얻은 느낌이다.

□ 나는 미운오리새끼가 아니다. "나는 백조다, 나는 백조다, 나는 백조
　다."라는 만트라를 외운다.

□ 나는 마지막까지 남는 내면의 아름다움을 키우는데 마음을 모은다.

□ 나는 다른 이들이 자신의 〈패셔니스타〉를 찾도록 돕는 일을 즐긴다.

□ 나는 패션을 사랑하지만 그 노예가 되지는 않는다. 나는 패션을 자
　기표현만이 아닌 자기발견의 수단으로 본다.

□ 나는 나 자신이나 패션을 너무 심각하게 받아들이지 않는다. 인생은
　(그리고 옷 입기는) 즐거워야 한다!

● ● ● 마지막 조언

놀라울 만큼 멋진 모든 〈패셔니스타〉들에게 해 주고픈 충고 한 마디
가 있다. 여러분의 아름다운 자아가 되시라. 그것이 평생을 갈 것이다.

PART 6

지식인
The Intellectual

나는 배우고 또 배운다

* **원형가족**: 생각하기

* **다른 표현들**: '전문가', '학생'

* **삶의 여정**: 지식을 위한 지식을 추구하고 온갖 형태의 진리를 찾아내기

* **고유한 과제**: 새로운 발상에 열려 있기

* **보편적 교훈**: 합리와 진리의 차이를 구분한다.

* **타고난 은총**: 지혜

* **내면의 그림자**: 진리를 훼손하고, 마인드게임mind game을 하는데 지적 역량을 이용한다.

* **남성의 경우**: 지식인

* **신화**: "내가 좋은 사람이라면, 나쁜 일은 생기지 않을 것이다." "모든 것에는 논리적인 이유가 분명히 있다."

* **행동방식과 특징**: 〈지식인〉은

- 배움에 대한 순수한 사랑을 배운다.

- 가슴보다 머리로 먼저 삶에 반응한다.

- 행동에 앞서 모든 선택사항들을 면밀히 들여다보고 생각한다.

- 나와 남들의 삶이 나아지게 하려고 지혜를 갈고 닦는다.

* **생활 속에서의 과제**: 지나치게 생각하지 않기

삶의 여정

· · ·

　<지식인>을 움직이는 것은 무엇인가라는 질문은 한 문장으로 답할 수 있다. 마음의 힘과 풍요를 탐험하는 열정이다. 이 원형의 '삶의 여정'은 삶의 모든 분야에서 진리를 찾아내기 위해 지식을 추구하는 것이다. 천성적으로 호기심 어린 <지식인>에게는 '인터넷 시대'를 산다는 것이 지상천국과도 같다. 끝없이 밀려오는 정보에 접속할 수 있기 때문이다. <지식인>들은 자료data로 돌아가는 이 세상이 살맛난다. 그들의 논리적인 집은 사이버공간인 셈이다. 과학 연구를 하고, 온라인 쇼핑을 하고, 블로그에 글을 올리고, 이메일을 보내고, 웹서핑을 하면서 몇 시간이라도 보낼 수 있다. 모든 것을 훤히 꿰뚫고 있으려면 네트워킹이 필요하므로, 그런 사람에게 온라인에 있는 시간은 취미가 아닌 꼭 필요한 것이다.

　진정한 <지식인>은 자료, 정보, 지식을 구별한다. 자료는 그냥 사실과 통계이자 정보의 원료이다. 또한 사실만이 아니라 시시껄렁한 것과 허튼소리들도 들어있는 잡동사니 주머니다. 정보는 우리의 소통 대부분을 이루는 근간이다. 지식은 전혀 다른 것인데, 이것을 <지식인>보

다 더 잘 아는 사람은 없다. 지식은 인간의 마음으로 파악할 수 있는 모든 범위의 것에 대한 이해다. <지식인>은 지식 그 자체를 위해 지식을 추구하고, 배움을 사랑하고, 사물이 왜 그렇게 존재하는지 이해하고픈 갈증에서 동기를 얻는다.

오늘날의 세상은 영향력이나 경제적 이익을 얻는 정보로 돌아간다. 그러나 지식 자체를 추구하는 지식은 실용적이지 않다. 들어오는 것이 없을 수도 있다. 그런 지식은 순수하다. 자연의 주기나 행성의 운동이나 어떤 식물의 치유작용 같은 기본원리들을 더 많이 이해하게 해 준다. 진리를 사랑해서 지식을 추구하는 것이 <지식인>의 '삶의 여정'을 특징짓는다.

<지식인>은 다른 활기 넘치는 사람들과 대화를 하면서 생각을 나누면 저절로 신이 난다. 소통은 이들에게 아주 중요하다. 하지만 <지식인>의 척도는 얼마나 조리 있는가, 또는 얼마나 많은 사실들을 습득했는가가 아니라, 삶을 이해하고 통찰하기 위해 지식과 경험을 얼마나 잘 통합할 수 있는가이다. 그들은 세상을 사람과 생물들이 서로 동떨어져 사는 행성으로 보기보다는, 서로 연결된 복잡한 그물망으로 본다. 가슴이 중심인 원형들이 인류와 지구의 뭇 생명들이 모두 하나라는 따스하고 어렴풋한 연결감을 느끼는 반면, <지식인>은 분자 수준에서의 상호의존을 이해하고 정신적으로나 직관적으로나 그 모든 것에 깔린 과학적 구조를 파악한다.

지성은 모든 수준(논리적, 윤리적, 도덕적 수준)에서 추론하는 우리 능력의 원천이다. '생각하기' 가족의 구성원들에게 지성이란 끝없는 자원이자,

이성과 논리를 직관지능과 함께 엮어 주는 정보와 지식의 보고이다.

직관지능과 정서지능emotional intelligence은 지력의 두 가지 중요한 표현들인데, 지능을 이야기하면서 우리가 흔히 간과하는 것들이다. 둘 다우리 오감과 조화를 이루어 일하는 정제된 직관에 의지한다. 서구국가에 사는 사람들은 대부분 표준적 지식을 얻는 전통적 교육과정을 따른다. 정서지능이나 직관지능을 키워 주는 그런 교육체계는 없지만, 많은사람들, 특히 여성들은 이성적 마음에 의지하는 만큼이나 이 아주 예민한 능력들에 의지한다. 정서지능이 타고난 특성인지 아니면 우리가 획득하는 능력인지에 대해서는 논란이 많다. 어쨌거나 이것은 우리가 키워 갈 수 있는 능력으로 보인다. 우리는 다른 사람들의 정서적 신호를읽는데 더 예리해지고 그들의 욕구에 더 예민해질 수 있다. 우리는 기본적으로 직관지능을 갖추고 있다. 이성에 기대지 않고 사물을 아는 능력인 직관은 모든 사람이 경험했지만, 그것을 아주 활발하게 일하는 지능체계의 일부로 생각해본 적은 없을 것이다.

직관지능은 말과 행동이 가슴 속에 있는 것과 일치하는 삶을 살아야키워진다. 우리는 이렇게 일치된 인간으로 태어나지 않는다. 인생의 선택을 한 번 할 때마다 온전해져 간다. 약속을 하고 그것을 지키는 데는용기가 필요하다. 나 자신과 약속할 때도 그렇다. 여러분은 자신의 가치관과 영적 믿음을 찾아내고 일상의 선택들이 반드시 그것과 일치하게 해야 한다. 자존감은 바로 이런 선택들을 하면서 높아진다.

그러면 자존감은 여러분에게 직관지능을 열어 준다. 오감만으로는미망을 분별하기에 충분치 않다. 이성적 마음도 마찬가지다. 하지만 직관지능이 함께하면 진리를 구별할 수 있다. 직관적인 자원들을 끌어들여 그것들을 신뢰할 수 있을 때, 뜬소문이나 악의적인 거짓말에 빠져들지 않는다.

명상이나 단식이나 수련을 해서는 이 정제된 의식수준에 들어가지 못한다. 여러분은 자신에게 일치하지 않은 부분에 맞서기로 의식적으로 결정하고, 그런 부분을 조정하기로 선택함으로써 일치된 사람이 되어야 한다.

우리가 지성이라 부르는 엄청난 도서관은 책에서 배운 지식, 인생경험, 상식, 직관지능으로 채워져 있다. 이들이 모두 있어야 우리는 분명한 결정을 내릴 수 있다. 많은 <지식인>들에게 이 지식의 보고는 직업에서의 성공을 가져다준다. 그러나 마음의 노예로 산다는 것은, 의미 있는 삶에 대해 생각만 하지 않고 직접 그렇게 살고픈 여러분의 호기심을 충족시켜 주는 것과는 거리가 멀다. 지식을 추구하고 지성의 풍요로움을 탐험하노라면 다음과 같은 더 심원한 의문들이 생길 수밖에 없다. "내 진짜 가치관은 무엇일까?" "남은 인생을 어떻게 살아야 할까?"

고유한 과제

배움을 좋아하는 사람이라면 열린 마음이 제2의 천성이 되어야 한다고 생각할 것이다. 그러나 희한하게도 이 원형에겐 새로운 발상들에 마음을 열어 놓는 것이 하나의 도전이 될 수 있다. <지식인>의 정신적 도서관은 거대한 대학도서관처럼 주로 인류가 축적한 지식으로 채워진 과거의 보고이다. <지식인>들은 똑똑한 체하는 사람이 될 수 있다. 그런 똑똑한 머리가 있으면 자신이 다른 대부분의 사람보다 교육을 더 많이 받았고, 책을 더 많이 읽고, 더 많은 것을 알고 있다고 생각하기가 쉽다. 그러니 과연 무엇을 위해(또는 무엇에) 마음을 열어놓고 있을 것인가? 아직 모르는 게 무엇이란 말인가? '지적 전문가Intellectual Professional'의 경우, 특정 산업과 관련한 지식과 기술에 탁월하므로 자신이 모르는 정보가 있다는 것을 받아들일 마음이 별로 없다.

다행히 마음을 여는 사람들에게는 아주 많은 것들이 돌아간다. 몇 년 전 나는 사업에서 큰 성공을 거둔 한 남성에게 성공비결을 물었다. 그의 대답은 아주 단순했다. "이 사업에 필요한 것을 나보다 더 많이 아는 사람들을 고용했지요."

지능의 가장 쓸모 있는 형태인 상식은 우리가 모든 것을 다 알기란 불가능한 일이라고 말해 준다. 심지어 우리 자신에 대해서도……. 우리는 남들의 의견, 다시 말해, 그들의 반응, 새로운 생각, 지혜가 필요하다. 누구도 인생을 홀로 헤쳐 나가지는 못한다. 그런데도 종종 <지식인>은 다른 사람의 지적 재능을 인정하기가 힘들다. 남보다 지적으로 한 수 앞선다는 생각은 비단 직업세계에만 국한되지 않는다. 두 명의 아주 똑똑한 사람들이 그리 똑똑하지 않은 어떤 일을 함께 하다가는 그들의 에고가 두뇌 대신 나서면서 관계가 깨질 수도 있다. 그럴 때 그들은 어리석은 선택을 한다.

우리가 받은 교육이나 지식 또는 정보의 한계로 누구라도 어떤 사고방식에 얽매일 수 있다. 자신의 사고방식을 고수하는 것이 가장 취하기 쉬운 입장이고, 자신의 신념을 강화하는 것은 어렵지 않다. <지식인>의 미덕은 열린 마음으로 툭 트여 있으면서 늘 새로운 발상들을 기꺼이 생각해 보는 것이다.

보편적 교훈

.
.
●

  서구사회의 특징은 이성理性을 너무도 사랑한다는 점이다. 어떤 현상이 왜 그렇게 일어나며 왜 그런 식으로 되는지 이유를 찾으려는 노력은 사실상 우리 DNA에 들어 있는 것이다. 우리는 그냥 '왜'를 알고자 한다. 우리는 개인적이든 우주적이든 모든 사건은 완벽하게 설명할 수 있다고 상정한다.

  이유를 찾고자 하는 노력으로, 우리는 절대로 이룰 수 없는 것을 이루려고 내적 자원들을 투자했다. 바로 철저히 이성적이고 통제할 수 있는 삶이다. 사물의 원인을 밝히거나 어떤 것을 그 근원까지 추적하는 데 나서는 사람들은 <지식인>들이다. 마치 어떻게든 제1원인만 알면 사건들의 결과를 통제할 수 있다는 듯이……. 가령 하나의 건강 문제에 대해 하나의 논리적 설명을 시도하고 찾아내는 것이 바로 이 원형의 특징이다. 문제의 발단이 된 하나의 사건이나 외상을 찾으려는 것이다. "이 병이 생긴 이유를 찾으면 치료제를 찾을 수 있어."라는 추리방식이다. 당연히 이는 희망사항이자 사이비 합리성이다. 사실 인생에서 일어나는 일들은 대부분 원인과 조건들이 복합된 결과인데, 그 원인과 조건들 다수는 알려지지 않았거나 알 수 없는 것들이다. 이유를 찾느라 그토록 에너지를 많이 쏟다가 한계를 경험하면, <지식인>은 이 원형의 '보편적 교훈'과 반드시 맞닥뜨린다. 바로 합리와 진리의 차이를 구별하는 것이다.

여러분에게 <지식인> 원형이 있다면, 인생은 합리적이지도 논리적이지도 공평하지도 않으므로 여러분의 이성적 마음에게 도전 받을 것이다. 우리는 모두 공평하지 않다고 느끼는 어처구니없는 사건들을 경험한다. 왜 그럴까? 인생이라는 게임 자체는 우리 중에 어느 한 사람을 중심으로 돌지 않기 때문이다. 세상에는 60억이 넘는 참가자가 있고, 그들 모두가 사건들이 펼쳐지는데 관여한다. 여러분이 삶의 매순간에, 그리고 여러분 가슴과 영혼 구석구석에 숨은 역설과 수수께끼들을 헤쳐 나가려면 직관적 기술이 필요하다. 인간관계는 아무리 봐도 합리적이지가 않고, 치유와 용서도 그렇고, 다른 합리적 가능성이 있는데도 그 순간 직감을 따르는 것도 마찬가지다. 그렇지만 삶에서 더할 나위 없던 순간들을 되돌아보면, 대부분의 경우에 합리적 사고는 별 관계가 없었고, 또 자신이 그렇게 하고 있다는 것을 알았든 몰랐든 직관을 따르노라면 최고의 결과를 얻었다는 점이 분명히 보일 것이다. 달리 말해 직관이 여러분을 진리로 이끈 것이다. 진리를 찾으려면 논리에 너무 많이 기대지 말고 내 직감에 귀 기울이는 법을 배우자.

타고난 은총: 지혜

:

．

    지혜는 <지식인>의 은총으로, 정제된 지성의 표시이자 지성의 가장 고상한 표현이다. '지혜로운 원로'와 '현자'는 전통적으로 사회나 부족들에게 지혜를 전해왔던 원형들이다. 안타깝게도 우리 사회에는 이들이 설 자리가 없다. 젊음을 사랑해마지않는 사회에는 '지혜로운 원로'들보다는 우리가 짐스럽게 여기는 노인들만 있다.

    지혜는 우리 삶의 기준이 되고 다음 세대에 물려줄 만한 지침이 된 고대의 지식과 변치 않는 진리들에서 나온다. 언젠가 아버지는 어린 나를 옆에 앉혀 놓고 말씀하셨다. "너에 대해 생각한 게 있는데, 네가 알아야 할 것 같구나. 넌 기억력이 아주 좋지 않지만 그건 좋은 일이란다. 거짓말쟁이는 기억력이 좋아야 하거든. 그러니 넌 살면서 진실만 말할 수 있단다. 그렇게 하면 걱정할 게 하나도 없을 거야."

    그 말씀을 하시고 아버지는 나를 꼭 껴안아 주셨지만 나는 무척 놀랐다. 내 거짓말이 들통나서가 아니었다. 난 거짓말을 한 적이 없었다. 그보다는 이런 생각이 들었다. '맙소사! 형편없는 기억력으로 어떻게 살아가지?' 여덟 살이던 나는 모든 것에 관한 '정확한 진실'을 기억하며 살아갈 방법을 연구해야 했다. 바로 그 자리에서 나는 내 결함 있는 기억력을 보완하기로 마음먹었다. '기록을 잘해야지.' '엄청 열심히 공부해야지.' '사물을 한 번 더 봐야지.' '아주 유심히 들어야지.' 나는 거짓을 말하는 위험에 절대 빠지지 않도록 해야 할 일을 했다. 그때를 되돌아보니 그런 어린 나이에 진실하도록 노력하게 해 준 아버지가 얼마나 지혜로우셨나하는 생각이 든다. 후일 아버지가 어린 두 남동생들에게도 같은 말씀을 해 주셨다는 것을 알았고, 나중에 우리는 우리의 결함 있는 기억력 유전자를 두고 한바탕 웃었다. 하지만 동생들은 참으로 지혜롭게도 자기 아이들에게 같은 충고를 물려주었다.

지혜라는 은총이 <지식인>에게 어떤 도움을 줄까? 지혜는 다른 사람에게 해가 되는 일을 하기에 앞서 한 번 더 생각하게 한다. 이는 정서적 갈등에 빠진 여러분 안의 목소리가 이렇게 속삭이는 것이다. "넌 정말로 그렇게 말하고 싶은 거야? 그렇게 하면 이 관계가 영원히 바뀔 수도 있다고." 지혜는 선택의 결과들을 생각해 보도록 부추긴다. 자기 삶과 남들의 삶에 미칠 결과들을. 보편적 법칙들에 대해 아는 <지식인> 원형은 한번 선택을 하면 결과들이 빚어내는 쳇바퀴를 멈출 방법이 없다는 점을 이해한다.

다른 사람과 끝맺지 못한 일과 우리가 용서해야 할 때를 줄곧 떠올리게 하는 것은 지혜라는 은총이다. 그리고 이 원형에겐 삶을 잘 사는 밑천이 진실성과 정직임을 상기시켜 주는 것이 지혜다.

다행히 <지식인> 원형은 진리를 무척이나 사랑하고 또 '현인'들이 없더라도 지혜를 존중하는데, 이 은총은 <지식인>이 세상에 있는 한은 사라지지 않을 것이다. 여러분은 과거의 '현자'들을 우러르지만 바로 여러분의 삶도 훌륭한 스승이다. 여러분은 삶을 경험하면서 지혜의 보고를 쌓아왔다. 여기서 얻은 진리의 교훈은 지혜라는 보석이다. 지혜는 흔히 최악의 역경들 뒤에 숨어 있고, <지식인>은 지혜의 탐구가 치유로 가는 진정한 길임을 이해하는 사람들이다.

내면의 그림자

.
.
.

지성은 확실히 영리한 장치다. 마인드게임에 아주 능숙하다. 누구나 이런저런 종류의 마인드게임을 하고 있다. 우리는 모두 어떤 사람 또는 나보다 한 수 앞선 사람을 이기려 하는 덫에 빠지는 것이다. 그리고 의식하지는 못할지언정, 우리가 뭔가를 간절히 원할 때면 아주 교활해질 수 있다. 하지만 삶을 가장 똑똑한 사람이 이기는 경쟁게임으로 볼 때 거기서(<지식인>이 벌이는 어둠의 경기) 이기려면 과연 어떤 대가를 치러야 할까?

사람들이 마인드게임에 빠지는 이유를 들자면 이 책을 다 채울 수도 있겠지만, 결국은 다 탐욕, 자부심, 시기, 복수가 변형된 것들이다. <지식인>의 어둠은 진리를 훼손하는 방식으로 움직인다. 나는 붓다가 제자들에게 삶의 환영들에 절대로 집착하지 말고 그 "구경거리들"이 그냥 지나가게 하라고 했던 가르침을 좋아한다. 그 순간에 그것들은 우리가 가져야 하고, 통제해야 하고, 거기 뛰어들어야 하는 것으로 보일 수도 있다. 그렇게 하지 않으면 마치 큰일 날 것처럼……. 무슨 큰일이 날까? 붓다는 이렇게 말하리라. "그렇게 하지 않는다 해서 무슨 일이 생기겠느냐? 세상이 끝나겠느냐? 네 삶이 멈추겠느냐? 해가 다시는 뜨지 않겠느냐?"

<지식인>의 교훈은 환영을 유지하려고 자신의 진실성을 더럽히는 상황에 푹 빠져들지 않는 것이다. 이 쳇바퀴가 한번 돌기 시작하면 거기서 빠져나오는 일은 불가능하다시피 하다. <지식인>은 항상 자신이 누구인지를 알고 또 진실하게 살 때 그 어둠으로부터 스스로 자유로워진다. 기억하기 바란다. 먹는 것, 말하는 것부터 오늘 있었던 일들을 판단하는 것까지, 살면서 여러분이 하는 모든 선택은 영원히 돌고 도는 쳇바퀴를 작동시킨다는 것을. 여러분의 삶에서 할 수 있는 모든 마인드 게임들 가운데 가장 중요한 것은 이것이다. 남들과 나 자신에게 언제나 진실을 말하는 것!

남성의 경우

•
•
•

<지식인>은 남성과 여성에게서 비슷하게 찾을 수 있는 양성적 원형이다. 그러나 이 원형의 어떤 표현들은 여성보다는 남성들에게서 더 흔히 나타나는 듯하다.

많은 남성들이 정서를 자신의 취약한 부분으로 보므로, 남성 <지식인>들은 정서지능보다는 추론기술을 더 좋아하는 성향이 있다. 정서적 사고는 사업상 예리한 결정을 내리는 능력을 무디게 한다. 혹은 그런 주장이 있다. 비록 우리 사회에서 직관에 의지하는 치유 관련 분야에 남성보다는 여성들이 더 많기는 하지만, 직관능력에 있어서라면 <지식인> 남성들에게도 본래 여성들 못지않은 직관이 있다. 직관이란 성별에 치우치지 않는 인간의 능력이다. 하지만 사업, 과학, 의학, 기술뿐만 아니라 예술분야에서도 남성 <지식인>들의 창조적 본능은 직관지능에 아주 깊이 뿌리내리고 있다.

많은 <지식인> 남성의 걸림돌은 여성 <지식인>을 보는 관점이다. 어떤 남성들은 자신의 사업과 남자다움을 과시하는데 총명한 여성들이 위협이 된다고 본다. <지식인>처럼 머리 좋은 원형이 성性의 정치학에 그렇게 빠져들 수 있다는 것이 놀라운 일로 보일 수도 있지만, 그 어떤 종류의 정치학이라 하더라도 어느 정도는 지적 게임에 빠진다는 점을 기억하기 바란다. 여성들이 수많은 직업세계에 뛰어든 뒤로 성의 정치학은 사업의 성격에 옳게 또는 그르게 영향을 미쳤다. 남성 위주의 산업들에서 많은 여성이 최고 지위에 오르면서, <지식인> 원형을 가진 남성들은 더욱 위기감을 느끼고 똑똑한 여성들의 등극을 양면적으로 받아들이는지도 모른다. 불안한 남성 <지식인>은 사실과 지론과 고집스런 판단을 내세우며, 다른 견해를 귀담아 들으려 하지 않고 자기 세계를 통제할 것이다. 그러나 <지식인> 원형을 가지고서도 자신감 있는 남성은 열린 마음으로 남들이 주는 지적 자극을 기꺼이 받아들인다. 자신감 있지만 오만하지 않은 <지식인> 남성이라면 자신의 마음이 가는 일은 무엇이라도 할 수 있다.

<지식인> 원형인 여러분은 지금 어느 정도 성공했는지에 관계없이 다른 이들에게 영감을 주고 뛰어난 재능을 찾아내서 그것을 북돋아 주는 재주를 가졌을 것이다. "밀물이 들면 모든 배가 떠오른다."는 지혜를 오롯이 이해하고, 한 사람을 돕는 일이 모든 이를 돕는 것임을 안다. 자신감은 지성을 넘어 여러분의 내면을 채우는 더 깊은 콘텐츠들로 들어가게 해준다. 느낌과 꿈들에 편안해지면서 균형감과 유머감각을 가지고 삶의 퍼레이드를 지켜볼 수 있는 것이다.

여성 <지식인>과 마찬가지로, 정서지능과 직관지능을 발달시킨 <지식인> 남성은 21세기를 이끌어 갈 통합된 인간의 구성요소들을 모두 갖추고 있다. 여기에 비전과 용기를 더하면 그는 자신이 선택하는 곳 어디든 발을 내딛을 수 있다.

〈지식인〉의 신화

•
•
•

〈지식인〉 원형에게는 대단히 중요한 신화가 하나 있다. 인생은 무엇보다도 합리적이어야 한다는 믿음이다. 이 원대한 신화를 뒷받침하는 세 가지 변형판들이 있다.

- 내가 좋은 사람이라면, 나쁜 일은 생기지 않을 것이다.
- 모든 것에는 논리적인 이유가 있다.
- 할 만큼 했으니 내겐 좋은 일들이 생길 자격이 있다.

정도는 다르겠지만 누구나 가지고 있는 믿음이고 우리는 모두 이것들에 익숙하다. 우리는 왜 일들이 그렇게 일어나는지 논리적인 이유를 찾는다. 영적 DNA 깊은 곳에서 어떤 식으로든, 우리가 만일 좋은 사람이라면 나쁜 일들은 생기지 않을 거라고(또는 적어도 생겨서는 안 된다고) 믿는다. 그런 믿음 때문에 이렇게 말한다. "내가 이런 대접을 받아선 안 돼." 또는 "그 사람은 그런 고통을 당할 만한 일을 하지 않았어." 왜 그런지 모르지만 우리는 "나쁜" 또는 고통스런 경험들을 징벌과 관련지어 생각한다. 당연히 "저 위에" 우주의 온갖 상벌을 관장하는 누군가가 있다고 상정하는 것이다.

내 워크숍에 왔던 한 여성은 우리가 자신의 행동을 얼마나 필사적으로 합리화하는지를 절실히 느끼게 해 주었다. 그녀는 젊은 시절 부모를 모시면서 보냈고 나중에는 자신이 부모의 유언을 집행하고 유산의 단독 수혜자가 되게 해 달라고 부모를 졸랐다고 했다. 그녀에겐 남동생이 있었지만, 자신이 홀로 부모를 15년 동안 모셨으니 부모님 재산을 물려받을 권리가 있다는 생각이었다. 하지만 동생은 달랐다. 워크숍이 열렸던 시기에 동생은 소송을 낸 상태였고 법정소송을 이어가면서 꽤 많은 유산을 빼낼 작정이었다. 그녀는 소송에 휘말렸음에도 모든 권리가 자기 것이라고 우기면서 버텼다.

법정심리가 2년 가까이 이어지면서 두 남매는 많은 비용을 치렀다. 결국 누나가 재산의 60퍼센트를, 동생은 40퍼센트를 받았다. 그녀는 부모에게 헌신한 세월을 알아주지도 않고 동생이 재산을 빼앗아 갔다고 느꼈다. 이 권리란 것은 우리 삶에서 표현되는 방식에 상관없이, 맞서 싸우기엔 사나운 신화다. 이 여성이 이해할 수 없었던 점은, 동생이 상속에 대해 동등한 권리가 있다고 생각하는 자기만의 이유가 있다는 것과, 그 이유가 자신의 이유와 기이한 방식으로 흡사했다는 것이었다. 그녀의 이유가 사랑하는 마음으로 부모를 모셨다는 것이었던 반면, 동생의 이유는 부모의 보살핌을 받지 못했던 기억이었다. 동생은 어렸을 때 받았어야 할 사랑을 받지 못했으므로 자기가 받아야 할 유산 정도는 챙겨야겠다는 생각인 듯했다.

결국 우리는 모두 자기만의 원형, 이야기, 신화, 상처, 권리의식, 그리고 논리, 질서, 정의라는 기이한 체계로 만들어진 내면세계에 산다. <지식인>인 여러분은 무엇보다 논리와 질서와 통제를 소중히 여기고, 합리적인 근거가 있어 보이는 신화들을 쉽사리 내면화한다. 그것들로 자신이 안전하다고 느낀다. 여러분은 그 신화들로 마치 우주가 돌아가는 방식에 얼마간의 권한, 얼마간의 통제력을 가진 듯이 느낀다. 아니 그 이상이다. 합리적인 것을 진리로 격상하는 신화들로 나쁜 일들을 막을 수 있다고까지 믿는다. <지식인>에게 똑똑함이란 정신능력이 덜 뛰어난 사람들이 받아야 하는 돌팔매와 화살들을 막아 줄 갑옷과도 같다.

지성은 참으로 강력하지만, 논리가 전능하다는 믿음은 잘못 짚은 것이다. 아무리 천재라고 해도 실생활의 터무니없고 불합리한 본질을 피할 길이 없다. <지식인> 원형을 가진 사람이 내게 "어떻게 이런 일이 내게 생길 수 있는지 이해가 안 가요. 매사를 올바르게 했는데요."라고 말할 때마다 내 대답은 이렇다. "당신이라고 왜 아니겠어요?" 이성만을 가지고 질서정연한 우주를 바라보는 사람에게 그런 대답은 계산이 안 된다. 이 신화에 매달린 사람은 우주에 정말로 질서가 있을지라도 누구에게나 공평한 체계를 바탕으로 움직이지 않는다는 점이 이해가 안 간다.

인생이 깔끔한 꾸러미 안에 싸여 있을 때를 더 좋아하는 <지식인>에게는, 우리가 바르게 행동하면 인생의 조류를 통제할 수 있다는 신화를 무너뜨리려면 그것을 대체할 신화가 필요하다. 잿더미에서 솟아나는 불사조의 신화다. 이 또한 원형적 이야기로, 비록 피할 길 없는 혼란이 우리 삶을 들락거릴지라도 폐허의 잿더미 위로 다시 솟아날 기회가 있을 것이라고 말해 준다.

여러분 안의 <지식인>에게 가장 지혜로운 길은 자기만의 진리를 찾아나서는 것이다. 어쨌든 '탐구'에 대해서라면 여러분을 당할 사람이 없다. 자기만의 구원의 진리를 찾아내는 것이야말로 가장 합리적인 행동이다. 여러분의 출발점이 되는 진리가 여기 있다. "그대 자신을 알라. 그러면 우주를 알리라."

생활 속에서의 과제

•
•
•

<지식인>의 도전 과제는 모든 걸 너무 많이 생각하지 않는 것이다. 간단히 말하자면 여러분은 내가 안다고 생각하는 것을 과신하거나, 나는 다 알고 남들은 하나도 모른다고 생각한다. 어느 쪽이든 이런 생각은 여러분만이 아니라 여러분이 맺은 관계들에도 비참한 결과를 가져온다. 균형이 잘 잡힌 <지식인>이라면, 마음은 물론 가슴을 통해서도 사람들과 좋은 관계를 맺는다.

생각이 많은 <지식인>이 해볼 만한 일은 의사결정에 관한 한 머리를 멍하게 두는 것이다. 여러분에겐 사실과 정보들이 안전그물이 된다. 정확한 세부내용들을 꿰차고서 스스로 잘못 결정할 가능성이 없다고 생각한다. 사실과 수치들이 아무리 많아도 이것들이 어떤 결과를 보장해주지는 않는다. 너무 많은 정보 속에서 허우적거리다보면 잘못된 결정을 내릴까 두려워서 어떤 결정도 내리지 못하게 된다.

<지식인>들에게 일어날 수 있는 보다 중요한 문제 하나는 자신의 직관력에서 멀어진다는 것이다. 사실들만을 유일한 길잡이로 삼을 때 <지식인>들은 스스로 보다 축소된 현실을 만들어낼 수 있다. 그렇

지만 여기서 중요한 것은 직관이 꼭 사실정보를 무시하지는 않는다는 점이다. 오히려 직관은 합리적 자료와 직감에서 오는 에너지 자료를 뒤섞는다. 그러면 <지식인>은 사실들만을 길잡이로 삼을 때보다 현실의 더 온전한 그림을 볼 수 있다.

내가 보기에 마음만을 믿고 삶을 헤쳐 나갈 때 가장 심각한 문제는, 삶의 방향을 다시 잡도록 직관으로부터 하염없이 밀려드는 그런 안내들을 따라 자발적으로 행동하지 못한다는 점이다. 여러분은 눈앞의 기회에 "예"라고 말하기만 하면 된다. 그러나 여기서 주의해야 할 점은 직관의 안내(어떤 이들은 신성한 안내라고 한다.)를 믿고 바로 행동으로 옮겨서 미지의 세계로 걸어 들어가야 한다는 것이다. 이런 기회들은 따르면 전혀 새로운 인생길로 들어설 뿐 아니라 거듭해서 지성과 함께 자신의 직관을 신뢰하게 하는 변혁의 길로 접어들 수 있다. 그런 길을 걸어야 여러분의 직관지능은 형태를 갖추게 된다.

내 원형 알아보기:
나는 〈지식인〉일까?

. . .

    당연히 여러분에게는 〈지식인〉의 요소들이 있다. 그렇지 않다면 이 책을 읽지도 않았을 것이다. 하지만 이것이 여러분의 두드러진 원형일까?

    여러분은 스스로 지능지수가 그리 높지 않다거나 혹은 남들이 자신보다 더 많이 알거나 더 현란한 어휘력을 구사하고, 시사문제를 더 많이 알고, 또는 고상한 사상들을 더 폭넓게 이해하고 있는 것 같아서 〈지식인〉일 가능성을 묵살했을지도 모른다. 어쩌면 여러분은 박사학위를 따거나 교수가 되거나 책을 내거나 노벨상을 받는 것처럼 지성으로 뭔가 큰일을 했어야 한다고 생각할 수도 있다.

    이런 것들은 〈지식인〉이 성취할 만한 것들임에 틀림없지만 그 결정적 특징들은 결코 아니다. 벽에 상장들이 죽 걸려 있고 이름 앞에 학위가 붙은 사람들은 종종 오만하고 편협하며 잘난 척 하기도 한다. 그러나 〈지식인〉으로 진정한 자격이 있는 사람들이 하버드는 고사하고 대학에 다니거나 철자 맞추기 대회에서도 우승한 적이 없을 수도 있다. 이들은 지식에 대한 호기심과 갈증이 대단하고, 오래 전 세상을 떠난 교사들에게서 나온 것이든 인생이라는 대학에서 얻은 것이든, 역대의 위대하기 그지없는 가르침들에 빠져 있다. 결국, 여러분이 <지식인>이라면 여러분은 자신에게 최고의 교사이며, 더 높은 수준의 배움과 인간 마음의 풍요로움으로 들어가는 열쇠를 쥔 사람이다.

이 장에서 이야기한 특징들이 익숙하다면 <지식인>의 반열에 든 것을 환영한다. 하지만 더 확인해보고 싶다면 다음에 제시한 <지식인>의 행동방식과 특징들이 자신과 공명하는지 알아보기 바란다.

〈지식인〉의 행동방식과 특징들

- 지적 생활, 곧 수많은 원천들에서 모은 사상, 개념, 정보를 통해 세상과 관계 맺는다.
- 배움 자체를 위해 배우고 순수지식을 사랑해서 배운다.
- 호기심이 이끄는 대로 몇 시간이고 온라인에서 보낸다.
- 이성, 논리와 직관지능을 조합해서 결정을 내린다.
- 우주의 비밀과 세상이 돌아가는 근본법칙들을 탐구한다.
- 독서, 청강, 공부로 부단히 마음을 넓힌다.
- 고통스럽거나 도전이 되는 시기를 소중한 지혜를 얻는 때로 여기고 실패와 실수를 배움의 기회로 본다.
- 가설을 시험하고 사리에 맞는 결론에 도달하는 과학자의 태도로 인생에 접근한다.
- 흥미진진한 대화를 나눌 수 있는 사람들에게 끌린다.
- 심사숙고하는 인생을 산다. 행동하기 전에 면밀히 살펴본다.
- 사람들에게 가슴보다는 머리로 먼저 반응한다.

내 원형으로 들어가기:
〈지식인〉의 힘

만일 여러분이 〈지식인〉이라면 십중팔구 여러분은 이 원형으로 들어가는데 문제가 없을 것이다. 어쩌면 이미 이 원형이 가진 힘을 어떻게든 이용하고 있을 것이다. 핵심은 내가 가진 〈지식인〉의 힘을 믿고 내 삶에서 쌓은 지혜를 신뢰하는데 있다. 아주 고통스럽거나 무척 도전적인 시기마저도 배움의 기회들이다. 실패는 진리로 가는 길을 밝히는 등불로 쓸모 있게 이용할 수 있다. 몸을 위해 운동해야 하듯이, 여러분은 마음을 잘 지켜야 한다. 지혜를 깊게 해 주는 기회들에 깨어 있어야 한다. 지금 정규 학업과정을 밟고 있다면, 이미 마음을 넓히면서 도전을 받아들이고 있는 것이다. 하지만 정규적인 방법이 아니더라도 여러분의 지적 자원들을 최대한으로 계발할 수 있는 방법들이 있다.

- **불교를 탐구한다.** 내 종교나 확고한 신념을 포기하지 않아도 되니 걱정할 필요는 없다. 불교철학을 뛰어난 마음의 과학으로 삼아 공부할 수 있다. 그 가르침과 수행법들은 자각에 장애가 되는 것들을 밝혀 주고 더 깊은 진리를 깨치도록 길을 보여 준다. 내 인생목표가 정보

에 통달하는 것이든 진정한 자아와 세상이 돌아가는 방식을 아는 것
이든, 그것들은 깊이 생각할 만한 가치가 있다.

- **지혜를 구하는 사람들의 가르침을 따른다.** <지식인>들은 전문가에
  게 배우기를 좋아한다. 지혜에 관한 것이라면 인터넷이나 도서관 대
  출카드로 누구나 수천 년 동안의 가르침들을 이용할 수 있다. 어느
  시대 어느 교파이든 '현자' 한 명을 골라 그분의 가르침에 빠져들어
  보자. 플라톤, 아리스토텔레스, 토마스 아퀴나스 같은 고전적 학자들
  의 가르침으로 지혜를 닦아 보라. 예수, 마호메트, 공자, 붓다 같은 영
  적인 '현자'들이나 아빌라의 테레사와 십자가의 요한 같은 신비가들
  을 따라 의미를 탐구해 보라. 셰익스피어, 키츠, T. S. 엘리엇과 유진
  오닐 같은 문학의 거장들과 인간의 약점과 갈망을 탐구해 보라. 프로
  이트와 융 같은 '현인'들과는 인간의 정신을 파헤쳐 보자. 신화들도
  읽어 보라. 삶의 원천에 대한 기초지식을 위해 그리스와 로마의 익숙
  한 신화들만이 아니라 아메리카 원주민과 다른 토착민족들의 창조
  신화를 읽어 보라.

- **살롱을 만들거나 참여한다.** 과거의 깊이 있는 사상가들 다수는 정기
  또는 비정기 모임을 갖고 위대한 사상을 토론하거나 서로의 작품을
  읽었다. 가장 이름 있던 살롱들은 흔히 여성들이 주관했다. 대학에
  갈 길이 막힌 그들은 개별지도를 위한 공간으로 살롱을 활용했다. 다
  른 <지식인>들과 온라인으로 참여해서 시의적절한 사안들을 탐구
  하거나, 거트루드 스타인Gertrude Stein이 그랬듯이 비슷한 생각을 가진
  사람들을 초대해서 얼굴을 맞대고 생각을 함께 나눠 보자. (와인 파티

나 티타임 같은 구실이면 된다.)

- **크게 읽는다.** <지식인>이라면 당연히 읽을 것이다. 여러분 자리는 아마도 책들과 전자책 단말기로 어수선할 것이다. 그러나 가끔은 다른 사람에게 큰 소리로 읽어 주고, 또 읽어 달라고 부탁하자. 오디오북을 듣는 것과는 다르다. 익숙한 목소리는 보다 마음으로 느껴지고, 보다 친밀하게 글에 생명을 불어넣는다. <지식인>들 대부분은 정보를 시각적으로 처리한다. 그러니 책을 귀로 읽으면 전혀 다른 경험이 된다. 주의집중이 더 잘 된다는 것이 그 중 한가지다.

- **머리를 내려놓는다.** 무슨 말인지 알 것이다. 마음에 집중하는 시간이 너무 많으면 편협해질 수 있다. 음악을 연주하거나 듣자. 춤도 좋다. 줌바 댄스 수업을 받아 보라. 공원을 거닐거나 달려 보라. 카누를 타고 특별한 저녁을 먹어 보라. 섹스를 하라. 몸과 감정에 집중해서 마음을 자유롭게 풀어 주자. 그러면 생각이 열릴 것이다.

- **충격적인 일을 한다.** 성격에 안 맞는 일을 하라는 말이다. 가끔은 성인영화를 보라. 프라이멀 스크림primal scream 워크숍(유아기의 정신적 외상을 되살려 푸는 정신요법 프로그램-옮긴이)도 좋다. 반대쪽 손으로 글씨를 써 보라. 점성술 리딩을 받아 보라. 여성의 경우 빨간 구두(여성다움의 강한 상징)를 사 보라. 여기서 하고 있는 일은 합리성이라는 주술을 깨부수어 여러분의 직관적인 부분이 나들이를 나서게 하는 것이다. 직관지능과 정서지능에 더 편안해지면서 통합된 마음으로 삶에 접근할 수 있을 것이다.

<지식인> 원형의 힘은 이성과 직관의 통합에 있다. 스스로 힘을 얻고 또 그것을 잃었을 때 되찾을 수 있는 방법들을 살펴보기 바란다.

내가 힘을 얻는 방식

- 세미나에 참석하고 책을 읽고 시사문제를 따라 잡으면서 지적인 적극성을 유지한다.
- 지식에 대한 열정에 불을 댕기는 관심사들을 붙들면서 깨어 있는 삶을 산다.
- 내 생각을 자극하는, 특히 새로운 방향을 보여 주는 사람들과 교류한다.
- 판에 박힌 해묵은 일들을 그만 두거나 판에 박힌 낡은 사고방식을 버려서 지루함을 피한다.
- 주의가 산만해지는 것을 피하고 내게 가장 중요한 것에 계속 집중한다.
- 마음에 자양이 되는 것들을 받아들인다. 쓰레기 같은 TV프로그램과 선정적인 미디어를 멀리하고 깊이 생각하게 하는 평론으로 마음을 채운다. 진정한 통찰을 주는 인터넷 기사와 블로그들을 탐색한다.

내가 힘을 잃는 방식(그리고 되찾는 방법)

- 자기세계에 머문다. 다른 사람들과 교류하면서 그들의 생각에 마음을 연다.
- 스스로 고립된다. 머리를 내려놓고 집밖으로 나서서 우울해지지 않

게 한다.

- 내 지적인 능력을 과대평가한다. 지능이 뛰어난 사람들과 어울리면 서 자신은 그 가운데 하나일 뿐임을 깨우친다.
- 내 재능과 성취한 것들을 남의 것과 비교한다. 이런 행동을 하면 야 망이 꺾인다. 나만의 목표를 추구한다.
- 직관에 귀 기울이지 않는다. 직관은 지혜의 목소리다. 고요히 있으면 서 듣는다.
- 실패가 끝이라 생각한다. 위대한 과학자에게 실패는 시작일 뿐이다. 여러분은 잿더미에서 솟구치는 불사조다.
- 나는 더 나은 대접을 받아야 마땅하다고 생각한다. 인생은 공평하지 도 합리적이지도 않다. 화내지 말고 프로젝트에 몰두한다.

● ● ● 〈지식인〉을 위한 체크리스트

☐ 내가 늘 가장 똑똑한 사람일 필요는 없다.

☐ 나는 새로운 발상들에 열려 있다.

☐ 나는 삶의 수수께끼들을 인정한다. 모든 것에 이유를 댈 필요는 없다.

☐ 나는 직관의 안내를 신뢰한다.

☐ 나는 마음 못지않게 몸과 영혼도 돌본다.

● ● ● 마지막 조언

〈지식인〉은 표현하는 원형이며, 항상 주의를 기울여야 하는 여러분의 일부다. 견해는 진리가 아니라 정서적 의견, 그러니까 여러분이 사물에 대해 어떻게 느끼는지를 말하는 것일 뿐임을 기억하기 바란다. 지식은 분별력 있는 사고에서 나오고, 사실과 역사와 고금의 지혜에 대한 냉철한 숙고로 얻어진다. 진짜 〈지식인〉은 남들에게 귀 기울이고 배울 줄 안다.

PART 7

여왕 · 경영자
The Queen/Executive

나의 왕국은 내가 통치한다

* **원형가족:** 왕족

* **다른 표현들:** 'CEO', '공주'

* **삶의 여정:** 다른 이들의 안녕을 책임지는 방법 배우기

* **고유한 과제:** 힘과 영향력을 쏟을 만한 명분 찾아내기

* **보편적 교훈:** 진정한 힘과 허상인 힘을 구분한다.

* **타고난 은총:** 너그러움

* **내면의 그림자:** 왕좌를 지키려고 내 진실성을 더럽힌다.

* **남성의 경우:** 왕

* **신화:** 사업 감각과 어우러지는 당당한 여성다움

* **행동방식과 특징:** 〈여왕 · 경영자〉는

– 최선의 결과를 위해 상황을 떠맡는다.

– 일부러 그러지 않는데도 주위의 관심을 끌어 모은다.

– 다른 사람들에게 힘을 실어 주는데 내 영향력을 이용한다.

– 언제나 외모를 가꾸는데 최선을 다한다.

* **생활 속에서의 과제:** 친밀한 대인관계를 맺으면서 힘을 함께 나누기

삶의 여정

·
·
●

　'여왕' 원형은 인간이 계급질서를 처음으로 조직했을 때부터 이런저런 형태로 있어 왔다. 이것은 상속하는 운명을 가진 원형이다. '여왕'이라는 이름은 부여받은(그래서 칭호를 받은) 것이고 그 힘은 개인의 힘이 아닌 국가가 "빌려 준" 힘이다. '왕'과 '여왕'은 그들이 통치하는 사람들의 집단적 힘을 상징적으로 지닌 사람들이므로, 이들의 '삶의 여정'은 다른 사람들의 안녕을 책임지는 법을 배우는 것이다.

　영국 역사에는 엘리자베스 1세와 빅토리아라는 두 여왕이 있고, 오늘날 우리가 아는 '여왕' 원형은 이들에게서 생겼다. 국왕 헨리 8세와 앤 불린의 딸 엘리자베스 1세는 44년 동안이나 통치했다. 엘리자베스는 권력, 독립, 진정한 걸출함의 전형이었고, 최고의 전략가이자 여성으로서도 묘한 매력이 있었다. 엘리자베스는 남자들을 장악하고 어떤 남자에게도 사로잡히지 않는 독립적인 힘을 가진 여왕의 정체성을 스스로 개척했다. 그녀는 불같은 성미부터 격정적 사랑까지 뜨거운 열정을 보인 여성이었다. 이기적이지만 너그러웠고, 직관적이지만 편집증이 있었고, 선견지명이 있지만 미신에 사로잡히는 등 모든 면에서 양극이었다. 오늘날 '여왕' 원형의 핵심에 있는 것이 그런 유별난 자질들과 정서다.

현대세계에서 엘리자베스를 원형적으로 계승한 사람들이 <여왕 · 경영자>다. 이 새로운 원형은 고귀한 지배력인 '여왕', 그리고 사업과 재정이 관련된 현대적 권력의 개념인 '경영자'가 손을 맞잡은 것이다. 직업상의 목표들을 성취하려고 자신의 여성다움을 훼손해야 한다고 더는 믿지 않는 여성으로서, <여왕 · 경영자>는 원형의 힘이 본질적으로 제휴한 것을 나타낸다.

역사적으로 지금의 왕실에 두 번째 영향력을 미친 빅토리아 여왕은 엘리자베스 1세와는 정반대라 할 수 있다. 엘리자베스는 결혼하지 않았지만, 빅토리아는 자신이 흠모한 앨버트공과 결혼해서 아홉 아이와 스물여섯 명의 손주를 보았고 이들은 유럽의 왕실들로 퍼져갔다. 지금의 여왕 엘리자베스 2세가 기록을 깰지는 모르겠지만, 빅토리아는 역사상 가장 오랫동안 재위한 여왕이었다. 빅토리아의 통치기간 동안 대영제국은 그 정점에 이르렀고, '여왕' 원형의 한 특징으로 남은 귀족의 특권적 사고방식도 그랬다. 빅토리아 시대의 교양, 예절과 기품은 강한 '여왕'의 원형이 정신 속에서 활약하는 요즘 여성들에게 미묘한 방식으로 이어졌다. '여왕'들은 우아한 의상, 고가의 장신구, 품위 있는 식사에 끌린다. 그뿐만이 아니라 인생에서 이런 신분의 상징들을 누릴 권리가 있다고 느낀다. 어떤 '여왕'들은 자신의 권리의식을 대수롭지 않게 보려 하는데, 장담컨대 그들은 정말로 그렇다.

'여왕'의 '삶의 여정' 한가운데 있는 중요한 단어는 특권이다. 그렇지만 특권을 하나의 수준에서만 이해해서는 안 된다. 보통사람들은 특권과 자격을 똑같이 본다. 우리가 힘을 얻을수록 하고픈 대로 행동할 자유가 많아진다고 믿는 것이다. '여왕'은 나머지 사람들이 지배받는 법칙들에서 자신이 벗어나 있다고 생각한다.

그러나 특권을 개인의 힘과 연관시켜서는 위험하다. '여왕'에겐 자신이 부여받은 힘을 사사로운 이익을 위해 사용하고픈 유혹에 초연해지는 것이 도전이다. 이들의 힘은 기업, 협회, 개인사업, 가족, 혹은 카리스마 넘치는 사람들에게서 받은 것일 수도 있지만, 그 원천이야 무엇이든 자기 잇속만 챙기는 선택의 결과로 다른 사람들이 고통 받지 않도록 그 힘을 지혜롭게 써야 한다. 자신이 내리는 결정이 다른 사람들의 삶에 영향을 미치는 것이 당연하다는 생각은 이들의 천성이다. 지혜로운 '여왕'이라면 폭넓게, 특히 자기 주변 사람들에게 영향을 미치는 사안들을 놓고 시간을 내어 깊이 생각한다.

그래서 우리는 특권에 대해 더 흥미진진한 두 번째 이해에 이르게 된다. 곧, 자신의 왕국이(활동무대가) 으리으리하거나 혹은 보잘 것 없을지라도 어쨌든 힘과 영향력을 가진 자리에 있다는 특권이다. 많은 <여왕·경영자>가 그랬듯이 여러분은 그 자리를 얻으려고 열심히 일했을지도 모르지만, 사실 여러분보다 큰 힘들이 그것을 이루도록 도왔다. '여왕'이나 '왕' 또는 '경영자'의 '삶의 여정'은 자만심, 권리의식, 자기도취, 사사로운 이익을 위해 그 자리를 남용하고픈 욕망 등의 원형적 도전들을 다루고 있다. 또한 힘과 영향력 있는 자리를 관리하는 법을 배우는 과정도 들어 있다

'여왕'에 대한 고정관념은, 끝없이 요구하고 명령만 할 뿐, 해야 할 도

리는 하지 않는 보스 기질이라는 것이다. 하지만 그런 특성들은 진정한 '여왕'보다는 '독불장군Control Freak'이나 '골목대장'에게서('여왕'의 어두운 측면들에서) 더 많이 보일 것이다. 그야말로 긍정적인 '여왕' 원형은 '이상한 나라의 앨리스'에서 주변 사람들을 꼭두각시로 부리는 미친 '하트의 여왕'처럼 군림하지 않는다. 진정한 '여왕'은 존경심을 불러일으키는 인격을 갖추고 카리스마가 넘칠 수도 있지만, 다른 이들에 대한 책임을 잘 알고 자신의 영향권에 있는 모든 사람이 더 잘살기를 바라는 마음으로 일한다. 사업, 사회, 자선사업, 지역사회에서 권위를 가진 자리들은 모두 '여왕'에게 합당한 왕좌들이다. 여러분이 가정에서 힘을 가졌다면 '엄마'라는 호칭마저도 가족이 사랑과 조언을 의지하는 특권을 가진 자리이기에 충분하다.

'여왕' 원형에게는 지위와 권위가 뒤따르지만, 여성들에게는 이것이 갈등의 근원이 될 수도 있다. 왜냐하면 '여왕'이란 말에서는 권력을 연상하는 반면, '번쩍이는 갑옷'을 입은 '기사'에게 구원받는 기쁨과 로맨스를 연상시키는 것은 '공주'이기 때문이다. 흔히 '여왕' 원형은 로맨틱하게 다가갈 수 없는 사람으로 비친다. 그 어떤 평민이 '여왕'과 데이트하려고 마음 편히 다가가겠는가? 왕족이 갖추어야 할 최고의 자질은 박애, 너그러움, 자비, 그리고 사람들이 스스로 할 수 없는 일들을 실현해 주는 힘이라는 것을 끊임없이 되새기지 않는 한, 여러분의 '여왕'은 꼭대기에 외로이 앉아서 권력을 휘두르는 신세가 될 수도 있다.

고유한 과제

. . .

'여왕'의 도전은 내 힘과 영향력을 쏟을 만한 명분을 찾아내는 것이다. '여왕'에게는 '왕국'이 필요하다. 이 원형은 공적인 원형이지 세상을 등진 원형이 아니다. '여왕'은 사람들의 눈길을 받고 싶어 하고, 예쁘장한 실세 이상의 존재가 되기를 바란다. 여러분이 이 원형이라면 앞에 나서기를 꺼리지 않는다. '여왕'은 자신의 영역에서 힘을 펼치고 변화를 가져오고 싶어 한다. 따라서 여러분은 문제가 되는 어떤 것에 에너지와 열정을 쏟아 부어야 한다. '운동가' 원형과는 달리, 여러분은 보통 정치적 명분들에는 끌리지 않는데, 이는 역사적으로 볼 때 통치자와 정치인은 서로 손을 맞잡는다는 점을 생각하면 역설적이다. 하지만 현대판 '여왕'은 창조적인 새로운 모험, 지역사회 프로젝트, 사회적 명분, 박애주의적인 관심사들에 더 쉽게 끌린다.

외교는 '여왕' 원형이 빛을 내는 또 하나의 활동무대다. 재클린 케네디 오나시스는 영부인으로서 전형적인 '여왕 · 외교관'이었고, 진짜 여왕인 요르단의 라니아 여왕도 마찬가지다. 엘리자베스 2세는 왕위와 국가에 대한 숭고한 봉사의 화신이자 살아 있는 외교술인데, 어쩌면 마지막 위대한 '여왕'으로 남을지도 모르겠다.

최근 몇 십 년 동안 <여왕·경영자>들이 사업무대에 등장했다. 그 자체로 이들은 새로운 유행의 선도자다. 대부분의 '왕족'들처럼, 기업제국을 세우려 매진하는 여성들은 널리 주목받는다. 도나 카란Donna Karan, 베라 왕Vera Wang, 마사 스튜어트Martha Stewart, 오프라 윈프리는 토리 버치Tory Burch, 이반카 트럼프Ivanka Trump 같은 차세대 여성들과 함께 오늘날의 사업계를 이끄는 <여왕·경영자>에 들어간다. 오프라는 광범위한 박애주의 사업과 선행으로 알려져 있다는 점에서 특히나 '여왕' 원형을 구체적으로 보여 준다. 그렇지만 비록 '여왕' 원형이 대규모로 수행되는 프로젝트나 벤처사업들과 동일시될지언정, 그런 연관관계는 오해의 소지가 있다.

여러분에게 이 원형이 있다면 아무리 작은 세계를 가졌다 해도 그 세계에 창조적인 힘을 펼치려고 태어난 것이다. 어떤 형태로든 모험할 만한 일을 찾아내거나 만들지 않으면, 여러분은 자신 또는 다른 이들과 전쟁을 벌일 것이다. 자기 영역이 없는 '여왕'에게는 이 원형의 정신에너지를 표출할 파워존이 없는 것이다. 결국 이 세상에 뭔가를 하거나 주려고 태어났다는 생각에 사로잡혀, 자신이 쓸모없다는 느낌이 들게 된다.

'여왕' 원형을 가진 여러분은 수세기 동안 권력과 의전이란 관계를 빚어낸 상류사회 원형들의 현대적 표현들이다. 비록 환경은 바뀌었지만, 여러분이 상징적으로 왕족 혈통을 지녔다면 권력, 귀족의 생활방식, 권위를 상징하는 의전에 끌린다는 점은 확실하다. 공항에 타운카town car(또는 여러분의 운전사)가 마중 나오고, 호텔에 도착하면 여러분 이름이 걸려 있고, 레스토랑에는 여러분을 위한 최상석이 예약되어 있는 그런 것들이다. '여왕' 같은 대접이라면 여러분은 사족을 못 쓴다.

보편적 교훈

∙
∙
●

힘과 올바른 관계를 맺는 법을 배우는 것이 '여왕' 원형의 보편적 교훈이다. 우리 사회는 온갖 형태로 변형된 힘에 집착한다. 돈, 지위, 권위, 영향력, 명성, 파괴력, 구원력, 파급력 따위의 것들이다. 우리는 행복과 안녕을 보장해 줄 충분한 힘이 있다고 믿는 것을 축적하려고 이를 악물고 싸운다. 그러나 붓다가 가르쳤듯이 세속의 힘이 그것을 보장해 준다는 생각은 환상이다. 우리보다 훨씬 더 큰 힘들은 우리네 삶을 휘감는 힘의 바람을 눈 깜짝할 사이에 바꿔놓을 수 있다.

<여왕·경영자>는 힘이 이끄는 원형이므로 힘에 대한 환상에 맞서는 것이야말로 아주 중요한 교훈이다. 한 방에 두 명의 '여왕'이나 '왕'이나 '경영자'들이 있으면 보나마나 누가 더 센지, 누가 더 관심 받는지, 누가 규칙을 만드는지를 놓고 싸우게 된다. 사자 무리만 해도 우두머리는 하나만 있다. 그리고 그 우두머리가 절대적인 힘을 휘두를 수 있는 동안만 그렇다. 때가 되면 젊은 수컷 사자가 그 자리에 도전해 무리를 이끌 것이다. 자신의 천성(말하자면 여러분만의 원동력)을 길들여야 한다는 교훈은 '여왕' 원형의 DNA에 새겨진 것이다. 여러분에게 힘이 될 만한 것과 그렇지

않은 것을 받아들이는 것은 '여왕' 원형인 자신에게 달렸다. 여러분의 힘은 남들에게 인정받는 데서 오는가, 아니면 건강한 자존감에서 나오는가? 바깥의 원천에서 오는 힘은 거짓 힘이라 순식간에 사라지지만, 안에서 뿜어 나오는 힘은 진짜 힘이라 오래도록 지속된다.

역사를 보면 '여왕'과 '왕'들 대부분은 재위 기간의 태반을 자기보다 더 많은 권력, 부, 군대와 영향력을 가진 사람에게 불안을 느끼면서 보냈다. 힘을 가진 자의 가장 큰 두려움은 힘을 잃는 것이다. '여왕' 원형을 가진 사람은 이 두려움이 머릿속을 한번 휘젓고 다니기 시작하면 주변 모든 것이 잠재적 위협이 되므로 여기에 맞서야 한다. '여왕'은 위협이 된다고 생각하는 상황을 접하면 몸이 아프기까지는 않는다 해도 불편해질 수 있다. 다이애나 비는 신경성 폭식증에 시달렸는데, 영국 군주제라는 파워존 안에서 느낀 무력감이 겉으로 드러난 것이었다.

여러분에게 '여왕' 원형이 있다면 진정한 힘과 허상인 힘을 구분하는 법을 배울 상황들이 잇달아 생기기 쉽다. 만약 어떤 선택을 하고서 진이 빠지거나 힘을 빼앗긴 느낌이 든다면, 그건 허상에 힘을 내 준 것이다. 하지만 충만하고 힘을 얻은(뿌듯하지만 오만하지는 않은) 느낌이 든다면 길을 잘 들어선 것이다. 여러분은 힘에 끌려가지 않으면서 그것과 서로 작용하는 방법을 배우고 있다.

타고난 은총: 너그러움

너그러움은 '여왕' 원형이 타고난 은총이다. 이 은총은 여러분의 삶을 전환시키는 잠재력으로 이해해야 한다. 내가 쓴 책 중에《보이지 않는 힘 Invisible Acts of Power》이 있다. 우리가 사람들의 욕구에 자발적으로(그리고 대개는 보이지 않게) 반응해서 그들의 삶에 변화를 가져와야 하는 힘을 다룬 책이다. 내가 이 책을 쓴 이유는 우리가 더 깨어날수록 남들의 욕구를 더 예리하게 느끼는 직감을 가지고 태어난다는 내 예감을 탐구해 보고 싶었기 때문이다.

너그러움은 남들의 욕구에 직관적으로 반응하면서 샘솟기 시작한다. 자연재해가 덮쳐 도움이 필요한 사람이나 지역을 보면 가슴이 아픈 경험이 그런 것이다. 음식이나 담요 또는 따뜻한 위로의 말로 사람들을 돕는 것은 별로 힘이 들지 않지만, 도움을 주는 우리는 뿌듯함을 느낀다. 그러나 은총의 수준에서 너그러움이란 우리가 뿌듯함을 느끼는 것과는 관계가 없다. 그보다는 다른 누군가의 삶에 변화를 가져오는 사람이 되고, 남들에게 새로운 문을 열어 주거나 그들 스스로 할 수 없는 방법으로 그들을 돕는 것과 관계가 있다. 대개 '여왕'과 '왕'에게는 다른 이들에게 어떤 일들을 실현시켜 줄 힘이 있다. 이런 종류의 너그러움은 사람들을 다른 곳에 소개해 주거나 그들에게 기회를 주거나 또는 긍정적인 의견을 말해 주는 형태가 될 수 있고, 이런 것들은 수혜자에게 아주 큰 변화를 가져다준다.

만일 여러분이 너그러움이라는 은총의 진정한 힘을 이해한다면, 이 힘이 본질상 영적이라는 점도 이해할 것이다. 가장 의미심장한 너그러운 행동은 다른 이들이 자기 잠재력을 깨닫도록 힘을 실어 주는 행동이다. 이 은총에 가닿으려고 부유하거나 힘 있는 '여왕'이나 '왕'이 될 필요까지는 없다. 남에게 힘을 실어 주는 것이 여러분의 힘에 위협이 되는 것이 아니라 더없는 성취를 하는 것이라는 점을 알 수 있도록 힘이 충만해 있기만 하면 된다.

따라서 여러분만이 도울 수 있는 누군가가 있고, 여러분이 할 수 있는 것 또는 줄 수 있는 것이 있다면 너그러움이라는 은총은 여러분 안에서 깨어난다. 이 은총은 또한 인도주의적으로 헌신하도록, 가치 있는 명분을 위해 행동에 옮기도록 영감을 줄 수도 있다. 게다가 너그러움이라는 은총은 가슴 안에 살아 숨 쉬면서 여러분을 다른 사람들로부터 분리시키는 신념들을 무너뜨리는 고요한 힘이기도 하다. 이렇게 해서 너그러운 가슴은 자비로운 가슴이 된다.

내면의 그림자

●
●
●

'여왕' 원형의 어두운 측면은 자신의 힘을 부여잡기 위해 진실에 눈감으려는 충동이다. 권력과 권위는 워낙 매혹적이고 중독성이 강하기도 하거니와 이 원형이 타고난 천성의 아주 큰 부분이기도 해서, '여왕'이나 '왕'에게는 이 그림자를 다루는 일이 만만찮은 도전이 될 수 있다. 자신의 영역에 있어서 통제력을 잃는다는 생각에 기분 좋아 할 '여왕'이나 '왕'들은 거의 없다. 이 원형이 가진 내면의 그림자는 왕좌 뒤에서 일어나는 온갖 뒷공론과 권력의 거래를 예의 주시할 수 있을지, 자신의 왕좌를 지킬 수나 있을지 엄청난 불안감을 불러일으키기도 한다. 힘이 주된 통용 수단인 조직들엔 그런 활동들이 있다는 것은 주지의 사실이다. 이는 기업들에 틀림없이 적용되는 말이지만 일부 비영리단체도 마찬가지다. 협상할 만한 거액의 돈(고액연봉, 엄청난 보너스, 스톡옵션stock option, 이익배분)이 없는 경우, 권력을 차지하려는 다툼이 더 중요해지는 양상을 보인다.

'여왕'이나 '왕', 특히 '경영자' 실세에게 어둠의 시험대가 되는 것은, 부득이 어느 순간에 내 인격과 가치관과 힘을 맞바꾸라고 요구 받을 경우이다. 이들은 육감에서 일어나는 불안감과 자기 행동이 타락하고 있다는 느낌에서 자신의 진실성이 시험대에 올랐다는 점을 감지할 수 있다. 이는 동료들 헐뜯기로 시작해서 결국 "누가 제일 왕좌에 가까운가?" 같은 힘겨루기 게임을 벌이는 것으로 확대되기도 한다. 이런 행동의 배후에 있는 것은 당연히 두려움이다. 이 원형의 도전은 두려움을 넘어서서 내면에 도사린 용들을 모조리 베어버리는 것이다. 내 진실성을 더럽혀서 얻는 힘은 가짜다. 쉽사리 사라질 뿐만 아니라 그것을 얻느라 애쓰거나 타락까지 할 가치가 전혀 없는 것이다.

남성의 경우

.
.
.

 '왕'과 '여왕' 원형이 가진 힘의 성향들은 많은 면에서 비슷하지만, '왕'은 '여왕'보다 정치무대와 "전쟁 수행"에 더 수월하게 참여할 수 있다는 점이 다르다. 세상은 '왕 · 경영자'에게서 공격적인 행동을 기대하고 따라서 이런 특징들을 목격한다 해도 그다지 놀라지 않지만, <여왕 · 경영자>가 같은 행동을 하면 냉정하게 반응한다. 많은 사람들이 아직 대담한 통솔력이 여성다움과는 어울리지 않다고 보기 때문이다.

 돈과 권력에 관한 것 대부분은 남성들의 세계에 있고, '왕'은 이것들을 휘황찬란한 매력으로 포장해서 휘두르는 방법을 안다. 다른 원형을 가진 남성들도 돈과 권력을 가질 수 있지만, '왕'들에게는 그들에게 없는 것이 있다. 바로 매혹의 힘이다. 현대의 '왕'들은 이 원형적 마법의 가루에 대해 신화 속의 아서 왕에게 고마워해도 된다. 아서 왕과 카멜롯이 없었다면, 오늘날 여성들이 '왕'과 '기사' 원형에 그렇게 집착하지는 않았을 것이다.

 하지만 현대의 '왕'들이 매혹에만 관련된 것은 아니다. '왕 · 경영자'는 흔히 그들의 직업세계를 정복하거나 손에 넣을 땅으로 생각한다. 회사를 하나하나 합병해 가는 경영자들이 이 원형의 사례다. 월가의 은행가들도 '왕 · 경영자' 원형을 가졌을 법하고 정치인들, 재력가, 세계적 영향력을 가진 자리에 있는 사람들도 그렇다. 현대의 '왕 · 경영자'들은 옛날 통치자들처럼 부를 축적해서만이 아니라 대중에 대한 권력과 영향력의 네트워크를 구축해서 움직인다.

'왕'들이 모두 자신의 성을 좋아한다는 것은 의심할 나위가 없다. 웅장한 대저택을 보고 입이 딱 벌어져서 이렇게 말한 적이 몇 번이나 되는가? "세상에, 꼭 궁전 같네!" 그런 집을 지은 사람은 '왕' 원형을 가진 남자였을 가능성이 크다. 아니면 강력한 '여왕' 원형의 여자였거나.

〈여왕 · 경영자〉의 신화

.
.
.

〈여왕 · 경영자〉가 새롭게 등장한 원형이긴 하지만, 이 원형은 고귀한 여성다움이라는 고대 신화에서 비롯된 것이다. 〈여왕 · 경영자〉 원형은 역사를 통해 군왕으로서 '여왕'이 가졌던 여성의 힘과 지금의 기업경영자를 상징하는 남성의 힘을 짝지은 것이다. 이 제휴관계로 인해 오늘날의 여성들은 중역회의에 한 자리를 얻기 위해 남성들처럼 행동하지 않고도(또는 파워슈트_{power suit}를 입지 않고도), 통솔력 있는 지위를 차지할 수 있다.

이 원형이 그처럼 새로운 원형이라, 우리 사회는 아직 힘 있고 성공한 여성들의 등극을 반영하는 긍정적인 신화들을 만들어내지 않았다. 이 한 쌍의 원형을 분명하게 보여 주는 여성들이 지금에야 나타나고 있다. 예를 들어 오프라 윈프리와 바버라 월터스_{Barbara Walters}는 당당하고 여성스럽고 함께 일하는 사람들에게 친절하고 너그럽다고 알려져 있으면서도, 한편으로는 오늘날 남성과 여성 사업가들의 기량과 수완도 갖추었다. 정계와 재계는 물론 기업계의 영향력 있는 자리에 이 원형의 여성들이 들어서고 있다. 정계의 최고지도자였던 여성들의 예는 드문 드문 있었다. 이스라엘, 인도, 영국에는 모두 여성 총리들이 있었고, 독일에는 지금도 있다. 그러나 이 가운데 여성의 힘이 정치 또는 사업 분야에서의 힘과 조화를 이루어 온전히 표출되는 <여왕·경영자> 원형을 갖춘 여성은 없었다. 여성이 세계무대에서 성공하려면 삶의 여성스런 측면(결혼, 아내와 어머니 역할)을 어느 정도 포기해야 한다는 쉽사리 깨지지 않는 전제가 있다.

<여왕·경영자>가 이제 때를 만난 원형패턴이긴 하지만, 그 완벽한 균형을 이루기란 하나의 도전이 될 수 있다. 그렇게 하려면 단도직입적이고, 불굴의 협상가 기질에, 재정상의 위험을 무릅쓰는 따위의 남성적 힘의 특성들에 의지하면서도 동시에 여성다움을 지켜야 한다.

진화하고 있는 어느 원형이 사회 속에 자리 잡으려면 시간과 경험이 필요하다. 어떤 새로운 원형이 사회에 자리 잡았다는 한 가지 신호는 바로 그 원형을 가진 주인공을 소재로 한 이야기나 영화가 나오기 시작한다는 것이다. '악마는 프라다를 입는다'에서 <여왕·경영자>는 <보그>지의 편집장 안나 윈투어라는 실제인물로 힘 있고 냉혹한 캐릭터다. 자애로운 <여왕·경영자>를 묘사한 영화는 아직 보지 못했다.

하지만 그런 때가 오고 있다. 더 많은 <여왕·경영자>들이 힘을 가진 자리에 오르면서, 경영자이면서 동시에 여성으로서 힘을 지키려고 싸우는 일을 끝낼 것이고, 영화와 텔레비전도 틀림없이 그런 모습을 다룰 것이다.

생활 속에서의 과제

．
．
●

　힘을 휘두르면 배신의 결과만큼이나 많은 대인관계가 무너진다. '여왕' 원형은 다른 원형들보다 훨씬 자주 자신의 힘을 언제 어떻게 내려놓을 것인가라는 도전에 부딪친다. 이는 만만치 않은 장애물이다. 사회생활을 하는 '여왕'은 이끌고 지시하는데 익숙하다. 또 관심의 대상이 되는데 익숙하다. '여왕'들은 방 안의 산소를 모두 빨아들인다. 따라서 이 원형은 집에 와서 긴장을 풀고 배우자의 역할로 돌아가기가 무척 어려운 일이 되기도 한다. (만일 여러분이 집에 와서도 보스기질의 '여왕'으로 있는 것이 즐겁다면, 다시 생각해 보라.)

　'여왕'인 여러분의 도전은 왕관을 벗고 대인관계에서 한 사람의 여성으로 돌아오는 것이다. 이는 배우자든 가족이든 친구들이든, 당연히 협력하고 절충하며 서로 뒷받침하려고 노력해야 한다는 의미다.

내 원형 알아보기:
나는 〈여왕 · 경영자〉일까?

·
·
●

'여왕'은 기품과 맵시와 너그러움이라는 은총과 관련이 있지, 만사를 제멋대로 하고 아랫사람들에게 호통 치며 명령하는 괴짜가 아니라는 것을 알았을 것이다. 그래도 여러분은 자신을 '여왕'으로 생각하는가? 어쩌면 여러분은 힘과 여성스러움을 똑같이 보여 주는 수완 좋은 여성 사업가인 〈여왕 · 경영자〉에 더 가까울지도 모르겠다.

'여왕'이 가정적인 사람이라 할 수는 없지만, 이 원형을 가진 이들은 특별히 소소한 일까지 빈틈없이 돌볼 수 있는 곳에서 연회를 베푸는 ("여왕행세를 하는") 것을 좋아한다. 사람들을 함께 모으고 보살피는 성격은 이 원형패턴이 타고난 것이다. '여왕'인 여러분은, 고귀한 '여왕'이란 궁극적으로 백성의 종이라는 것과 자신의 결정과 행동이 남들의 삶에 지대한 영향을 미칠 수 있음을 인식하면서 그 책임을 진지하게 떠안는다. 여러분 최대의 힘과 권위는 여러분에게 의지하는 사람들을 위해 할 수 있는 모든 일을 하는 데서 나온다.

그러나 여러분에게 '여왕' 원형이 있다면 이 원형이 가진 너그러움에도 불구하고 여러분의 진정한 자리는 주목 받는 곳임에 틀림없다. 그저 버스

(또는 리무진)를 기다리는 사소한 순간에도 여러분은 주변 사람들의 시선을 끌어 모은다. 여러분이 늘 외모에 최선을 다하는 이유다. 땀투성이에 민낯으로 장을 보러 달려가서는 안 된다. 무엇보다도 진실을 다해 자신의 힘을 행사해야 한다. 좋든 나쁘든 '여왕'은 늘 사람들의 관심을 받고 있다. 꼭 여러분 이야기로 들리는가? 아직 확신이 서지 않는다면 다음에 제시하는 행동방식과 특징들을 보고 자신에게 맞는 이야기인지 알아보기 바란다.

〈여왕 · 경영자〉의 행동방식과 특징들

• 가장 좋은 결과를 이루기 위해 상황들을 떠맡는다.
• 다른 이들을 위한 일을 도모한다. 남에게 힘을 실어 주는 일이 내게는 최대의 성취이다.
• 단도직입적으로 사람들에게 내가 바라는 것을 알려 준다.
• 단연코 항상 외모에 최선을 다해야 한다.
• 가치 있는 명분들에 에너지를 쏟아 붓는다.
• 사람들의 삶에 변화를 가져오는데 영향력을 행사한다.
• 내 인격과 가치관을 지키려고 힘써 일한다.
• 찾아 나서지 않아도 자연스럽게 권력과 권위를 가진 자리에 오른다.
• 나와 가까워지려고 하는 사람들에게 위협이 되기도 한다.
• 어디에 있든 노력하지 않아도 남들의 관심을 끈다.
• 대중의 눈길을 받는 부담스러운 직업을 가진다.
• 명령을 내리지는 않을지언정 나는 의심의 여지없이 책임을 맡은 사람이다.

내 원형으로 들어가기:
〈여왕 · 경영자〉의 힘

．
．
●

'여왕'은 힘과 관련된 원형이다. 그리고 여러분의 도전은 진정한 힘과 허상인 힘을 구분하는 것이다. 천성적으로 여러분에게는 권리의식이 있지만, 겸손한 마음으로 왕관을 쓰는(내 힘을 보여 주는) 법을 배워야 할 것이다. 힘이 남들 위에 군림하는 도구가 아니라 하나의 특권임을 진정으로 이해하는 '여왕'은 공익사업이든, 자선사업이든, 비즈니스든, 지역사회 또는 가족 안에서든, 어떤 영역을 선택하든지 거기서 엄청난 일들을 할 수 있다.

이렇게 힘에 이끌리는 원형에게 신성한 역설이 있는데, 여러분이 힘을 실어 주는 다른 이들을 위해 최선을 다할 때 거기서 최대의 힘과 권위가 표출된다는 것이다. 여러분 안의 '여왕'은 누군가에게 영향을 미칠 때 가장 강력하게 표출된다.

여기 '여왕'의 힘을 이용하고 여러분의 원형을 최대로 활용하는 몇 가지 방법들이 있다.

• **멘토가 된다.** 어떤 회사나 조직들에는 공식적인 멘토링 프로그램이 있지만, 설사 그런 것이 없다 해도 여러분의 지원과 안내를 반길 만

한 사람은 꼭 있다. 여러분은 사람들에게 경험에서 우러나온 것을 알려주고, 진짜 왕족들처럼 여러분의 지위가 가진 힘을 다음 세대에 전해준다. 모든 조직에는 물려받은 유산이 있지만, 만일 그것을 물려줄 공식적인 절차가 없는 경우에는, 그동안 축적된 지혜를 잃어버리기도 한다. 지도 방식이 꼭 중요한 것은 아니다. 한 달에 한 번 만나서 커피를 마시거나 점심을 먹는 것처럼 단순한 방법이 있고, 문자와 이메일을 통해 날마다 개별 지도하는 것처럼 열성적인 방법도 있다. '여왕'과 '왕'에게는 다른 이들을 발전시키고 힘을 실어 주는데 내가 가진 영향력과 내적 자원들을 쓰는 것보다 더 좋은 일은 없다. 여러분이 가진 것은, 다른 이들이 원하기는 하지만 그 어디에서도 얻을 수 없는 것이다. 다행히 여러분은 그것을 나누는 일을 자신의 의무로 느낀다.

- **어떤 것이든 하나의 명분을 고른다.** 이 원형을 가진 사람에게 혼신의 힘을 쏟는 어떤 명분이나 사업이 없다는 것은 있을 수 없는 일이다. 그러나 혹시 아직 어떤 명분이 없거든 더 미루지 말고 몰두할 만한 것을 골라 보자. '여왕'인 여러분에게는 어마어마한 창조력이 있는데, 만일 어떤 종류의 모험에 그 힘을 실을 수 없다면, 거기서 느끼는 좌절감을 나 자신이나 가까이 있는 누군가에게 화풀이하기 쉽다. '여왕'에게는 '왕국'이 필요하다. 아주 단순한 일이다. 진실성이 있는 한 어떤 영역을 선택해도 상관없다. 그리고 일을 크게 벌일 필요도 없다. 위기상담전화 센터에서 전화를 받거나 지역 공동농장에서 방문객 안내를 해도 좋다. 하지만 이 원형은 박애주의 성향이 워낙 강

해서, 여러분이 오래지 않아 어떤 조직을 운영하고 있다 해도 놀랄 일이 아니다. 자원들을 끌어 쓰는데 있어서, 그리고 그것들을 자신의 프로젝트에 투자하도록 남들을 설득하는 기술에 있어서 여러분에게 필적할 사람은 없다.

- **두 사람을 위한 저녁을 준비한다.** 꼭 그래야 한다면 음식을 시켜도 좋다. 하지만 내게 중요한 사람이나 친한 친구 또는 사랑하는 가족 중 한 명과 어떻게든 집에서 조용한 저녁을 보내 보자. 휴대전화를 끄고 여러분의 위압적인 성격을 내려놓고, 산만해지지 말고, 힘을 휘두르지 말고(이것이 아주 중요하다.) 몇 시간을 함께 보내자. (힘을 휘두르면 에너지가 쑥 빠져 나가지만 남에게 봉사하면 샘이 가득 찬다.) '여왕'은 친밀함과 양보를 타고나지 않았으므로, 여러분은 이런 능력을 키우는 노력을 기울여야 한다. 그날 저녁에 얻고 싶은 것에 초점을 맞추려 하지 말고 그냥 거기 있어 보자. 오롯이 현재에.

- **성을 다시 꾸민다.** 마치 잠잘 곳이 필요하듯, '여왕'들(그리고 '왕'들)은 연회를 열 장소가 있어야 한다. 이 원형은 대개 소소한 것들에 꼼꼼하므로, 여러분의 여생을 위해 설정해 둔 당당한 기준들에 맞도록 주거 생활을 바꿔보는 게 어떨까? 집을 진정한 여왕의 장소로 만드는 것이다. 내 눈에는 그 모습이 훤히 보인다. 호화로운 직물들, 눈길을 사로잡는 예술품들, 여러분의 능력 안에서 살 수 있는 최고의 가구들. 호사스럽지는 않지만 우아하고 화려하게 꾸미는 것이다. 여러분은 손님들을 왕족처럼 대하고 그들은 여러분의 성만큼 매혹적인 곳은 없다고 생각하며 돌아간다. (아마 버킹검 궁전과 베르사유 말고는 없을 것이다.)

여러분의 원형에겐 힘이 무척 중요하므로, 지혜로운 '여왕'과 '왕'들에게서 힌트를 얻고, 충만하고 힘을 얻는 느낌을 주는 선택을 하라. 여기 여러분의 힘을 효과적으로 활용하는 몇 가지 방법이 있다.

내가 힘을 얻는 방식

- 자존감을 키운다. 그러면 여러분이 당연히 받는 남들의 관심을 끌어 모을 때도 중심을 지킬 수 있다.
- 노력해 볼 만한 것에 힘과 영향력을 쏟는다. '왕국'이 없는 '여왕'은 자신이 쓸모없다고 느끼고, 이는 무의식적 행동이나 우울증으로 이어질 수 있다.
- 서로 지원해 주는 친밀한 대인관계를 맺는다. '여왕'의 힘은 사람들을 위협할 수 있다. 내가 뿜는 광채로 다른 이들의 눈을 멀게 하지 말고 대등한 협력관계를 맺는다.
- 내 진실성을 다른 무엇보다도 중시한다. 여러분의 목표는 왕좌를 지키는 것이 아니라 힘과 권위를 남에게 봉사하는데 쓰는 것이다.
- 겸손이 몸에 배게 한다. 남들에게 마음대로 힘을 휘두를 수 있다는 생각은 허상이다.
- 너그러워진다. 자신의 이익을 생각하지 않는 너그러움이 '여왕'의 은총이다.

내가 힘을 잃는 방식(그리고 되찾는 방법)

- 힘의 허상을 추구한다. 돈과 지위는 허상이다. 이것들은 순식간에 사

라질 수 있다. 진짜 힘은 깨달은 자기 자각에서 온다.

- 사사로운 이익을 위해 힘을 악용한다. '여왕'은 다른 사람들의 욕구를 가장 우선시 한다.

- 뒷공론에 상처받는다. 부정적인 말은 두려움과 피해망상으로 떨어지는 위험한 길이다. 시기와 험담에 굴복하지 않는다.

- 권력은 최음제임을 잊어버린다. 힘의 허상을 마주쳤을 때 중심을 지킨다.

- 특권을 가지고 잘못된 권리의식을 갖는다. 자기 영역이 얼마나 넓은 지에 상관없이 여러분은 평범한 인간적 문제들을 가지고 사는 평범한 인간이다.

- 힘을 휘두르는데 탐닉한다. 이는 여러분과 여러분이 대표하는 집단의 진실성을 더럽히는 지름길이다. 최근 몇 십 년 동안 기업들은 전장의 군인들처럼 쓰러져갔다. '왕·경영자'들이 스스로 그 보물을 훔쳤기 때문이다. 부디 청렴결백하시라.

●●● 〈여왕·경영자〉를 위한 체크리스트

□ 나는 사사로운 이익을 위해 힘을 남용하지 않으려 신경 쓴다.

□ 기회가 필요한 사람들에게 기회를 주는데 내 영향력을 지혜롭게 사용한다.

□ 나는 대인관계를 소중하게 생각하고 진정한 동반자가 되어 일하고 있다.

□ 내가 왕족 같다는 느낌이 들 때에도, 나는 평범한 인간적 관심사를 가진 평범한 사람임을 자꾸 떠올린다.

□ 내가 세상에 변화를 가져올 수 있는 곳에 에너지를 쏟는다.

●●● 마지막 조언

여러분을 원형적 '여왕'으로 만드는 것은 부나 궁전이나 한 국가를 좌지우지하는 권력이 아니라, 자신의 너그러움으로 남들의 삶을 더 나아지게 하는 능력임을 기억하기 바란다. 진정한 '여왕'은 자신의 세계에 긍정적 변화를 가져오는 사람이다. 여러분은 사업을 운영할 때 하듯이 배우자가 있는 집에서도 '여왕'으로 군림할 수 있다. 집은 여러분을 '여왕'으로 만드는 무대가 아니다. 여러분은 어떤 곳, 어떤 상황에 들어가든지 자신의 '여왕'을 데려간다. 만약 여러분에게 '여왕' 원형이 있다면, 그 '여왕'을 잘 활용해야 한다.

PART 8

반항아
The Rebel

장벽은 무너져야 한다

* **원형가족:** 반항

* **다른 표현들:** '이단아Maverick', '페미니스트'

* **삶의 여정:** 인간정신의 근본적 해방을 제한하는 장벽 부수기

* **고유한 과제:** 자기만의 목소리와 표현형식 찾아내기

* **보편적 교훈:** 삶에서 권위를 표현하는 방식으로서 권력투쟁의 필요성을 초월한다.

* **타고난 은총:** 정의

* **내면의 그림자:** 주목 받기 위해 개인의 문제로 움직이려는 에고의 충동에 맞서기

* **남성의 경우:** 반항아

* **신화:** 프로메테우스

* **행동방식과 특징:** 〈반항아〉는

– 차별과 억압에 맞서 목소리를 높인다.

– 불의에 도전한다.

– 용감하고 대담하게 옷을 입는다.

– 관습적이지 않은 방식으로 일한다.

– 남들이 가지 않은 길을 선택한다.

– 근본적으로 새로운 발상들을 문화에 들여온다.

– 파장을 일으키는 일에서 보람을 느낀다.

* **생활 속에서의 과제:** 내 안의 〈반항아〉가 내 정서적 본성을 통제 못 하게 하기

삶의 여정

∙
∙
●

    <반항아>는 한마디 말로 정의할 수가 없다. 이는 끝없이 변해 가는 인간 사회의 역학관계에 발맞추어 다양한 표현들로 진화한 복합적 원형이다. 그러나 아무리 많은 표현들이 있다 해도 <반항아>의 핵심적 특징은 변함이 없어서, 모든 인간들이 공유하는 어떤 것으로 시작하기 마련이다. 바로 반항기질이다.

    우리의 생존본능은 생애초기에 깨어나서 부모와 다른 연장자들의 기초적인 가르침을 통해 닦이고 다듬어진다. 우리는 불을 피하고 성냥을 가지고 놀지 않으며, 문을 잠그고 낯선 사람과 이야기하지 않으며, 안전벨트를 매고, 더러운 것을 입에 넣지 않고, 손을 씻고 양치질을 하도록 배운다. 성장해 가면서는 개인의 책임에 관한 규칙들을 배운다. 옳고 그름, 선과 악, 도덕적 추론의 원칙들이 그것이다. 그리고는 사춘기에 이른다. 십대에는 가족으로부터 벗어나서 독립하고픈 갈망이 절박하다. 그리고 어김없이 반항기질이 고개를 내민다. 머리모양과 옷이 이상해지고, 술 담배를 하기 시작하고 성욕이 왕성해진다. 극단적 태도와 행동이 이 시기의 특징이다. 우리는 기성세대의 방식에서 벗어나 우리의 새로운 방

식을 만들도록 프로그램 되었다.

　그러나 성인이 되면 십대 때의 반항기질을 억누르고, 건드리면 터지는 충동을 조절해야 한다. 많은 사람들은 십대의 반항아 시절을 그냥 벗어나 버린다. 하지만 어떤 사람들은 그 반항기질을 키우기로 선택하고 그것을 자기 인격 속으로 흡수한다. 이들은 반사적인 반항기질에 지배받는 인생을 살아가고, 이런 행동은 대인관계와 직업 선택에 악영향을 주기도 한다. 이들은 개인의 힘에 대한 느낌을 "누구도 나보고 이래라 저래라 하지 못해."라는 규칙으로 정의했다. 아무리 좋은 의미가 있거나 쓸모 있다 한들, 모든 충고가 자신을 통제하려는 노력으로 보인다.

　그런데 십대의 반항기질이 더 강하고 집중된 <반항아> 원형으로 성숙하는 사람들이 있다. 이들은 크게 '숭고한 반항아Noble Rebel', '무정부주의 반항아Anarchist Rebel', '사회 · 시민 반항아Social/Civil Rebel', '페미니스트 반항아Feminist Rebel'로 표현된다. 혹시 여러분이 스스로 <반항아>라고 생각한다면, 이 표현들 가운데 한 가지 이상과 개인적으로 깊은 관계가 있을 것이다.

숭고한 반항아

'숭고한 반항아'는 미국의 건국과 깊은 관련이 있다. 이 원형에게는 폭압, 불의, 비인도적 행위, 사회악에 저항하는 일이 하나의 소명이다. '숭고한 반항아'는 억눌린 집단이나 사회에 자유를 가져오려고 정부나 독재자 또는 그 밖의 통제체제의 억압적 방식들에 대놓고 도전한다. 미국 건국의 아버지들 속에는 변호사, 철학자, 작가, 농부, 기업가, 학자, 이름난 발명가, 장군이 있었다. 배경, 인격, 부, 종교적 믿음이 모두 달랐는데도, 그들을 함께 모이게 한 것은 '숭고한 반항아'로서의 유대감이었다. 이들 모두에겐 영혼에서 불타는 '숭고한 반항아'의 불길이 있어서, 개인의 이해관계보다 큰 하나의 명분을 위해 싸우도록 했다.

인간정신의 권리를 바탕으로 하나의 나라를 세운다는 것은 이 땅에 일어났던 일들 가운데 가장 웅대한 "인간의 실험"이었다. 이 '숭고한 반항아'들은 자신들이 스스로 정부에 반기를 드는 한편 역사상 가장 영감을 불어넣을 수 있는 나라를 세우려 한다는 사실을 알고 있었다. 이들은 이 명분을 워낙 깊게 믿었기에 "우리의 생명과 재산과 신성한 명예를 걸고 굳게 맹세한다."고 독립선언서에 서명했다. 여기 서명한 모든 사람은 자신이 그토록 믿었던 명분을 위해 모든 재산과 심지어 목숨까지도 기꺼이 버리려 했다.

그로부터 75여 년 후, 헨리 데이비드 소로는 시민불복종을 다룬 불후의 수필에서 '숭고한 반항아'의 신념을 뚜렷하게 표현하면서, 개인은 정부가 양심을 내팽개치거나 불의의 앞잡이 노릇을 하게 해서는 안 된다고 밝혔다.

'숭고한 반항아'는 그냥 싸움을 걸려고 정부나 체제에 도전하지 않는다. 이는 길거리 싸움꾼이나 테러리스트의 원형이 아니다. '숭고한 반항아'들은 인류에 대한 범죄와 정의를 위해 도전해야 하는 억압적 상황들에 반응한다. 간디, 마틴 루터 킹 주니어, 넬슨 만델라는 억압받는 사람들을 해방하는데 삶을 바친 '숭고한 반항아'들의 잘 알려진 예다. 간디는 공격도 하지 않고, 공격을 공격으로 앙갚음하지도 않으면서도 동시에 자기 입장을 굽히지 않는 비폭력저항으로 알려진 반항 형식을 완성했다. 물리력과 주먹의 힘을 믿는 사람들은 정신적이고 상징적인 힘을 교묘히 이용하는 비폭력저항 같은 선택을 도무지 이해할 수가 없다. 그런 선택이 물리적 수준에서는 아무런 힘이 없어 보이지만, 사실 그것은 "원형적 해일"이다. 상징영역에서 힘을 끌어옴으로써 거기에는 우주적 의미와 목적이 실린다. 간디, 킹, 만델라가 더 많은 물리적 힘, 돈, 또는 군대가 있어서 자신의 사명을 완수했던 것은 아니다. 이들에겐 그런 세속적인 뒷받침이 하나도 없었다. 이 '숭고한 반항아'들은 그들이 이끌던 혁명의 정신적 상징이 되었기에 성공했다. 사람들은 이들이 부와 명성을 위해서가 아니라 많은 사람들의 삶을 더 나아지게 하려고 역경을 무릅썼다는 점을 이해했다.

'숭고한 반항아'가 된다는 것은 의식적으로 결정하는 문제가 아니다. 이 막중한 원형의 임무는 가지고 태어난다. 당연히 이렇게 묻는 것이 옳다. "내게 '숭고한 반항아'가 있는지 어떻게 알지?" 글쎄다, 간디는 인도를 영국 치하에서 해방시키는 일에 헌신하고자 하는 자신의 열정을 어떻게 알게 되었으며, 마틴 루터 킹 주니어는 모든 사람의 평등을 위해 일하고 싶다는 열정을 어찌 찾아냈을까? 이 사람들은 인류를 위한 타고난 정의감으로 움직였다. 개인 차원에서 삶의 모든 것을 희생해야 했지만 그들은 개인적 명분을 품지 않았다. '숭고한 반항아'는 인간의 권리와 위엄에 대한 열정을 가지고 태어나며, 인류의 종이 되려고 이 세상에 온다. 이들은 스스로 원하거나 원치 않거나 인류에게 헌신한다. 장담컨대 여러분에게 이런 충동이 있다면, 지금쯤 여러분은 그것을 알아차렸을 것이다.

무정부주의 반항아

'무정부주의자'는 <반항아>를 떠올리기 아주 쉬운 원형이다. 하지만 '무정부주의 반항아'는 우리가 텔레비전에서 보듯이 총을 들고 다니거나 방화를 저지르는 <반항아>들보다는 그 동기부여에 있어서 훨씬 복잡하다. 마을들을 휘젓고 다니며 아이들을 마약에 절은 살인마 병사로 바꿔 놓는 '야만스런 반항아Barbarian Rebel'와 '무정부주의 반항아'를 혼동해서는 안 된다. 안타깝게도 우리는 르완다와 다르푸르 같은 지역의 분쟁들에서 '야만인'으로 드러나는 <반항아>의 일면에 너무도 익숙해졌다.

비록 무정부상태(정치적 무질서)가 야만스런 혼란으로 이어질 수 있고 또 실제로 그런 일이 많지만, '무정부주의 반항아'는 대개 절망 속에서 권위를 전복해야겠다는 동기를 얻는다. 그 절망감을 상징하는 자발적인 격변의 사건이 일어나면, 흔히 변화를 위한 기회가 왔다는 믿음이 널리 퍼지게 된다. 현대사에서 일례를 찾아보자. 폴란드 '연대Solidarity' 운동의 창시자이자 나중에 첫 대통령이 된 레흐 바웬사가 노동조합을 해산하라는 소련의 명령에 항의하며 철책 위로 기어 올라갔던 순간이 그런 경우다. 곧바로 노조는 바웬사를 중심으로 뭉쳤고 사람들의 항거에 불을 댕겼다. 폴란드의 바르샤바와 여러 도시들은 몇 주 동안 무정부상태가 되었지만, 여기에는 하나의 목적, 하나의 초점이 있었다. 바로 자유다. 그 궁극의 결과는 냉전의 끝이었다.

2010년 12월 튀니지에서 일어난 사건들은 지금 '아랍의 봄'이라 불리는 역사에 불을 댕겼다. 한 여경이 모하메드 봐지지라는 노점상에게 면허 없이 채소를 팔았다며 벌금을 물리고 수레를 압수했다. 봐지지가 벌금 7달러(하루 일당)를 내려 하자 여경은 손바닥으로 그를 때리고 얼굴에 침을 뱉고 죽은 아버지를 모욕했다. 이 일을 탄원하러 찾아간 경찰서에서는 조롱을 당했다. 자신의 존엄성을 빼앗기고 철저한 무력감과 절망을 느낀 봐지지는 마지막 항의로 자신의 몸에 불을 붙였다. 이 마지막 행동을 목격한 사람들에게 모하메드 봐지지는 인간의 존엄성이라는 궁극적으로 숭고한 명분을 옹호하는 '숭고한 반항아'였다.

곧바로 항거가 일어났다. 평범한 시민들이 '무정부주의 반항아'로 떠올라 튀니지에서 오랫동안 집권해온 억압적이고 폭력적인 정부에 퇴진을 요구했다. '무정부주의 반항아'들이 거리를 메울 때면 늘 그렇듯이, 건물이 불타고, 폭동이 뒤따르고, 군인들이 진압에 나선다. 오래지 않아 튀니지의 봉기는 이집트, 리비아, 시리아로 번졌다. '아랍의 봄'의 궁극적 목적은 사회혼란이 아니었다는 점이 중요하다. 그 공통 맥락은 폭력적인 독재를 타도하는 것이었다. 탄압받은 사람들은 폭력정부에게 당한 수십 년의 억압에서 스스로 해방될 기회를 보았다.

'무정부주의 반항아'에게 어두운 측면이 없다는 것은 아니다. 이 원형이 휘두르는 힘은 불안정하다. '무정부주의 반항아'는 폭압정권의 전복을 위해 싸우는 것과 '야만스런 반항아'가 되어 힘을 휘두르려고 그 투쟁을 이용하는 것 사이에서 아슬아슬하게 줄타기를 한다. 두 유형의 <반항아>들 모두 일부 어둡기 그지없는 인간감정에 이끌리지만, '무정부주의 반항아'에게는 더 좋은 날을 위한 희망이라는 소중한 요소가 추진력으로 작용한다. 그러나 이 비전에서 눈을 뗀다면, '야만인'이 자리를 넘겨받는 데는 그리 오랜 시간이 걸리지 않는다.

사회 · 시민 반항아

많은 사회들에서는 사회 · 시민저항운동이 사회체제의 일부가 되어 있는데, 여기에서 세 번째 유형의 <반항아>가 나온다. 그런 저항운동들 다수가 시위로 시작되기는 하지만, 그 저의는 시민저항운동에 불을 댕길 사안들에 대한 충분한 지지를 끌어 모으는 것이다. 여성참정권운동가들과 베트남전 반대시위자들이 행동으로써 미국의 정책노선을(따라서 역사를) 바꾼 '사회 · 시민 반항아'들의 딱 맞는 예다.

티파티Tea Party와 월가 점령의 배후 집단들은 변화를 요구하는 구체적인 의제나 사회적 담론을 표출하는 '사회 · 시민 반항아'들의 최신사례들이다. '사회 · 시민 반항아'들이 충분한 지지를 얻으면, 대중들에게서 저항운동의 목소리들이 촉발되기 시작한다. 티파티는 감세와 정부재정을 비롯한 정치적 쟁점들을 놓고 규합한 보수적 풀뿌리운동이다. 티파티 운동가들은 2010년 중간선거 결과에 영향을 주었고 2012년 대통령선거운동에서 입김을 행사했다.

월가점령 집단은 미국 중산층의 붕괴와 인구의 1퍼센트에 부가 편중되는 문제를 놓고 스스로 조직되었다. 주로 이 운동의 평판을 깎아내리려는 주류 매체들은 월가 점령운동에 뚜렷한 목표가 없다는 혹독한 비판을 했지만, 그 핵심 사안들은 2012년 대통령선거운동에서도 건재했다.

많은 저항운동들이 얼마 진전되지 못하고 사라져 가는 반면, '사회 · 시민 반항아'들은 여러 운동들을 이끌면서 은밀히 이루어지거나 법규와 헌법을 철저히 무시하는 정부활동들을 저지했다. 무브온(MoveOn.org) 같은 웹사이트를 만들어 정부와 월가에서 이루어지는 어두운 활동들을 폭로하는 탐사 전문 저널리스트들이 이 부류에 들어간다. '사회·시민 반항아'들은 어떤 정부라도 마땅히 무서워해야 할 사회의 파수꾼들이다.

페미니스트 반항아

<반항아> 원형의 새로운 표현인 '페미니스트 반항아'는 지금 우리 사회에서 가장 널리 퍼진 대세이므로, 이후는 이들의 활동에 집중하려 한다. 그러나 이런 추이는 눈 깜짝할 사이에 바뀔 수 있고, 언제 어떤 사건들이 '무정부주의자'와 '사회·시민 반항아'들을 다시 거리로 나서게 할지는 모른다.

'페미니스트 반항아'는 표현방법에 있어 보다 전통적인 방법을 채택하면서, 개인주의라는 거대한 사회운동과 보조를 맞추고 있다. 자기발견과 자기표현은 저항운동의 형태에 깊은 영향을 미쳤다. 이 원형을 가진 사람들은 연좌시위를 벌이기보다는 관습적인 삶의 선택들에 맞서 저항할 가능성이 더 크다.

여기 '페미니스트 반항아'들이 관습을 뒤엎는 몇 가지 방식이 있다. 결혼은 편부모가정이 늘어가면서 그 기초가 흔들리고 있다. 이혼은 이제 여성들의 선택지가 되었고, 쌍방무책임 이혼no-fault divorce이 있어 고통스럽고 민망하게 불륜을 증명할 필요가 없게 되었다. 독신여성들은 아이를 입양하거나 정자은행을 이용하고 있다. 60년대와 70년대 '페미니스트'들이 거리를 메웠던 시대의 파장 이후, 사회적 분위기는 급격하게 진화했다. 그리고 우리 사회는 더 많은 사람들이 자기탐구에 관심을 기울이면서 내면으로 눈을 돌리고 있다. 이것이 여러분의 원형이라면, 여러분은 내면을 투쟁의 장으로 삼고 사회적 한계보다는 내면의 한계에 맞설 가능성이 더 큰, 새로운 조류의 <반항아> 일원이다.

현대의 '페미니스트 반항아' 원형은 새롭게 등장한 것이지만, 그들은 오늘날의 세상에 뿌리내리면 한편으론 역사적으로 앞서간 사람들과 맥락을 잇고 있다. '페미니스트 반항아'의 선조들은 여성들이 투표하고, 정치적 사안에 목소리를 내며, 평등한 보수를 받고 일하고(평등한 창조적 기회들은 말할 것도 없이), 성적으로 해방되도록 길을 닦았다. 어떤 이들은 모진 고통을 감내하면서 그렇게 했다. 이 모든 권리들을 당연하게 여길지도 모르겠지만, 그런 일들이 하루아침에 일어난 것은 아니다.

페미니스트운동은 세 가지 파장을 일으켰고, 하나하나가 그 시절의 쟁점들을 반영했다. 첫 번째는 여성참정권운동인데, 1920년에 마침내 여성의 투표권을 인정하는 헌법 제19조 수정조항이 통과되었다. 수전 앤서니Susan B. Anthony와 엘리자베스 스탠튼Elizabeth Cady Stanton이라는 '숭고한 반항아'를 선봉으로 한 초기의 페미니스트들은 전국적인 시민저항 운동을 일으켜서 자유와 평등을 기치로 삼는 나라에서 여성들은 이를 누리지 못한다는 현실을 일깨워 주었다. '사회·시민 반항아'이기도 했던 이 '숭고한 반항아'들은 첫 '페미니스트 반항아'가 되어 생명의 위협과 극악한 반대에 맞섰다. 이 운동에 가담한 여성들은 체포되어 구타당하고, 엄지손가락을 묶여 매달리고, 고문당하고, 굶주리고, 강간당했다. 다 미국의 감옥에서 있었던 일이다. 하지만 그들은 굴복하지 않았다.

페미니즘의 두 번째 파장은 1960년대에 시작된 여성해방운동이었다. 베티 프리단Betty Friedan은 이제 고전이 된 작품인《여성의 신비The Feminine Mystique》로 미국 가정주부의 삶을 더할 수 없이 잘 묘사했다. 주부이자 어머니인 프리단은 창의적이고 역동적이고 교육받은 여성들이 그런 역할로 만족해야 한다는 사회통념에 도전장을 내밀었다. 저널리스트 글로리아 스타이넘Gloria Steinem이 이 운동의 주도자가 되었는데, 이들은 직업평등, 성평등, 임신·출산권 같은 개혁들을 요구했고, 여성의 권리를 가로막는 사회적 장벽들을 무너뜨리는데 성공했다.

1980년대에 시작해서 지금까지 이어지는 페미니즘의 세 번째 파장이 있다는 것을 부인하는 사람들이 많다. 오늘날의 여성들은 예전의 사회적 · 정치적 행동을 촉발했던 세상과는 아주 다른 세상을 산다. 현대의 '페미니스트 반항아'는 급진주의자도 시위자도 아니다. 이들은 이미 다양성과 개인의 표현이라는 가치관을 권장하는 세상에 산다. 월가점령운동에 참여했던 사람들을 제외하면, 이들은 아마 어떤 명분을 위해 싸우거나 심지어 어느 하나에 동질감을 갖는데도 관심이 없을 것이다. 이 원형을 가진 사람들 대부분은 '페미니스트'라는 말과 동일시하지도 않는다. '페미니스트 반항아'는 역동적이고 독특하며, 관습적이지 않고, 용감하고 대담하기까지 하지만, 분명히 급진주의자는 아니다. 이들은 원한다면 자유로운 여성으로 사는 것에 반대할 수도 있고, 전통을 따라 결혼해서 어머니가 되는 생활방식이나 일과 양육을 함께 하는 방식을 선택할 수도 있다. 1960년대와 1970년대만 해도 그런 선택은 페미니스트운동이 옹호하는 것을 모두 배신하는 행위로 간주되었을 것이다. 오늘날의 '페미니스트 반항아'는 필요하다면 자신의 <반항아>를 끌어들일 수 있지만, 이 원형은 우리가 살펴본 <반항아>의 다른 표현들보다 훨씬 더 미묘하게 표현된다.

여러분 안의 '페미니스트 반항아'는 정치적 사안들에 어떤 입장을 취하기보다는 전위적이거나 파격적인 옷을 입어서 관습에 반항할 가능성이 더욱 크다. 여러분은 한때 '무정부주의 반항아'나 '사회ㆍ시민 반항아'들이 했던 방식의 싸움꾼은 아니다. 자신의 심금을 울리는 사회문제들에 뛰어드는 성향이 있지만, <반항아>의 전례들처럼 꼭 정치ㆍ사회적 문제들에 뛰어들지는 않는다. 예를 들어 사교계의 백조로 자랐지만 미술가 앤디 워홀과 어울렸던 상류층 명사 코넬리아 게스트Cornelia Guest처럼 될 수도 있다. 게스트는 동물권리옹호자가 되어 PETA(세계 규모의 동물보호단체-옮긴이) 광고에 알몸으로 출연하는가 하면 채식주의자를 위한 쿠키회사를 만들기도 했다.

'페미니스트 반항아'인 여러분은 자신감과 자립, 위험을 기꺼이 무릅쓰려는 의지를 소중히 여긴다. 누군가 이런 개인의 자유를 간섭할 생각이라도 할라치면, 여러분 안의 '페미니스트 반항아'는 여기에 맞서서 전문적으로는 아닐지언정 개인적인 반항을 시작할 투지를 다진다. '페미니스트 반항아'의 전형인, 내가 아는 여성 질에게 중요한 관심사는 "네가 그렇게 하면 사람들이 어떻게 생각할까?"라는 관념이다. 질은 사람들의 인정을 받아야 한다고는 생각하지 않는데, 이는 가장 흔하게 나타나는 심리적 장애물의 하나에 맞서는 반항의 한 형태다. 너무도 많은 사람들이 자신이 한 선택의 결과가 남들에게 어떻게 비칠까 하는 두려움에서 자신의 삶을 망설인다. 실패하면 비웃음을 산다는 두려움이나 내 선택이 가까운 사람들을 불안하게 한다면 외면당할 것이란 두려움이 있으면 자신의 꿈대로 살 기회로부터 영영 멀어진다. 하지만 질은 오래 전에 그런 속박에 맞섰고, 자신의 뜻을 이루려면 남들이 자신의 삶을 어찌 생각할까 하는 걱정에서 벗어나야 한다고 결정했다. 당연히 그렇게 하려면 자신에게 익숙한 전통에 맞서는 반항이 필요했다.

또 다른 종류의 '페미니스트 반항아'는 전통에 맞서는 것이 아니라 자신의 반항기질을 찾아내서 독립하기도 한다. 이는 강압적인 남성과의 관계에 용기를 내어 맞서면서 시작된다. 겉으로는 누구에게도 괴롭힘 당하지 않을 것 같은 독립적인 여성으로 보이지만, 닫힌 문 안에서는 꼬투리를 잡히고 어쩌면 육체적 학대까지 받으면서 일거수일투족 통제당하는 악몽 속에서 산다. 이 '페미니스트 반항아'는 어떤 수준에서 자신을 보호해 줄 짝을 찾고, 그 대가로 자신의 강점인 반항의 힘을 넘겨준다. 그러면 이것은 그들의 자존감을 갉아먹고, '페미니스트 반항아'가 그 관계에서 완전히 벗어나려고 반란을 일으킬 때까지 악순환이 이어진다. '페미니스트 반항아'가 자신의 진정한 반항아 기질을 드러내려는 수단으로써 학대받는 관계나 나쁜 근로조건을 무의식적으로 만들어내는지도 모른다. 여러분이 만일 <반항아> 원형을 되찾아 고통스런 경험 속에서 빠져나오는 체험을 했다면, 이런 진실을 잘 알 것이다.

'페미니스트 반항아'가 비록 전형적 의미에서 <반항아> 가족 중 반항기질이 가장 적기는 하지만, 필요하다면 '무정부주의 반항아'나 '사회 · 시민 반항아'가 될 수도 있다. 자신 안에 그런 잠재력이 있기 때문이다. 많은 사람들은 합당한 이유를 놓고 부딪쳐 본 적이 없어서 자신에게 사회적 저항운동에 뛰어들 자질이 있다는 생각을 하지 못한다. 평화로운 환경은 여러분 안의 '무정부주의자'나 '사회·시민 반항아'를 흔들어 깨우지 않는다. 그러나 자신의 시민권이 점점 더 갉아 먹힌다면, 어느 지점에서 여러분은 말하리라. "이제 그만!" 여러분은 '숭고한 반항아'의 경우처럼 이 원형을 타고나서가 아니라 어떤 수준에서 스스로 선택했기에 '페미니스트 반항아'이다.

오늘날의 '페미니스트 반항아'는 우리가 이 세상을 더 좋은 곳으로 만들 수 있다고 믿으면서 인간의 권리를 주장했던 앞선 여성들이 기울인 헌신적 노력의 수혜자다. 여러분이 거센 항거에 가담하지 않을 수도 있지만, 이 점은 반드시 기억해야 한다. 앞서 간 모든 위대한 여성들은 여러분이 이 세상에서 뭔가가 되도록, 이 세상에서 뭔가를 하도록, 이 세상에 뭔가를 주도록 길을 닦았다는 사실을. 이것이 여러분의 유산이다.

고유한 과제

·
·
●

베트남전이 끝난 후, 미국은 반항이 원동력이 되는 사회가 아니었다. 1960년대와 1970년대에 얻은 사회 · 정치적 자유는 주류사회로 녹아들었고, 우리 사회는 거리에서의 반항에서 정신에서의 반항으로 옮아갔다. 그러면 사회풍토의 이런 변화가 '페미니스트 반항아' 같은 원형에게는 어떤 영향을 미칠까? 원형이란 사회적 집단마음의 사고방식에 발맞추어 또 다른 표현으로 진화해 간다.

관습을 타파하는 패션과 생활방식에서의 실험정신은 1960년대의 반항시대에서 시작된 개인주의운동의 한 표현이다. 오늘날의 '페미니스트 반항아'들에게는 어떤 옷을 입고 어떻게 사느냐가 자신의 독립을 표현하는 주된 방법이다. <패셔니스타> 원형에서 보았듯이, 개인의 사는 모습은 가시적인 힘의 표현이다.

'페미니스트 반항아'인 여러분은 머리색에서부터 자녀양육에 이르기까지 모든 것에서 내가 하는 선택으로 사회 분위기에 충격파를 던지는 데서 보람을 느낀다.

'페미니스트 반항아'를 비롯한 모든 <반항아>들은 원형적으로 계획된 변화의 주체들이다. 전통적 방식으로 일을 하면 숨이 막힐 듯하다. 아마도 여러분은 엄마에게 이렇게 말하는 십대에 빗댈 수 있다. "문신 하나 새기지 못하게 하는 건 말도 안 돼요." 이 모습이 바로 몇 년 전의 당신이었으니까. 안젤리나 졸리, 리한나, 크리스티나 리치, 빅토리아 베컴, 그리고 심지어 헬렌 미렌 같은 '페미니스트 반항아'들과 마찬가지로, 여러분에게 문신 한두 개쯤은 있을 만도 하다.

여러분의 과제는 자신의 반항기질이 정신을 파괴하는 요소가 되지 않도록 잘 이용할 창조적이고 역동적이고(이것이 중요하다.) 생산적인 방법을 찾아내는 것이다. 관습을 깨부수려는 여러분의 충동과 생명력이 가장 잘 어울리는 분야로는 음악, 예술, 패션, 디자인, 화장품, 기술 영역이 있다. 이 분야에 있는 사람들이 가진 신조가 "왜 안 돼?", "뭘 또 할 수 있을까?"이니까. 하지만 법, 사회복지, 탐사 저널리즘처럼 좀 더 관습적인 분야에 끌린다 해도(정의는 이 원형의 은총이다.) 여러분의 '페미니스트 반항아'에게는 경쟁하고 성공하는데 필요한 근성이 넘친다.

보편적 교훈

●
 ●
 ●

어떤 유형의 <반항아>이든지, 인내는 그 사람의 강점이 아닐 것이다. <반항아> 원형에게는 건드리면 터지는 다혈질에, 과잉반응하고, 또 결과를 생각하지 않고 결정을 내린다는 평판이 따라붙는다. 따라서 모든 <반항아>들의 보편적 교훈은 "반항적인" 결정마저도 사려 깊고 신중하게 해야 한다는 점을 배우는 것이다. 그렇게 하려면 '반항적인 반응'과 '의식 있는 반항적인 결정'의 차이를 알아야 한다. 양쪽 모두 결과는 따라오는데, 어떤 상황에 반응해 돌진한다면 그 결과들은 마음의 상처는 물론 혼란으로까지 이어질 수 있다.

반항적인 반응이란 당연히 시작부터 끝까지를 충분히 생각하지 않는 것이다. 이런 반응은 정서적으로 격하고 경솔한 것이기 쉽다. 이는 좌절감에서 터져 나오는 힘의 표현이지만 흔히 초점과 통솔력이 부족하고, 확실한 결과를 가져오지 못하며, 다음과 같은 생각들을 해 볼 여유가 없다. "반기를 든 다음의 구체적인 계획은 무엇인가? 누가 책임질 것인가? 앞으로 어떻게 할 것인가?" 포문을 열기는 쉽다. 그것을 참는 것은 또 다른 시험대다. 누구나 아는 사실이지만 포화가 통제를 벗어나면 온 동네가 불길에 휩싸일 수도 있다.

살면서 더없이 사소한 종류의 반항을 하려 할 때도 같은 이야기를 할 수 있겠다. 여러분이 하는 모든 선택은 어떤 변화의 쳇바퀴를 돌아가게 하지만, 지금 하고 있는 선택이 다른 사람들의 안락지대를 건드리는 경우에는 이 점을 더더욱 기억해야 한다. <반항아>들은, 심지어 '페미니스트 반항아'들마저도 타인의 안락지대를 뚫고 들어가는 것으로 악명 높다.

그러므로 이 원형의 교훈은 이것이다. 그저 소란이나 피우려고 반기를 들지는 말자. 결정을 해야 하는 문제라면, 그것도 관습의 규칙들을 산산조각 내는 결정일수록, 반드시 여러분 내면의 존재spirit에게 맡아 달라고 부탁해야 한다. 혹시 지금 반기를 들려 하거든, 이 점을 곰곰이 생각해 보자. "내가 원치 않는 건 잘 알아. 하지만 내가 원하는 건 알고 있는 걸까?" "반기를 들 만한 일일까, 아니면 토론으로도 되는 상황일까?"

타고난 은총: 정의

·
·
●

<반항아> 원형은 선천적으로 불의와 억압에 맞서 일어나므로, 정의라는 은총은 그들의 천성이다. <반항아>는 장벽을 뚫고 새롭게 시작하도록 다른 이들에게 영감을 주기도 한다. 그것이 옳은 선택이기 때문이다. 모든 은총들이 그렇듯이, 정의도 여러 가지 모습으로 표현된다. 기본적으로 정의는 법적 정의, 다시 말해 법정에서 일어나는 일과 관련이 있다. 사회에 법적 정의가 부족해 많은 항거들이 일어났다. '미국의 반항아'들 덕분에 권리장전이 입안됐고 미국이 법률과 정의를 바탕으로 하는 나라가 되도록 보장되었다.

좀 더 세밀한 수준에서 이 은총은 여러분 안의 <반항아>가 덜 공격적인 방식으로 변화의 주체가 되도록, 또한 늘 새로운 것을 받아들이는 방향으로 움직이도록 영감을 불어넣는다. <반항아>들은 낡은 사회규칙과 풍습들에 도전한다. 동성결혼과 의료용 마리화나 허용 같은 쟁점들을 사회정의의 문제로 보면서 이를 지지하는 것이다. 지금 많은 주 당국들이 동성커플의 결혼을 인정하는 모습에서 보듯이, <반항아>들이 어떤 쟁점을 지지할 때 정치인들도 관심을 갖는다.

'페미니스트 반항아'인 여러분은 옳은 일이라고 믿는 까닭에 인권과 관련된 명분에 쉽사리 끌리게 된다. 여러분이 전통적인 의미의 정치 또는 사회운동가는 아닐지언정, 세상의 공정함과 관련된 일이라면 여러분은 곧바로 목소리를 높인다.

내면의 그림자

·
·
·

'페미니스트 반항아'의 독립기질과 인습에 얽매이지 않는 사고방식에 깃든 어두운 측면은 개인적 의제, 곧 주목받고픈 갈망이다. 하지만 이런 개인적 의제 하나쯤 갖고 있지 않은 사람이 있겠냐고 물을지도 모르겠다. 우리 솔직해지자. 인간들은 그렇게 하도록 되어 있다. 그러나 '페미니스트 반항아'에 대해서라면, 관심과 인정은 실제로 중요한 항목이다. 여러분의 '페미니스트 반항아'는 성취감을 느끼고 싶어서 인정받기를 갈구한다. 여러분이 특별해지고, 대담해지고, 용감해지려는 온갖 노력을 기울인다면, 적어도 누군가의 눈에는 띄어야 한다. 그렇지 않은가? 하지만 그런 일이 안 생긴다면 어찌 될까? 만약 규칙 파괴자가 되려는 여러분의 노력이 몽땅 허사가 된다면? 아니면 다른 '페미니스트 반항아'가 훨씬 더 튀어서 여러분의 독창성을 가린다면? 내가 할 수 있는 말은 이뿐이다. 부디 조심하시라.

'페미니스트 반항아'인 여러분은 창의적이고 패기만만하고 역동적이며 재미있고 터프하기조차 하다. 그러나 이런 유별남이 인정받지 못할 때면, 여러분은 시샘으로 핏대가 올라 세상을 전쟁터로 재구성하고,

친구들을 불구대천의 적까지는 아닐지언정 맞서 싸울 경쟁자로는 바꿔놓을 수 있다. 마음속에서 반항의 불길이 타올라 이 사람 저 사람에게 퍼부을 말을 상상한다. 창조적 사고brainstorming는커녕, 제정신이 돌아올 때까지 뇌 속에는 폭풍이 휘몰아치고, 종종 실제로 편두통을 앓기도 한다.

우리가 어떤 원형을 다루던 간에, 개인적 의제는 위험한 여정이 될 수 있다. 그러나 '페미니스트 반항아'는 특히 자신의 인정받고픈 욕구를 충족하고 또 남들이 그렇게 해 주기를 바라지 않는 것이 무엇보다 중요하다. 그리고 시샘의 불길이 공격해오는 경우, 뇌 속의 시커먼 폭풍에 반응해서 포문을 열지 않도록 마음을 가라앉힐 장소를 찾아보길 권한다. 여러분은 항상 뭔가를 꾸미고 있으니, 무슨 일을 하든지 여러분의 사적인 의제에 대해 자신에게 솔직해지기 바란다. 언젠가는 이를 감사해야 할 날이 올 것이다.

남성의 경우

∶

<반항아> 원형에 대해 여기서 밝힌 내용은, '페미니스트 반항아'를 빼고는 남녀에게 똑같이 적용된다. 여기 여성들에게서 '돌보미 · 구원자'를 끌어낸 것으로 더욱 주목받은 <반항아> 남자가 한 명 있다. 1955년에 나온 그 유명한 영화 '이유 없는 반항'은 어둡고 이해받지 못하는 '문제 반항아Bad-boy Rebel'를 다뤘으며, 제임스 딘을 우상으로 만들었다. 딘은 남성 <반항아> 원형을 미국 대중에게 소개해 주었고, 수많은 여성들은 곧바로 이 원형에 끌리면서 자신들이 그의 고통을 해결할 수 있다고 믿었다. 딘이 맡은 배역 짐 스타크는 스스로 설명할 길 없는 이유로 고통 받는 <반항아>를 상징한다. 그는 교외에 사는 전형적인 중산층 출신이기는 하지만 뭔가 어긋나 있다. 가정에서의 원형적 역할들이 뒤바뀌어, 강압적인 어머니가 남편과 아들을 휘어잡고 있는 것이다. 강한 남자의 본보기가 결핍된 십대의 청년은 절실히 그것을 원한다. 짐의 아버지는 다른 아버지들처럼 아들을 남자답게 이끌어 줄 수가 없다. 짐이 힘없는 남자로서, 남자답게 되는 길의 문턱에서 느끼는 절망을 표현할 방법은 자신을 둘러싼 세상에 대한 좌절을 분출하는 반항뿐이다.

〈반항아〉의 신화

•
•
•

　〈반항아〉 원형은 그리스 신화 속의 프로메테우스에서 찾을 수 있다. 제우스는 한낱 인간들이 너무 큰 힘을 갖지 못하도록 불은 주지 않았다. 그러나 프로메테우스는 제우스에게 반기를 들고 불을 훔쳐서 동굴에 사는 인간들에게 주었고, 불을 가진 인간은 번성했다. 노한 제우스는 프로메테우스가 절벽에 거꾸로 매달려서 낮에는 독수리에게 간을 파 먹히고 밤에는 간이 다시 자라는 반복되는 고통을 겪게 했다.

　이런 낭패를 겪은 뒤, 제우스는 하잘 것 없는 인간들에게 누가 힘을 쥐고 있는지 단단히 일러둘 선물을 주기로 했다. 제우스는 여신들에게 아름답고 매혹적이지만 무엇보다도 호기심이 많은 여자를 빚으라는 명을 내렸다. 그녀가 판도라다.

　제우스는 판도라를 땅으로 보내 프로메테우스의 동생 에피메테우스와 결혼하게 했다. 제우스는 판도라에게 결혼선물로 단지 하나를 주면서 절대로 열지 말라는 엄명을 내렸다. 이 신화의 다른 변형판에서는 그것이 상자라고도 한다. 제우스가 예상했던 대로, 판도라는 단지 뚜껑을 열었다. 그 순간 인간을 괴롭힐 온갖 고통들이 튀어나와 흩어졌다.

질병, 비극, 죽음, 슬픔, 시기, 증오……. 판도라가 얼른 뚜껑을 닫으려 했지만 때는 이미 늦었다. 넋이 나간 판도라가 단지 속을 들여다보니 한 가지 선물이 아직 남아 있었다. 희망이었다.

온갖 위대한 신화들이 그렇듯이 이 이야기가 주는 교훈은 논쟁의 여지가 있다. 하지만 한 가지 분명한 해석은 신들의 지혜에 도전하는 것은 심각한 결과를 초래한다는 점이다. 하지만 인류가 감수해야 하는 결과마저도 희망으로 상쇄되기에, 신들은 여전히 자비롭다. 제우스가 인간에게 절대로 불을 내주지 않으리라 생각한 프로메테우스는 신들에게 반기를 들고서 우주적 계획을 바꾸는 일을 스스로 떠맡았다. 반항의 대가는 혹독했다. 그래도 희망이라는 선물이 남았다는 것은, 인간들의 발전을 돕고 싶어 불을 주었던 프로메테우스의 선의를 제우스가 이해했다고 볼 수 있다.

프로메테우스가 <반항아>의 강력한 상징인 것은, 우리 인간이 모든 것을 다 안다고 생각하며 삶 속에서 언제나 신들에게 반항하고 있는 까닭이다. 달리 말해, 우리는 직관이나 내면의 안내를 거스른다. 신성한 영감 어린 지혜가 아니라면 우리가 받는 안내는 어디서 오는 걸까?

생활 속에서의 과제

.
.
.

　'페미니스트 반항아'의 도전은 반항적 선택의 결과로 자신의 삶이 어떻게 바뀔지 대비하는 것이다. '반항적'이라는 말이 어떤 태도를 말하는 것이라 생각하지 않길 바란다. 세상에 대고 경멸의 몸짓을 해 보이는 것만은 아니란 말이다. 반항적 선택은 대담한 새 패션을 입기로 결심하는 데서부터, 자신이 자라온 전통에서 벗어나는 영적 수행을 추구하는 것에 이르기까지 어떤 것이라도 될 수 있다. 반항적 선택이 하는 일은 어떤 방식으로 내 삶을 바꾸는 것이다. 좀 더 대담한 옷을 입기로 결심하는 것이 그다지 반항적이지는 않다고 생각할 수도 있다. 특히 기대했던 반응을 얻지 못할 경우에 그렇다. 예컨대 다들 눈이 동그래져서 시선을 떼지 못하는 그런 반응 말이다. 사회에 미치는 파장보다 실제로 더 중요한 것은 여러분 내면의 반응이다. 반항적 선택에는 용기가 필요하고, 마치 낙하산을 매고 비행기에서 막 뛰어내린 것처럼 해방된 느낌을 준다. 어떤 선택을 하도록 영향을 미치던 낡은 패턴을 벗어버릴 때, 심리적으로 그런 행동을 하는 것과 마찬가지다.

　일단 하나의 패턴에서 벗어나고 나면, 다음 번 또 그 다음 번에는 그

렿게 하기가 갈수록 쉬워진다. 관습적인 역할에 반기를 들었던, 내가
만난 많은 여성들은 지금껏 살아 온 숨 막히는 인생에 더는 끼워맞추지
않아도 되어 속 시원해하면서도, 한편으론 더 독립된 여성으로 세상을
어떻게 헤쳐 나갈지 두려운 생각이 드는 이중감정을 이야기한다. 이들
은 나지막한 목소리로 자기 안의 '페미니스트 반항아'를 흔들어 깨웠지
만, 이 원형은 원래 거기 있었다. 그들에겐 자신의 그 부분을 찾아낸 것
이 짜릿하기 그지없는 원형적 경험이다.

내 원형 알아보기:
나는 〈반항아〉일까?

·
·
●

〈반항아〉들은 보통 자신이 그렇다는 것을 스스로 인정한다. 그러나 이
원형에 들어맞는지 아직 확실하지 않다면, 다음의 행동방식과 특징들
을 살펴보고 관련이 있는지 알아보기 바란다. 여러분이 어떤 스타일의
반항아('숭고한 반항아', '무정부주의 반항아', '사회·시민 반항아', '페미니스트 반항
아')인지에 상관없이 일반 특성들은 똑같이 적용될 것이다.

〈반항아〉의 행동방식과 특징들

- 어릴 때부터 반항기질을 보였다.
- 불의에 도전하는 것을 자신의 성격으로 규정한다.
- 차별과 억압에 맞서 항변한다.
- 시키면 거부하고 자기 생각대로 한다.
- 어린 시절의 믿음과는 다른 영적인 길을 추구한다.
- 파장을 일으키고 현 상태를 뒤엎는데서 보람을 느낀다.
- 인습에 매이지 않고 독립적이며, 자유롭고 창의적으로 생각한다.
- 미국독립혁명 당시에 있었더라면 반란을 이끌었을 것이다.

- 관습적이지 않은 방식으로 일한다.

- 근본적으로 새로운 발상을 문화에 도입하는 변화의 주체다.

- 용감하고 대담하게 옷을 입는다.

- 남들이 덜 간 길을 선택한다.

내 원형으로 들어가기: 〈반항아〉의 힘

.
.
.

   자신을 〈반항아〉로 규정하고 나면 이젠 무엇을 어떻게 해야 할까? 세상에 긍정적 변화를 가져오는데 그 반항에너지를 어떻게 활용할 수 있을까? 여러분의 원형을 오롯이 활용하도록 도울 몇 가지 제안들이 여기 있다.

- **자유로워진다.** 여러분의 〈반항아〉를 꼭꼭 숨겨두고 있었다면, 이젠 풀어줘야 할 때가 되었다. 어떤 것이든 강한 감정을 느끼는 사안(부당한 관행, 동성애자의 권리, 식품안전, 억압받는 언론의 자유)에 태도를 정하자. 그 사안을 드러내고 변화를 가져올 의제를 반드시 설정해야 한다. 다음으로, 목표를 이룰 수 있도록 지원세력을 모은다. 같은 관심사를 가지고 행동으로 옮기는 다른 사람들을 찾아본다.
- **자제한다.** 〈반항아〉들은 성급해지기 쉽다. 무모하게 행동하거나 함부로 입을 열면 여러분이 애써 기울이는 노력에 방해만 된다. 뛰어들어 행동으로 옮기거나 주워 담지 못할 말을 하기 전에, 한 박자 쉬면서 그것의 결과들을 생각하는 법을 배운다.

- **명분 있는 〈반항아〉가 된다.** 의식 있는 반항과 그냥 반응하는 것에는 차이가 있다. 기존 구조를 뒤엎으려는 충동에는 반드시 정당한 목적이 있어야 하고 허투루 쏘아 대는 사격연습이 되어서는 안 된다. 더러는 점진적인 방법이 변화를 가져오는데 가장 좋다. 전략과 계획을 가진 "부드러운" 반항을 해 보자. 천천히 꾸준히 가면 더 많은 사람들이 함께 하기도 한다.

- **(내면의) 혁명을 위한 옷을 입는다.** 어쩌면 여러분은 가두행진이 맞지 않을지도 모른다. 여러분의 반항은 머리카락을 핑크색으로 염색하고, 문신을 새기고, 자신의 "무난한" 옷들을 클럽에서 노는 친구들을 무색하게 할 만한 옷과 바꾸는 것이 될 수도 있다. 망설이지 말고 그렇게 하자. 부끄러워하지 말자. 해방을 위한 하나의 작은 행동이 다른 것으로 이어진다. 여러분은 곧 남들의 인정을 받기 위해 살지 않게 될 것이다.

- **〈반항아〉를 키운다.** 분명 십대들은 반항적이다. 십대들이 하는 모든 것이 독립을 위한 투쟁이다. 하지만 유치원생부터 중학생까지 여러분 가정의 작은 〈반항아〉들은 어떤가? 그들의 반항기질을 부추기거나 잠재워야 하는가? 그것이 그냥 아이다운 고집이거나 여러분의 권위를 시험하려는 것이면, 안 된다. 다 받아주지 말라. 그러나 여러분 슬하에 자유로운 사상가가 자라고 있다고 느끼거든, 그 아이들을 지원해 주자. 여러분의 꼬마 〈반항아〉가 조류를 거슬러 헤엄치고, 정신 나간 옷을 입고, 저녁에 아침밥을 먹더라도 그냥 놔두자. 나중에는 그 아이들이 학교친구들을 모아서 더 건강한 급식을 요구하거나 거

리에서 불공정한 고용에 맞서 시위를 이끌고 있을지도 모를 일이다.

힘은 <반항아> 최고의 친구이자, 긍정적 변화의 원동력이다. 그렇지만 그 힘을 어떻게 얻고 지키고 지혜롭게 사용하는지 알아야 하고, 또 그것을 잃었을 때 무엇을 해야 하는지 이해할 필요가 있다. 여기 힘과 함께 일하기 위한 몇 가지 전략이 있다.

내가 힘을 얻는 방식

- 나를 표현한다. 때로는 엉뚱할지라도 스스로 자유로워져서 나 자신이 될 필요가 있다.
- 여성의 힘을 최대한 활용한다. 여성들은 동등한 권리를 위해 애써왔다. 그런 자유들을 당연하게 받아들이지 말고, 온전히 누린다.
- 위험을 감수하고 대담하게 산다. "수줍은 반항아"는 모순되는 말이다. 과감하게 시도해 보자.
- 다른 이들의 권리를 옹호한다. 여러분은 차별과 억압에 맞서 항변하는 일에 더없이 뛰어나다.
- 큰 무대에서 싸운다. 나만의 의제를 추구하느라 에너지를 허비하지 않는다. 개인관심사보다 더 크고 가치 있는 사안에 덤벼들어 본다.

내가 힘을 잃는 방식(그리고 되찾는 방법)

- 지나치게, 혹은 충동적으로 행동한다. 무모함은 여러분의 명분을 훼손할 수 있다. 요가나 명상수련을 하면 침착해진다.

- 격분한다. 위와 같은 이야기다.

- 절망감으로 행동한다. 뚜렷한 목표들을 가지면 더 좋은 결과를 얻을 것이다. 캠페인은 슬로건이 있어야 효과를 거둔다.

- 반항을 위해 반항한다. 그 에너지를 뭔가 건설적인 곳으로 돌려 보자. 가치 있는 명분을 틀림없이 찾을 수 있다.

- 내면의 <반항아>를 무시한다. 충동을 억누르는 것도 해결책이 아니다. 긍정적인 발산 수단을 찾아본다.

- 인정받지 못하면 발끈한다. 반기를 들었는데도 박수 쳐 주는 사람이 아무도 없는가? 자신에게 박수 쳐 주자.

- 내 반항 행동이 남들에게 어떤 영향을 주는지 보지 못한다. 혁명은 결과가 뒤따르고, 대개 아주 큰 결과를 가져온다. 한 걸음 한 걸음 자신이 하는 모든 행동에 주의를 기울인다.

● ● ●〈반항아〉를 위한 체크리스트

▫ 나는 패션과 생활방식을 실험하면서 내 반항적 충동을 풀어낼 수 있다.

▫ 오늘날 내가 누리는 자유에 감사하고, 용기와 헌신으로 그것을 가능하게 해 준 〈반항아〉들에게 감사한다.

▫ 나와 다른 이들의 권리를 제한하려는 개인, 조직, 또는 정부에 맞설 것이다.

▫ 나는 책임지는 〈반항아〉가 되려고 노력한다. 나는 내가 취하고 싶은 사회적 또는 정치적 행동을 깊이 생각해서 그것이 해롭지 않고 도움이 되게 한다.

▫ 나는 다음과 같은 붓다의 말로 분노의 마음을 가라앉힌다. "증오는 증오로써 다스릴 수가 없는 법. 오로지 사랑으로만 치유되느니."

● ● ● 마지막 조언

〈반항아〉 원형은 여러분에게 열정과 힘을 갖게 해준다. 자신의 이런 부분을 이해하기 바란다. 여러분의 신념을 옹호하려면 엄청난 용기가 필요하지만, 삶에 진정한 목적과 의미를 주는 것은 바로 이런 형태의 용기다.

PART 9

구도자
The Spiritual Seeker

물질세상에서 한발 물러나다

* **원형가족:** 영적인Spiritual

* **다른 표현들:** '신비가', '치유자'

* **삶의 여정:** 영적으로 조화된 인간이 되기

* **고유한 과제:** 영적 · 정서적 · 육체적 욕구들을 통합하는 삶 창조하기

* **보편적 교훈:** 진실이 자유롭게 하리라.

* **타고난 은총:** 겸손

* **내면의 그림자:** "나는 영적이고, 그래서 특별하니까 인생의 평범한 규칙들이 내게는 적용되지 않아." "나는 영적인 길을 가니까 나쁜 일은 일어나지 않을 거야."

* **남성의 경우:** 구도자

* **신화:** "영적인 길을 따르면 가난하고 외로울 거야."

* **행동방식과 특징:** 〈구도자〉는

－직관을 무조건적으로 믿는다.

－내가 정말로 누구인지 이해하고 싶어 한다.

－인생의 진정한 의미와 목적을 찾는다.

－영적 발전의 길에 전념한다.

－영적인 이해를 우선시한다.

－인생에서 물질적 성공 이상의 것을 원한다.

* **생활 속에서의 과제:** 직관지능 일깨우기

삶의 여정

●
●
●

    지난 50년 동안 세상이 변해온 만큼이나 우리 안에서도 큰 변화가 있었다. 이제 우리는 외적인 것을 추구하면서도 내적인 것을 갈망하는 세상에서 살고 있다. 정신과 영혼의 본질을 이해하고 직관지능에 귀 기울이려는 욕구가 생겼다. 인생의 의미와 목적에 관한 질문들을 던지고 있다. 또 온갖 종류의 영적 정보들을 찾고 있다.

    사람들은 대부분 '신비가'를 영적인 또는 수도승 같은 생활방식으로 사는 사람으로 생각한다. 하지만 60년대의 반문화와 뉴에이지운동은 미국 영성의 판도를 재정립하고 또 하나의 원형인 <구도자>가 태어나게 했다. 이들은 전통적인 종교의 한계를 벗어나 동양종교 서적들을 게걸스레 탐독하고, 명상에 잠기고, 또 치유에 영적 차원을 접목한 전일적 건강관리로holistic healthcare 돌아서고 있다. 현대의 '신비가'는 '신비가'의 풍부한 내적 천성과 <구도자>의 현대적 가치관들을 뒤섞은 변종 원형인 '구도자·신비가'로 진화하면서, 인간 영혼의 영속하는 부분과 우리가 사는 시대의 본질적인 부분을 통합하고 있다. 이 두 원형은 영적인 길의 본질을 다시 정의하고 있다.

지금은 지구촌 자체가 새로운 수도원이며, 우리 모두가 힘써 지켜가야 하는 성스런 삶의 영역이다. 바깥세계를 향하는 성향을 지닌 <구도자>는 자신의 내면 존재의 활동을 다스리는 원형인 '신비가'와 더할 나위 없는 짝을 이룬다. 여러분의 <구도자>는 에고 기반의 세상을 더 좋아하고, 여러분의 '신비가'는 여러분의 영속하는 부분에 온 마음이 끌린다.

그런데 이 세 가지 원형들('구도자', '신비가', '구도자·신비가') 하나하나를 특징짓는 것은 무엇일까? 그리고 어떤 식으로든 영적인 삶에 끌린다면, 여러분이 서 있는 곳은 어디쯤일까?

구도자

어떤 독자들은 개인적 위기나 건강 문제를 계기로, 서점에 가서 처음으로 자기계발 서적을 집어 들었거나 인간의 의식 또는 영성을 다루는 강의에 처음 가게 되었을지도 모르겠다. 또 다른 독자들에겐, 세상에 눈에 보이는 것보다 더 많은 것이 있음에 눈뜨게 했던 찰나와도 같은 직관지능의 경험이나 명징한 초월의 순간이 그런 계기였을 수도 있겠다. <구도자> 원형은 여러분 같은 사람들이 비 물질세계에 호기심을 가지면서 발현된다. 그리고 불안하고 불확실한 세상에서 갈수록 많은 사람들이 시인 T. S. 엘리엇의 말처럼 "돌아가는 세상의 흔들리지 않는 지점"을 찾아나서면서 이 원형은 그 중력장을 넓히고 있다.

그러나 이 원형의 이름이 '구도자'이지 '득도자'가 아님에 유의하기 바란다. 정의상 <구도자>는 항상 뭔가를 더 찾고 있다. 뭘 더 찾는다는 걸까? 이 '더'라는 문제는 대개 우리 삶에서 어떤 형태의 혼란을 가장하고서 모습을 드러낸다. 뭔가 예기치 않았던 일이 생기면 느닷없이 우리는 교차로에 서게 된다. 그 시험대는 아마 이혼이나 재정적 어려움 또는 비극적인 상실이나 중대한 건강문제이겠지만, 어떤 것이 오더라도 결국 지금껏 걸어온 인생길이 갑자기 의미 없어 보인다. 여러분이 <구도자> 원형을 가진 사람들 대부분과 같다면, 이 지점에서 어쩌면 처음으로 이런 생각을 하기 시작한다. "내 인생의 의미와 목적은 무엇일까? 지금껏 살아온 것과는 다른 무언가가 있을 거야."

사실 이러한 의문은 의문이라기보다 내가 살아갈 더 깊고 진정한 삶을 보여 달라고 요청하는 기도다. 에고가 창조한 인생을, 보다 의식 있는 개인으로서 살 수 있는 인생으로 바꿔달라고 요청하는 것이다. 티베트 불교의 스승 쵸감 트룽파 린포체Chögyam Trungpa Rinpoche는 제자들에게 이렇게 주의를 주었다고 한다. "내가 해 주고픈 말은 영적인 길을 가지 말라는 것이다. 너무 어렵고, 너무 멀고, 너무 까다로운 길이다. 그래도 해 보겠다면, 끝내는 것이 상책이다."

몇 세기 전의 수도자들은 오랫동안 준비하고 나서야 "저는 어떤 목적으로 태어났나이까?"라고 물었다. 그들은 이 강력한 기도가 이렇게 말하는 것과 같다는 점을 이해했다. "제 삶에서 환영들을 벗겨내소서. 제가 누군지, 그리고 제 어둠과 제 빛을 똑똑히 보게 하소서. 진정으로 사랑할 용기와, 다른 사람을 망가뜨릴 내 안의 힘에 맞설 용기를 주소서."

여러분은 어떤 목적으로 태어났는가? 여러분의 에고는 아마도 매력적인 직장이나 행복한 결혼 또는 다른 어떤 꿈을 이루는 것이라는 답을 좋아하겠지만, 진실을 말하자면 의미와 목적이란 어떤 신비한 힘들이지

통속적 힘들이 아니다. 의미와 목적은 결코 그냥 주어지는 법이 없다. 자신뿐 아니라 남들의 삶을 더 나아지게 만드는 타고난 능력을 찾아내는 봉사의 길을 받아들일 때, 이 선물들은 우리 영혼 안에서 고동치기 시작한다. 영적인 길을 가게 되면 노숙자 신세가 되거나 가난해지거나 아니면 외로울 거라는 두려움은 무척 만연해 있다. 하지만 이런 두려움은 환영에 바탕을 둔 에고의 악몽일 뿐이다. 그럼에도 <구도자>들 일부가 물질적 보상이 주어지는 의미와 목적의 길로 가게 할 정도로 강력한 악몽이다. 그들은 어떤 형태의 위기가 끼어들어 답을 안에서 찾도록 깨어나게 될 때까지 그렇게 한다.

신비가

'신비가'는 '명상' 가족의 구성원 가운데 가장 오래되고 가장 복잡하고 또 여러 가지 면에서 가장 흥미롭다. '신비가' 원형은 여러 개의 면을 가진 프리즘과도 같다. 이 원형은 개인적인 내면 경험을 통해 한 사람 한 사람에게 모습을 드러내므로 하나의 포괄적인 정의로 다 담을 수가 없다. '신비가'는 내면의 안내에 깨어난 사람이고 그것을 절대적으로 신뢰한다. 트룽파 린포체는 제자들에게 이런 말을 자주 했다. "첫 생각이 가장 좋은 생각!" '신비가'에게는 뜻이 딱 통하는 말이다. 근본적 앎의 방식인 섬광처럼 스치는 직관에 본능으로 반응하는 것이다.

순수한 영혼의 느낌으로 마음속에 그런 안내가 뚫고 들어오지만, 두려움과 불안과 오감의 환영들이 뒤죽박죽된 통제패턴 속에서 대부분 그것은 길을 잃는다. 여기서 오감의 환영들이 하는 일이란, 진실에 대한 내면의 지식을 팽개치고 오감으로 보고 듣고 맛보고 냄새 맡고 느끼는 것만을 믿으라며 우리의 눈을 가리는 것이다. 하지만 '신비가'는 내적 감각의 힘에 깨어난 사람이라, 의식을 가지고 마음·물질세계의 환영들로부터 떨어질 수 있다. 그렇다고 늘 이렇게 한다는 말은 아니다. '신비가'도 다른 사람들과 똑같은 인생문제들에 직면한다. 하지만 신비의 길mystical path 또는 신비의식이 가져다주는 것은, 삶에서 무엇이 진짜이고 무엇이 아닌지에 대한 진정한 내적 진실의 감각이다.

신비체험이 '신비가'에게만 국한되는 것도 아니다. 우리는 모두 시간과 공간을 벗어나 상위의식의 드넓은 영역으로 들어가는 순간을 경험한 적이 있다. 그러나 '신비가'들은 주로 이 확장된 의식의 관점에서 삶을 보는 듯하다. 진리를 만나도 인생이 바뀔 것이란 두려움은 일지 않는다. 사실 우리는 진리를 피하기보다는 그것을 구하지 않는가. 마야 안젤루Maya Angelou 같은 시인들에서부터 앨버트 아인슈타인과 스티븐 호킹 같은 과학자들, 그리고 에드거 미첼Edgar Mitchell 같은 우주비행사들에 이르기까지, '신비가' 원형을 지닌 사람들은 두려움을 토대로 하는 평범한 사고방식의 장벽을 뚫고 자신의 직관지능에 깨어났다. 많은 신비가들과 마찬가지로 이런 사람들에게는 인류가 더 나아지도록 헌신하는 일이 진리에 이르는 디딤돌이다.

구도자·신비가

현대 '구도자'와 고전 '신비가'의 만남은 지금의 세상에서 영적 수행을 하는데 두 가지가 모두 필요해서 이루어진 일이다. 내 삶을 바꾸지도 못하고, 내면의 가치관들에 도전하지도 못하고, 신성한 땅을 겸손하게 걷는 법을 배우지도 못하면서, 계속 도를 구하는 것으로는 충분치 않다. 그렇다 하더라도 우리는 세상을 등진 수도생활에 더 이상 부응하지 않는 세상에 산다. 수도원과 아쉬람 담장 안에 은거하면서 기도와 침묵으로 헌신하도록 부름 받은 사람은 얼마 되지 않는다. 동시에 우리는 우리 안의 '신비가'를 흔들어 깨우는 심원한 영혼의 질문을 스스로 던지고 있다. 어떻게 하면 행복할지 궁금해 하는데 그치지 않고, 언젠가는 에고와 영혼의 경계를 산산이 부수는 중대한 질문들을 던지게 마련이다. 혹시 <구도자> 원형을 가졌지만 아직 그 순간이 오지 않았거든, 걱정하지 마시라. 반드시 올 것이다.

'구도자 · 신비가'의 '삶의 여정'은 몸과 마음과 영혼을 의식적으로 통합하여 살려는 노력에 모아진다. 안과 밖이 일치된 사람이라면 진리와 조화롭게 살려고 노력하므로, "말보다 행동으로"라는 격언은 충분히 이원형의 만트라가 될 법도 하다. 일치된 사람은 겉과 속이 다르지 않고, 또는 느낌을 부정하면서 내 진실성을 더럽히지 않는다. 이렇게 일치되려면 내가 느끼는 것과 믿는 것이 서로 손잡아야 한다. 진리와 조화롭게 산다는 것은 비밀을 감추거나 해묵은 상처 뒤로 숨어서 자신이나 남들을 속이지 않는다는 뜻이다. 하지만 일치된다는 것은 하룻밤 사이에 되는일이 아니고, 주말 워크숍에 가서 얻을 수 있는 것도 아니다. 이는 평생에 걸친 여정이자, 일생을 바쳐야 할 노력이다.

'구도자 · 신비가'는 일치된 사람이 되는 '삶의 여정'을 걸어가기에 딱맞는 원형이다. 여러분 안의 <구도자>는 내가 왜 지금의 나인지에 대해 더 많이 알고 또 "내가 정말로 찾고 있는 것이 무엇일까?"와 "나를 진정으로 행복하게 하는 것이 무엇일까?"와 같은 내면의 수수께끼들을 푸는 일에 끌린다. 이런 유형의 의문들이 흔히 영적인 여정의 문을 열어 준다. 또 다른 직장이나 자신을 행복하게 해 줄 거라고 생각하는 뭔가를 찾는 노력의 밑바탕에는 언제나 고동치는 '신비가'의 힘이 있어서, 여러분만의 진리의 길 깊은 곳으로 이끌고 있다. 마침내 여러분 안의 <구도자>는 자신의 내면에 깃든 '신비가'를 알아본다. 내가 누군지, 무엇을 느끼는지, 무엇을 믿는지, 그리고 삶을 어떻게 살고 싶은지에 대해 나 자신에게 솔직할 수 있어야 끝없는 행복을 찾아낼 수 있음을, 직관을 통해 일깨워 주는 그 '신비가'를 말이다.

고유한 과제

•
•
•

오늘날의 '구도자'에게 던지는 질문은 '영혼에 대한 문제들을 인생의 다른 관심사와 가치관 사이의 어디쯤에 놓으려 하는가?'라는 것이다. 여러분이 가는 영적인 길은 취미인가, 지적 호기심인가, 아니면 진정한 헌신인가? 우리 사회는 신비영역을 추론하기를 좋아한다. 돌다리도 두드려봐야 한다. 기도와 묵상을 통해 진정한 신비체험을 해보기보다는 저녁식사 자리에서 우리가 원하는 신의 유형에 대해 토론하길 원한다. 영적인 문헌에는 끌리지만 영적인 체험은 무서워한다. 직관지능과 치유의 은총과 같은 영이 주는 역량과 선물들에 무척 호기심이 일기는 하지만, 대개 기도는 하나의 SOS로 생각한다. 우리는 이런 의사의 말을 얼마나 많이 들었던가. "환자분께 할 수 있는 건 다 했습니다. 이제 남은 건 기도뿐입니다." 이 말의 뜻인즉 이렇다. "의학이 큰일은 다 했으니, 도움 받을 만한 우주적인 힘이 있나 한번 알아보시죠." 우리가 정말로 기도의 힘을 인정한다면 당연히 의료절차가 시작되기 전에 기도했을 것이다. 그것도 담당 의료진들과 다 함께. 그러나 이런 모습은 이상적인 세상에서나 있는 일이다.

오랫동안 나는 온갖 부류의 영적인 사람들을 만났는데, 진짜 '신비가'라고 생각되는 사람부터 내게 이렇게 묻는 사람들까지 실로 다양했다. "실제로 효과가 있는 기도문 좀 추천해 주실래요?" 통역하면 이런 말이다. "비장의 마술이 있으세요?" 기도와 치유를 다뤘던 내 워크숍의 휴식시간에 나는 한 참석자와 자신이 영적 생활에서 구하는 것이 무엇인지에 대해 이야기를 나누었다. 잠시 멍한 표정을 짓던 그 여성은 마침내 이렇게 대답했다. "행복이요. 그냥 행복하게 살고 싶어요." 행복? 그래서 나는 "행복"이 어떤 의미인지 물었다. 그러니까 행복하려면 어떤 것이 있어야 하는지를. 그 여성의 대답은 이랬다. "안전과 동반자요."

800명쯤 참석한 다른 워크숍에서 나는 세 가지 질문을 던졌다. "자신이 영적인 길을 가고 있다고 생각하세요? 그 길에서 구하는 것이 무엇인가요? 여러분에게는 영적 생활이 우선인가요 아니면 그냥 취미인가요?" 거기 온 사람들 대부분이 스스로 영적인 길을 간다고 생각했다. 놀랄 일은 아니다. 그러나 두 번째 질문에 대한 반응들로 보아 다음과 같은 질문을 스스로 던져본 사람이 거의 없다는 점은 분명했다. "내가 구하는 게 뭐지? 온갖 책을 읽고 온갖 강의를 들으면서 내가 실제로 추구하는 게 뭘까? 대체 내가 여기서 무얼 하고 있나?"

그 다음으로 물었다. "영성이나 관련 주제를 다룬 책이 책장에 스무 권 이상 있는 분 손들어 보세요." 거의 모든 참석자들이 손을 들었다. 다시 물었다. "왜 읽는지 모르면서 다른 주제의 책을 스무 권 사실 분은?" 청중석에서 웃음이 터졌다. 내 말이 암시한 것은 그들이 내면 자아와 진정한 영적인 길을 실제로 만나기를 회피하는 수단으로 자신의 지성에 머무르면서, 고의적으로 자신의 마음을 흐리게 하고 있다는 것이었다. 이어서 나는 안전과 동반자를 찾으려고 영적인 길을 간다던 그 여성 이야기를 했고, 몇몇 청중은 자신의 동기 또한 별로 다르지 않다고 인정했다. 재정적 안전, 인생의 동반자, 실패하지 않을 것이란 보장, 그리고 건강.

그래서 나는 오늘날의 많은 <구도자>들이 영적인 길을 건강과 행복과 안정으로 가는 길로 본다는 결론에 이르렀다. 이런 원형의 지도가 가진 결함은, 이들이 진정한 영적인 길의 핵심이 되는 목표들이 아니고 또 그랬던 적도 없다는 점이다. 이는 일상의 삶에서 우리가 원하는 목표들과 더 어울린다. 물질적이고 정서적인 만족을 위한 보통의 목표들. 뭐, 그건 괜찮다. 현실에 발붙이고 사는데 필요한 기본 생존욕구들이니까.

하지만 영적인 길의 목표들은 아니다. 영적인 길은 안으로 초점을 맞춰서 내면의 자질들을 찾아내고 내적 장애물들에 맞서게 한다. 자신의 가치관, 믿음과 자신의 핵심적인 진실과 조율하려면 영적 자아로 돌아서야 한다. 일례로, 스스로 이렇게 물어 보자. "비웃음을 살 거라는 두려움이 내 인생을 얼마나 지배하고 있나?" 이것은 여러분을 존재 깊은 곳으로 데려가는 핵심이 되는 영적 질문이다. 삶을 뒤집어 놓는 질문들은 여러분이 어떤 결정을 내리고 왜 내리는가를 관찰하게 하는 영적인 자기성찰을 시작하라고 손짓한다. 비웃음을 산다는 두려움이 여러분에게 얼마나 힘을 휘두르고 있는가? 이 두려움에 도전한다면 여러분 삶은 어떻게 바뀌는가? 자존감을 더 강하게 키우면 여러분 내면의 안내에 귀 기울일 수 있는가? 영적인 길은 남은 평생을 바쳐야 하는 호된 여정이다. 그 목표는 우리 영혼의 해방이고, 두려움 없이 사랑하고 사랑 받으며 창조적 잠재력을 남김없이 발휘하는 우리 능력의 해방이다.

따라서 '구도자'가 여러분의 원형이라면, 여러분의 길은 안으로 깊이 들어가서 내가 이 세상에 온 이유들을 찾아내고, 다음으로 내 자질과 재능들을 펼칠 용기를 내는 것이다. 혹시 그 길을 따르려면 가진 돈을 다 나누어 주거나 금욕을 위해 섹스를 포기해야 한다고 걱정하는 사람이 있다면, 그런 것들이야말로 낡아빠진 두려움임을 확신해도 된다. 우리가 지금 중세시대를 사는 것은 아니지 않은가.

그래도 역사를 보면, 영적인 길이 물질세상의 삶과는 동떨어진 것으로 보였던 것은 사실이다. 하느님의 영역과 인간의 영역이 있었고, 각각의 규칙들이 있었다. 하느님은 선한 백성만의 신이므로, 우리가 선하고 하느님께 복종하면 우리에게 나쁜 일은 일어나지 않을 거라고 배웠다. 일이 꼭 그렇게만 되지 않는 경우를 빼고는……. 사실 선한 사람들에게도 나쁜 일은 생기고 악한 사람들에게도 좋은 일은 생긴다. 인생은 공평하지 않다. 이 점을 이해하는 것이 여러분의 영적인 길에서 반드시 밟아야 하는 단계다. 자신이 원하는 인생을 찾아나서는 대신, 이젠 인생을 있는 그대로 이해할 길을 찾는 것이다. 진정한 '구도자·신비가'는 삶의 여정에 관한 진리를 찾으면서 이런 질문을 던진다. "신성은 우리에게 스스로 어떻게 드러나는가? 삶의 질서란 무엇인가? 거기에 논리적인 질서가 없다면 내 인생길에서 어떤 신호를 따라야 할지 어찌 알 것인가?"

신성의 본질을 가장 잘 이해하려면, 한결같고 뭇 생명을 다스리고 모든 종교를 초월하는 것, 다시 말해 우주의 신비법칙을 연구하면 된다. 우리가 숨 쉴 때마다 그 안에서 신비법칙이 어떻게 작동하는지 주의를 모을 때, 여러분 안의 '구도자'는 여러분 내면의 '신비가'와 하나가 된다.

예를 들어 "모든 원인은 어떤 결과를 낳는다."라는 인과법칙을 생각해 보자. 삶에 적용해 보면, 우리가 하는 모든 선택이 어떤 결과를 가져온다는 뜻이다. 아무리 사소한 것이든 대단한 것이든, 우리가 하는 선택의 결과들은 결국 일상의 삶에서 세세한 결과로 나타난다. 오늘 누군가에게 내뱉은 말이 10년이 지난 뒤에 나를 괴롭힐 수 있고, 잊은 지 오래인 친절한 행동 하나가 결국 은행 대출담당 직원이 집을 압류로부터 구해 주는 계기가 되기도 한다. 내가 아는 한 남자에게 실제로 일어난 일이다.

그렇지만 또 다른 신비법칙은 이렇게 가르친다. "부분에 들어 있는 것은 전체에도 들어 있다." 한 사람의 행동이 온 세상에 미칠 수도 있는 영향을 생각해 보자. 오사마빈라덴이라는 한 명의 테러리스트가 9 · 11 사건을 일으켜 지구촌의 안전을 영구히 바꿔 버렸고, 그것으로 지구 위한 사람 한 사람의 미래 운명을 바꿔 버렸다.

하지만 여러분 한 사람이 베푼 친절함, 너그러움, 사랑과 용서, 기도의 행동이 인류 모두에게 얼마나 이로운가를 놓고 볼 때 이 법칙은 긍정적 방식으로도 작용한다. 이는 신비적 진리라서, 사실 이 말을 확인할 방법은 없다. 아시시의 성 프란체스코, 아빌라의 테레사, 그리고 루미가 이런 신비법칙을 내적으로 경험한 내용을 자세하게 기술했지만, 이들이 이런 진리를 다른 사람에게 보여 줄 수 있는 유일한 방법은 그들이 살면서 했던 용기 있는 선택이었다. 여러분도 같은 일을 할 수 있다.

보편적 교훈

.
.
.

    다음 질문으로 돌아가 보자. "<구도자>인 여러분이 정말로 구하는 것은 무엇인가?" 여러분이 진실에 편안해지는 방법을 구하는 것이라고 내가 말한다면, 여러분은 뭐라 말하겠는가? 영적인 길을 계속 가면서 언제나 새로운 생각이나 사상을 구하도록 여러분을 밀어세우는 충동에 대해 곰곰이 생각해 보면, 여러분이 더는 진실을 두려워하지 않도록 충분한 힘을 얻을 방법을 찾고 있음을 결국 깨칠 것이다. 개인적 고통의 가장 큰 근원 가운데 하나는 자기배반이다. 자기 자신을 거스르고 있다는 것을 다 알면서도, 생각하거나 느끼는 바와는 다르게 행동하는 것이다. 불행한 결혼에 안주하는 것부터, 가장 가까운 사람에게조차 내 느낌을 털어놓고 말하지 못한다고 느끼는 것까지, 많은 사람들이 크고 작은 자기배반 행동의 끝없는 쳇바퀴 속에서 살아간다. 그들은 거짓말과 환상을 토대로 쌓아온 평생을 산산이 부숴버릴 힘이 진실에 들어있다는 것을 알기에, 진실한 말을 한 마디라도 한다는 것이 두렵다. 그러므로 <구도자>의 교훈은 진실이 자유롭게 하리라는 것을 진정으로 이해하는 것이다.

우리는 진실을 말하지 못하는 이유에 대해 온갖 종류의 구실을 지어 낸다. "누구도 아프게 하고 싶지 않아." "내게 어떤 일이 생길지 몰라." "그냥 가정의 평화를 지키고 싶어." 어떤 구실이 되었든 결과는 같다. 자기를 배반하는 삶이 안전하다고 느껴서 그걸 선택하는 것이다. 변화를 원한다고 말하면서도, 결국 그것이 너무 무서워서 저항한다.

그러나 진실은 변화의 주체이다. 한마디 힘 있고 진실한 말은 여러분 삶의 방향을 바꿀 수 있고, 또 자주 그렇게 한다. '난 여기서 행복하지 않아.' 또는 '다른 사람과 사랑에 빠졌어.'라고 말해 보라. 그러면 여러분의 해묵은 삶은 끝난다. 우리가 자신을 배반하는 한 가지 방법은 진실을 듣고 그 안내를 따르려고 힘을 내기보다는 그것을 회피하는데 더 많은 노력을 기울이는 것이다. 이는 불행한 일이다. 어떤 원형을 타고 났던 우리 모두는 자신을 속이거나 안전을 위해 자신을 더럽히는 일에서 벗어나려는 욕망을 타고났기 때문이다. 우리는 부와 명성을 갖게 되면 마침내 진실을 말할 힘이 생길 거라 생각하지만, 그건 결국 더 무거운 멍에가 된다. 모든 걸 다 잃고서 "드디어 자유로워졌노라."라고 말하는 것을 얼마나 많이 들었던가?

자기 자신에게 진실하지 않으면 일치되는 삶을 살기란 불가능하다. 그렇지 않다면 여러분의 마음에 하나의 의제가, 가슴에는 또 다른 의제가 들어가 있을 것이다. 진실을 대면하지 않으면 자신을 믿을 수가 없으므로 일관될 수 없고 자기 말을 지킬 수 없다. 내면의 진실에 편안해지는 법을 배우는 것은 몸과 마음, 영혼의 건강에 기본이 된다. <구도자>의 교훈은 진실이 자유롭게 하리라는 것이다.

타고난 은총: 겸손

．
．
．

'겸손'이라는 말은 무력함, 가난, 패배의 상황을 암시하므로 대부분의 사람들에게 거부감이 드는 단어일 수 있다. 이런 시각으로 보면 겸손한 사람은 아무런 힘이 없으므로 온갖 중요한 문제들에 마지못해 따를 수밖에 없다. 하지만 겸손은 전혀 그런 것이 아니다. 간단히 말해 겸손은 여러분의 자랑거리, 탐욕, 분노, 또는 오만함으로부터 나 자신이나 남들이 해를 입지 않게 막아 주는 은총이다. 겸손은 하나의 보호막이다. 더없이 험악한 논쟁의 와중에서 이것은 부드러운 목소리로 이렇게 묻는다. "정말로 그런 잔인한 말을 하고 싶은 거야? 그렇게 하면 이 순간에는 이길지 몰라도 영원히 우정을 잃게 될 거야." 겸손은 후회할 말이나 행동을 하기 전에 방을 나가서 마음을 가라앉히고, 진정이 되고나서 돌아오라고 말해 주는 은총이다.

어쩌면 여러분은 이 은총으로 생각할 수 있는 것보다 많은 재앙을 피해 갔다. 그 순간에는 여러분이 졌다고 느낄 수도 있었겠지만, 갑자기 튀어나와 분노나 자랑의 수위를 낮추라고 주의를 주는 듯한 경고의 목소리를 듣지 않았더라면 여러분이 초래했을지도 모를 재앙을 나중에 깨닫고 얼마나 감사해 했던가.

우리 대부분이 가진 문제는 겸손humility의 힘과 비웃음humiliation을 살 거라는 두려움을 구분하지 못한다는 점이다. 겸손과 비웃음은 낮과 밤처럼 다르다. 진정한 겸손은 남들에게 해를 주지 않겠다고 인식하면서 세상을 자유롭게 누비게 해 준다. 이와 반대로 비웃음을 살 거라는 두려움은 내 생각과 행동 하나하나를 통제하는 감옥이다. 많은 사람들이 이런 두려움 때문에 위험을 무릅쓰거나 다른 선택을 하지 못하며 평생을 보낸다.

비웃음을 사지 않으려고 자신을 지키는 것은 정말이지 소모적인 일이다. 이는 여러분이 더 나은 사람이 되거나 세상에 훌륭한 일을 하거나 심지어 정원 가꾸기나 섹스의 단순한 기쁨을 즐기는데 쏟을 수 있는 창조적인 에너지를 서서히 앗아 간다. 생존 지향의 파충류뇌가 여러분의 인간관계를 해치는 피해망상적인 생각들을 끊임없이 뿜어내면서 여러분은 그것에 철저히 휘둘린다.

겸손은 우리를 인류사회에 다시 들어가게 해 준다. 비웃음의 두려움에 얽매이지 않고, 우리 모두가 같은 '삶의 여정'을 함께 하고 있다는 진실을 깨칠 수 있다.

내면의 그림자

· · ·

<구도자>의 어둠의 뿌리는 영적인 오만함, 곧 자신이 영적인 삶을 사니까 특별하다는 믿음에 있다. 자신들의 영적인 삶이 보통사람들이 시달리는 삶의 시련들을 막아 준다는 것이 당여한 귀결이다. 나는 이 원형의 그림자에 사로잡힌 사람들이 이런 말을 하는 것을 들었다. "제대로 된 음식을 먹고 명상을 하고 요가도 하는데 이런 일이 내게 생겼다는 게 도대체 믿어지지 않아요." 그게 어쨌다는 걸까? 유기농식품이 차사고를 막아 줘야 할까? 아니면 무지외반증을?

이런 생각이 새로운 것은 아니다. 영적으로 헌신하는 사람들은 지상에서의 일상적인 삶의 법칙에 지배 받지 않는다는 오랜 믿음의 반향인 것이다. 자신이 얼마나 조심스러운지, 얼마나 기도와 명상을 많이 하는지에 관계없이, 모든 살아 있는 존재들처럼 여러분도 꾸준히 나이들고, 다른 모든 사람들처럼 삶의 현실이 끊임없이 괴롭힌다는 점을 발견하면서, 이런 태도는 당연히 실망으로 이어진다. 여러분에게 영적 수행의 역할은 자연 질서를 초월하는 능력을 주는 것이라기보다는, 그 질서를 따라 흘러가는 법을 배우도록 돕는 것이다.

남성의 경우

.
.
●

<구도자> 원형이 표현되는 방식에 남녀의 본질적 차이는 없다. 남성도 여성처럼 의미와 목적을 찾아나서는 일에 끌린다. 영적 생활을 갈구하는 것이 성별과는 아무런 관계가 없는 것이다.

그렇기는 하지만, 지금의 우리 사회에서 이 원형은 여성의 비율이 훨씬 높다. 이런 분야의 책들 대부분을 사고 컨퍼런스와 강연장의 좌석을 메우는 사람들은 여성이다. (남성이 여성보다 많은 곳이 있다면, 그곳은 선명상 수련장일 것이다. 선의 사무라이 전통으로 지금도 수행에 마초적인 분위기가 풍기지만, 선이 미국인의 생활에 맞춰지면서 그마저도 바뀌고 있다.) 하지만 대체적으로 영성에 있어 성별에 따른 본질적인 차이가 없다면, 이런 질문이 나오는 것도 당연하다. "이런 영적인 행사들에 남자들은 왜 안 보이는 거지? 게다가 왜 남자들은 영성과 개인의 성장을 다룬 책들을 사지 않는 걸까?"

그 대답은 논리 그 자체만큼이나 논리적이다. 우리 사회는 지금도 영적인 길이라 하면 희생과 가난을 떠올린다. 남성들이 뭐라도 영적인 것 (또는 많은 사람들이 "미신"이라 즐겨 부르는 것)의 창문을 들여다볼 때면, 주머니에서 지갑이 증발이라도 할까 두려워 문을 열고 들어가기를 망설이는 것이다. 영적인 길에서는 이익과 권력이 금기시되는데, 월가에서 일하는 남성이 영적인 깨어남을 마음 편히 구할 수 있을까?

그렇기는 해도, 우리 내면의 가치관과 일치하는 일을 선택하고 지구에 해를 끼치지 않는 '바른 생활수단正命'을 지키는 원형패턴이 세상에 모습을 드러내면서, 여성은 물론 남성들에게도, 성공의 길과 영적인 길 중 어느 하나를 선택하는 것이 아니라 두 가지 길을 함께 갈 수도 있다는 생각을 열어 주고 있다. 하지만 주류의 사고방식은 이런 사조를 전혀 받아들이지 않는다. 남성들은 우리 사회가 몸과 영혼, 마음과 가슴, 이성과 직관을 더는 나누지 않을 때까지 영성을 여성의 영역으로, 세상을 자신들이 지배할 곳으로 볼 것이다.

남성들이 안전지대로 생각하는 곳 하나는 요가 분야인데, 서구에서는 요가를 영적 수련보다는 신체 운동으로 보는 까닭이다. 미국에서 요가수련을 하는 수많은 남녀들 가운데 극소수만이, 그것을 성스러운 영역과 관계 맺는 하나의 방법으로 생각하는데 관심을 갖고 있다.

〈구도자〉의 신화

•
•
•

　〈구도자〉 원형의 신화는 영적인 길을 가면 가난하고 외로워진다는 것이다. 앞에서 내가 안심시켜 주려 했듯이, 이런 생각은 천상과 지상, 몸과 영혼을 가르는 오랜 종교적 관점으로부터 이어져 온 것일 뿐이다. 또 이 대립관계의 세속적인 쪽을 선택하는 것은 불행과 파멸로 가는 첩경이라고 많은 사람들이 이야기했다. 부자가 천국에 들어가기란 낙타가 바늘구멍으로 들어가기보다도 어렵다는 가르침을 마음에 새기고 가난을 지고의 미덕으로 여겼던 기독교의 선조들에게 그 중간지점이란 없었다.

　그러므로 영적인 삶을 살고자 했던 사람에게는 궁핍이 기다린다고 믿었다 해도 과언은 아니다. 더군다나 수세기 동안 가난은 아주 부유한 사람들을 제외한 모든 사람의 몫이었다. 자신의 고난을 영적 여정으로 보면 토머스 홉스의 말마따나 "고독하고 빈곤하고 끔찍하고 잔인하고 부족한" 일상의 생계에 의미와 위엄이 부여되는 것이다.

　그런데 놀랍게도 그런 오래된 미신과 사회적 암류暗流가 지금껏 이어지고 있다. 영적인 직업으로 여겨지는 분야에서 일하고 있는 많은 사람들이 자신의 노력에 대해 정당한 수수료를 청구하기가 어렵다고 느낀다. 마찬가지로 그들의 고객들도 영적인 가르침은 무료로 주어야 한다는 생각으로 정당한 대가를 치르기를 망설인다. "내가 변호사나 CEO였다면 억대 보수를 받는다 해서 뭐라 할 사람이 없을 거예요." 영적 상담을 하는 한 여성이 내게 말했다. "사람들은 자기가 치를 수 있는 만큼 내가 청구하길 바라죠. 내가 벌어야 할 만큼은 아니에요."

영성을 금욕, 고립, 외로움과 관련짓는 것은 두려움을 바탕으로 하는 또 하나의 연관성을 갖고, 이 또한 역사적인 뿌리가 있다. 예로부터 수도생활은 금욕생활이고, 많은 교단이 늘 또는 일정한 시간에 침묵하는 규율을 지킨다. 수도자가 아닌 사람도 영적인 길을 따르기로 선택하면 친한 친구들과 동료들과의 사이가 껄끄러워질 수 있다. 그들은 "너무 종교적"이라고 생각되는 사람 곁에서는 불편함을 느낀다. 내 친구 하나가 자신의 선명상센터에서 오랫동안 수행했던 한 남자 이야기를 들려주었다. 대기업 제약사의 수석 부사장인 그는 휴가 기간에 선수련회에 참가했다. 하지만 그는 회사를 다닌 지 25년이 넘었는데도 자신이 어디에 가는지 비서 말고는 아무에게도 말하지 않았다.

그렇지만 이제 우리는 영적이면서도 감각적이고 또 경제적 능력도 함께 갖춘 미래의 원형에 대한 실마리를 보기 시작한다. '구도자'와 '신비가'들은 대부분 수도생활에 더 이상 끌리지는 않지만, 원형적으로 가난과 금욕이라는 신화와 관련짓는 사고방식에서 아주 벗어나지는 못했다. 하지만 현대의 <구도자>는 옳은 방향으로 가고 있다. 이 원형을 가진 여러분은 세상 안에서 살도록 되어 있다. 영적인 고립 속에서 세상을 등지는 것이 아니다.

생활 속에서의 과제

•
•
•

영적인 길은 안으로 들어가는 여정이다. 여러분이 읽는 모든 자기계발 서적, 참석하는 모든 세미나, 날마다 하는 모든 명상이 여러분의 내적 자원들을 일깨운다. 특히 직관이 무척 활발해진다. 직관 또는 직관 지능은 정묘한 능력인데, 주위의 에너지장에서 자료를 끌어 모아 생각, 느낌, 감정, 심상, 그리고 "육감"으로 바꾸어준다.

영성 분야에는 직관에 대한 많은 오해가 있다. 그러나 분명히 말하지만 직관은 예측이나 독심술이 아니다. 미래를 내다보고 다른 사람들이 어떤 생각을 하는지 말해 주거나 잘못된 투자로부터 지켜 주는 기술이 아니다. 직관이란 여러분을 내적 균형 상태에 있게 하려고 존재하는 내장 안내시스템이다. 직관은 우리의 행동, 건강, 정서반응들을 모니터링 하면서, 뭔가가 우리를 벗어나게 할 때 어떻게 하면 균형 상태로 다시 돌아가는지를 알려 준다. 머릿속을 날뛰기 일쑤인 뒤죽박죽된 생각들과는 달리, 직관은 진실을 전하는 내면의 섬세한 목소리로, 그냥 어떤 느낌으로 오기도 한다. "그건 먹지 마, 네게 좋지 않아." "그 말에 사과해, 넌 저 사람의 감정을 상하게 했어." "일어나서 운동해, 건강에 좋으니까." "왜 그런 말을 했어? 그렇지 않아."

직관의 목소리는 진실의 목소리다. 만일 직관이 전하는 진실을 듣거나 느끼거나 감지하려 들지 않는다면, '영적인' 원형에겐 괴로움과 스트레스의 근원이 될 수도 있다. 직관을 꺼버리는 방법은 수도 없다. 몇 가지만 들자면 과식, 약물, 알코올, 시끄러운 음악, 바쁜 일, 떠들썩한 소리, 잠, 우울함 같은 것들이다. 하지만 진실을 침묵시킬 수 있는 것은 없으므로, 직관을 영원토록 입 다물게 할 수는 없다.

그러므로 <구도자> 원형에게 도전이 되는 일은 자신의 직관지능을 흔들어 깨우는 것이다. 진실을 오롯이 껴안고 그것에 따라 행동하겠다고 결정하는 순간, 마치 자기 스스로 만든 지하 감옥에서 풀려난 것처럼 더 가볍고 자유로운 느낌이 들 것이다. <구도자>의 보편적 교훈이 "진실이 자유롭게 하리라."이다. 그리고 진실에 이르는 길은 여러분의 직관이다.

내 원형 알아보기:
나는 '구도자'나 '신비가'일까?

⋮
●

사실 누구나 '구도자'와 '신비가' 원형을 갖고 있다. 살면서 인생의 목적에 대해서나 우리 삶에 영향을 미치는 더 높은 차원의 우주적 힘이 있는지 의문스러워하지 않는 사람은 없기 때문이다. (무신론자들조차 그런 힘이 존재한다는 것을 부인하느라 열심이다.) 그런데 혹시 의미에 관한 의문들이 자신의 삶을 온통 차지한다면, '영적인' 가족의 구성원 중 하나가 내 일차적 원형이라고 맘 편히 결론지어도 되겠다.

그러면 여러분의 원형은 어떤 것일까? '구도자'일까, '신비가'일까, 아니면 둘의 변종일까? 혹시 '구도자'라면 여러분에게는 '신비가'의 길을 걸어갈 잠재력이 있다. 하지만 더 심원한 삶을 살고 싶다는 열망이 있는가? 우리들 중 대다수는 진정한 '신비가'의 의식 수준에 닿으려면 어림도 없지만, 우리 가운데 '신비가'들은 분명히 있다. 또 그들이 우리의 삶에 광채를 띠게 할 때 그들을 알아볼 수 있다. 그게 아니라면 여러분은 두 원형이 섞인 '구도자 · 신비가'의 길을 걷는다고 느낄 것이다.

'구도자'와 '신비가'의 행동방식과 특성들에 자신이 해당되는지 한번 확인해 보기 바란다.

'구도자'의 행동방식과 특징들

- 지금이 만족스럽지 않고 삶에서 더 이상의 것을 갈구한다.

- 행복과 건강을 갈망한다.

- 새로운 인생의 방향을 찾고 있다.

- 내가 정말로 누구인지에 대한 통찰을 얻고 싶다.

- 인생의 의미와 목적을 찾느라 여념이 없다.

- 물질계 너머의 다른 차원들이 궁금하다.

- 영성 또는 철학 사상에 관한 책을 자주 읽는다.

- 의식이나 영적 주제들을 다루는 워크숍과 세미나에 나간다.

- 어떤 형태의 영적 수련을 시작했거나 그렇게 하려는 생각을 하고 있다.

'신비가'의 행동방식과 특징들

- 언제나 진실을 듣고 말하고 또 그에 따라 행동하기를 두려워하지 않는다.

- 영적인 스승과 함께 공부하고 있다.

- 다른 무엇보다도 내적인 삶의 질을 소중하게 여긴다.

- 안전과 물질적 관심사들보다 영적인 이해를 우선시한다.

- 내 직관을 신뢰한다.

- 물질세상으로부터 물러날 수 있다.

- 영적인 힘들 앞에 겸손해진다.

- 영적 발전의 길에 헌신한다.

- 어떤 형태의 기도, 명상이나 요가를 꼬박꼬박 한다.

내 원형으로 들어가기:
〈구도자〉의 힘

⋮

우리 가운데 일부는 '신비가'의 길을 걷는다. 또 일부는 바라기만 한다. 그러나 내면의 '신비가'를 키워나가는 일은 평생이 걸리는 과정이지, 구체적인 목표는 아니다. 내면의 탈바꿈을 위해선 오랜 기간의 노력이 필요하다. '신비가'들은 여기에 대단원, 곧 도착지가 없다는 것을 안다.

여러분이 〈구도자〉이면서 영적 생활을 막 시작했다면, 여기 첫 경험을 하는데 도움이 될 만한 몇 가지 제안들이 있다.

- **자신이 있는 곳에서 시작한다.** 영적인 길은 바로 지금, 바로 여기, 자신이 있는 곳에서 시작해야 한다는 것은 자명하다. 여러분은 다음과 같은 몇 가지 기본 질문들에 답하는 것으로 안으로의 여정을 시작할 수 있다. 여러분은 자신이 〈구도자〉라고 생각하는가? 영적인 길에서 무엇을 구하는가? 여러분에게는 영적 생활이 우선하거나 취미 이상의 것인가? 여기에 대답할 시간을 가져 보자. 오늘 하루, 혹은 일주일 내내 생각해 보아도 좋다. 진솔하게 대답하는 것이 중요하다. 이 질문들 하나하나를 곰곰이 생각하면서 올라오는 생각과 느낌들을

깊이 들여다보고 진심으로 탐구해 본다.

- **기꺼이 바꾸려 한다.** 변화를 좋아하는 사람은 없지만, 우린 늘 그렇게 한다. 영적인 여정이 나를 어떻게 바꾸고 있는지 생각해 보자. 오늘의 여러분은 누구인가? 작년과는 어떻게 다른가? 5년 전과는? 그리고 10년 전과는? 여러분이 하고 있는 선택들을 생각해 보자. 그것들이 오늘의 여러분에게 도움을 주는가? 여러분이 맺고 있는 관계를 바꿔야 하는, 아니면 아주 버려야 하는 사람, 장소, 일, 활동들이 있는가? 여러분이 나아가는 과정에서 정서적으로나 물질적으로나 자신을 어떻게 뒷받침할 수 있는가?

- **진실을 말한다.** "당연히 나는 진실하죠." 여러분은 아마 스스로 이렇게 말할 것이다. 하지만 영적인 진실은 여러분이 어젯밤 어디에 있었는지 어머니께 사실대로 말하는 것과는 다르다. 그럼에도 심원한 진실로 가는 길은 여러분이 일상생활에서 내리는 선택들에 있다. 남들에게 진실을 말한다는 것은 나 자신에게 진실해지는 것이다. 여러분은 태어날 때부터 진실을 안다. 자기 내면의 목소리에 귀 기울이면 그것과 이어지기 시작한다.

- **겸손해진다.** 겸손이라는 은총은 키워나갈 수 있다. 이 일은 비웃음에 대한 두려움이 자신을 어떻게 통제하는지 관찰하는 것으로 시작한다. 그런 두려움이 생기면 하던 말을 멈추고, 당신에 대해 너절한 생각을 할 만한 사람이 있는지, 혹여 당신이 던진 농담이 썰렁했다면 뒷담화 트윗을 날릴 만한 사람이 있는지 방안을 훑어보라. 아무도 웃지 않은들 또 어떤가? 내일쯤이면 여러분 말고 누가 그걸 기억하겠

는가? 피해망상을 키우지 말고 자신에게 이런 진실을 말하라. '나 말고는 아무도 날 보고 있지 않다.'

- **신성한 도움을 불러낸다.** 기도를 해 본 적이 없다면 시도해 보자. SOS가 아니라 신성한 영감으로 가득 찬 상위의 자아와 대화한다는 생각으로 한다. 애인이나 메르세데스 벤츠를 달라고 비는 시간이 아니다. 지금은 직관의 안내를 받는 통로를 여는 시간이다. 기도의 요령을 이해하고 나면 그것이 구조 요청과는 비교도 안 될 무한한 보람을 준다는 점을 알 것이다.

구하는 삶(구도자)에서 신비적 삶(신비가)으로 옮겨갈 준비가 되었을 때 몇 가지 생각해 볼 점들이 있다.

- **큰 질문을 묻는다.** 신비의 길에 작은 질문이란 없다. 한 마디로 된 답도 없다. 시간을 내서 다음 질문을 깊이 생각해 보기 바란다. 여러분은 진정 영적으로 발전하고 싶은가? 다른 무엇보다도 여러분의 목적을 찾아내고픈 열망이 있는가? 뭔가 더 깊은 것을 위해 지금의 삶을 기꺼이 등질 수 있겠는가? 여러분 안의 빛과 어둠을 모두 자각하는 더 의식 있는 사람이 될 준비가 되었는가? 내 영적 발전에 온 마음을 다해 헌신할 수 있는가? 이 질문들을 영적 수행 삼아 묵상하면서 무엇이 열리는지 경험해 보기 바란다.
- **겸손 2.0.** 겸손은 우리에게 늘 부족한 은총이다. 겸손은 우리가 인류 공동체의 한 부분이라는 느낌을 준다. 겸손은 자만심의 독성을 중화

시킨다. 오래 된 분노나 마음의 고통을 품고 있다면, 나 자신을 포함해 거기 관련된 모든 사람을 이해하는 마음으로 그런 기억들을 헤쳐나가자. 나 자신의 고통도 객관적으로 보자.

- **'신비가'를 먹여 살린다.** '신비가'들은 고사리와 공기로 살지 않는다. 영적 수행이 여러분의 먹을거리다. 지금 어떤 형태의 묵상을 하고 있지 않다면, 마음에 끌리는 것을 찾아 꼬박꼬박 해 보자. 가만히 앉아 있는 것이 맞지 않으면 루미가 했던 움직임 명상도 좋다. 루미는 빙글빙글 돌면서 신을 찬양하던 수피교의 데르비시(이슬람의 금욕생활을 하는 수도승-옮긴이)였다. 아니면 춤을 추거나 요가를 하거나 태극권도 좋다. 한 가지에 마음을 모으는 집중력을 기르는 것이 요점이다. 초점을 좁힐 때 온 우주가 열린다.

- **매트를 깐다.** '신비가'들에겐 성찰을 할 조용한 장소도 필요하다. 집안 한쪽에 공부와 명상, 요가를 위한 공간을 마련하고 거기에 방석이나 의자 또는 매트를 갖다 놓자. 촛불과 꽃도 좋다. 금세 흥미를 잃고 마는 뉴에이지 운동으로 만들지는 말라. 그곳을 자주 이용해서 에너지를 쏟자.

- **세상에 머문다.** 현대판 '신비가'는 산속에 은둔하지 않는다. 그러면 어떻게 세상에 두 발을 딛고 있을까? '신비가'의 지복은 온전히 지금에 있고, 여기서 일어나는 일에 오롯이 열려 있다. 일이든 놀이든 섹스든, 길거리에서든 집안에서든, 소음이든 고요함이든, 슬픔이든 기쁨이든…….

영적 헌신은 힘을 북돋는다. 자기발견을 하면 자신의 잠재력을 남김없이 실현하는 능력을 얻는다. 어떻게 하면 힘을 얻고 또 그것을 잃었을 때 어떻게 되찾을 수 있는지 알아보자.

내가 힘을 얻는 방식

- 자아성찰을 우선시한다.
- 모든 문제에 있어 내면의 목소리를 안내 삼아 귀 기울인다.
- 스스로 알아차린 진실을 이야기한다.
- 실패를 영적 성장의 기회로 삼는다.
- 두려움, 분노, 그리고 영적인 진실을 거슬러 안주하고픈 욕망과 같은 내면의 장애들에 맞선다.
- 우주의 신비 법칙을 공부한다.
- 모든 선택, 모든 행동에는 결과가 따른다는 것을 기억한다.

내가 힘을 잃는 방식(그리고 되찾는 방법)

- 영적이라는 것이 안전하게 해 준다고 믿는다. 다른 모든 사람들처럼 여러분도 인생의 기복을 피할 수 없다는 점을 떠올린다.
- 나 자신을 배반한다. 내 믿음과 가치들을 가장 중요하게 지킨다.
- 어수선하게 산다. 머리를 비우고 일터와 사는 공간을 잘 정돈한다.
- 자기계발 서적에 사로잡힌다. 이제 내면의 안내에 귀 기울인다.
- 영적인 길을 물질적 성공의 길로 착각한다. 옳은 길이지만 틀린 여행이다. 영적인 여정은 안으로 향하는 것이다.
- 영적인 삶을 살면 외로울 거라 두려워한다. 길을 떠나면 같은 길을 가는 영적인 친구들이 나타날 것이다.

● ● ● '구도자'와 '신비가'를 위한 체크리스트

□ 나는 영적 자각을 최우선시한다.
□ 나는 세상에 있으면서 영적 진리를 따라 살 수 있다.
□ 내가 하는 선택들에 세심한 주의를 기울인다.
□ 나는 어쩌다 읽은 자기계발 서적이 아닌 내 직관의 안내에 의지한다.
□ 나는 영적인 길을 부나 명성을 위한 길로 착각하지 않겠다.

● ● ● 마지막 조언

우리 세상에는 '구도자'와 '신비가'들이 필요하다. 영적 진리의 길을 추구하기에 가장 좋은 시대는 바로 지금이다. 나를 알고 내 운명을 실현할 용기를 내 보자. 깨어난 사람 한 명 한 명이 많은 이들에게 영감을 불어넣을 수 있다.

PART 10

비저너리
The Visionary

나는 영감과 상상력의 원천이다

* **원형가족:** 비전

* **다른 표현들:** '기업가', '혁신가', '선구자'

* **삶의 여정:** 미래를 지금으로 가져오기

* **고유한 과제:** 결실을 볼 만큼 오랫동안 새로운 비전에 전념하기

* **보편적 교훈:** 아무리 크거나 작더라도 자신의 비전을 믿고 사람들의 삶을 바꾸는데 창
  조적 잠재력을 사용한다.

* **타고난 은총:** 용기

* **내면의 그림자:** 가능한 최악의 결과들을 상상하느라 비저너리의 힘을 오용한다.

* **남성의 경우:** 비저너리

* **신화:** 비전 찾기 vision quest, 미래주의, 델포이의 예언자

* **행동방식과 특징:** 〈비저너리〉는

— 관습적인 기대치와 규칙들에서 벗어난다.

— 변화의 주체로 활동한다.

— 꿈에서 받는 안내에 의지한다.

— 미래를 내다보고 가능한 일을 본다.

* **생활 속에서의 과제:** 인류를 위한 새로운 가능성들을 꿈꾸며 미래를 현재로 가져오기

삶의 여정

·
·
●

<비저너리>는 미래를 내다보는 일, 다시 말해 무엇이 가능하고 미래에는 어떤 것이 떠오를지를 상상하는 일에 끌린다. <비저너리>들에겐 우리 삶에 개인적으로나 집단적으로나 쉼 없이 작용하는 두 가지 힘을 감지하는 특별한 능력이 있어서다. 바로 가능성과 개연성이다. <비저너리>들은 사업과 재정, 사회정의, 의학, 과학, 디자인, 패션과 같은 사회의 모든 영역에서 변화하고자 하는 충동들을 감지한다. 이 원형을 가진 사람들은 인류의 운명을 빚어가는 새로운 발상을 한다. 미국은 생명, 자유, 행복과 같은 결코 빼앗길 수 없는 권리들을 믿으며 이전의 그 어떤 것과도 다른 민주정부를 위한 틀을 만들어낸 정치적 <비저너리>들이 세웠다. (그래서 <비저너리>와 '숭고한 반항아'들은 밀접한 관련이 있다.) 독립선언문에 적혀 있듯이 그들은 이 권리들이 "창조주에게서 부여받은" 것이라, 부인되어서도 빼앗길 수도 없다고 믿었다.

<비저너리>들은 변화의 원동력으로 여겨지며, 더 나은 세상을 만드는데 필요한 필수적인 요소 몇 가지를 세상에 제공한다. 영감, 동기부여, 그리고 어쩌면 무엇보다 중요한 미래에의 희망이다. <비저너리>

원형은 전통적인 체계에 한계를 느끼고, 관습적인 규칙과 제약들을 답답해하며, 익숙한 방식으로 일하는데 숨 막혀 한다.

<비저너리>는 많은 유형들로 나타나는데, 《침묵의 봄》이라는 걸작으로 지구의 위기를 경고했던 환경주의자 레이첼 카슨 같은 인물부터, 수십 년 전에 에너지효율이 높은 주거의 필요성을 느끼고 그 유명한 지오데식 돔geodesic dome(구의 형태에 가장 가까운, 정십이면체를 분할해 만든 돔 구조물-옮긴이)을 설계하고 환경건축의 길을 닦은 <비저너리> 건축가 버크민스터 풀러Buckminster Fuller에 이르기까지 다양하다. 캠브리지 대학의 생물학자 루퍼트 쉘드레이크Rupert Sheldrake는 살아 있는 생명체는 주위에 의식에너지장을 방사한다는 <비저너리>적 이해를 바탕으로 형태공명morphic resonance 분야를 주류과학에 도입했다. 쉘드레이크의 이론들은, 원형들이 우리의 삶을 빚는 심리적 패턴임을 세상에 알렸던 <비저너리> 정신과 의사 칼 융이 중시한, 인류가 하나의 집단무의식을 공유한다는 개념에 신빙성을 더해 주었다.

페미니스트의 우상 글로리아 스타이넘, <코스모폴리탄>지의 전직 편집장 헬렌 걸리 브라운Helen Gurley Brown은 여성들에게 그들의 힘을 만나라고 영감을 불어넣었던 의심할 나위 없는 <비저너리>들이다. 그 힘이 급진적이든, 신체적이든, 성적이든, 아니면 기업과 관련된 것이든 상관없다. 이들의 메시지는 여성들에게 선택권이 있다는 것이다. 이들은 여성들이 단순한 생물학적 특성보다는 자신의 창조적 에너지를 바탕으로 생활방식을 스스로 결정할 수 있는 세상을 꿈꾸었다.

마이크로소프트의 빌 게이츠와 페이스북의 마크 주커버그 같은 새로운 미디어 <비저너리>들은 기술과 소셜네트워킹에서의 공헌으로 세상을 뒤바꿔 놓았다. 오프라 윈프리는 사람들의 삶을 탈바꿈시킨다는 비전을 중심으로 하나의 미디어제국을 세웠다. 오프라가 남아프리카에 세운 소녀학교는 자신의 <비저너리> 정신을 행동으로 옮긴 일례일 뿐이다.

마틴 루터 킹 주니어는 차별 없는 미국이라는 비전을 품었고, 45년 뒤에 우리는 아프리카계 미국인 대통령을 선출했다. 영화배우 폴 뉴먼은 <비저너리>이면서 '기업가'이기도 했다. 뉴먼은 '뉴먼스오운Newman's Own'이라는 회사를 차리고 직접 만든 샐러드드레싱과 자연식품을 판매하고 수익금 전액을 불치병 아이들을 위한 캠프를 비롯해 여러 자선단체들에 나누어 주는 사회적 기업의 새로운 모형을 보여 주었다.

이들 중 자신의 비전이 세상을 바꾸는 성공담으로 발전하리라 생각했던 사람은 아무도 없다. 혁신은 성공을 보장하면서 오지 않는다. 비전과 위대한 발상이라는 쌍둥이는 우주가 주는 선물인 힘의 씨앗들이다. 그 씨앗을 심어 가꾸고, 그것으로 풍요로운 수확을 얻으리라는 희망을 품는 일이 <비저너리>의 몫이다.

흔히 <비저너리> 원형이라 하면 앞에서 말한 것처럼 비범한 인물들을 떠올리지만, 이 원형을 가진 사람들 대다수는 단연 평범한 사람들이다. 어떤 일이 가능하고 어떻게 하면 세상을 바꿀 수 있는지에 대한 비전이 십억 달러짜리 기업으로 성장하거나 혁명을 일으키지 못할 수도 있다. 그러나 소박하더라도 새로운 가능성에 대한 착상은 일상의 삶을 전혀 새로운 방식으로 생각하는 창조적 방법들을 보여 주므로, 강력하고 경이롭다.

　이 분야에서 오랫동안 강의를 해온 나는 사람들이 자신의 인격을 빚는 힘의 패턴들을(모두 그들의 원형에 뿌리를 둔다.) 대수롭지 않게 여기는 경향이 있다는 것을 안다. 특히 <비저너리>들은 이렇게 생각하며 그들의 가장 뚜렷한 능력을 어느 정도는 묵살해 버린다. '뭐, 별 거 아냐. 그런 착상은 늘 떠오르거든.' <비저너리>들에게 착상은 짧고 강렬하게 오고 또 그들은 삶에 숨어 있는 잠재력을 워낙 빠르게 알아차리므로, 자신이 하는 생각을 다른 사람들도 다 하지는 않는다는 점을 알아차리지 못한다. <비저너리>는 어떤 착상에 강한 흥미를 느꼈다가도 어느새 또 다른 착상에 눈을 돌리므로 처음 것에 관심을 잃어서, 하나의 대단한 착상에 깃든 잠재력이 온전히 드러나도록 하는데 필요한 만큼의 주의를 기울이지 못한다.

　어쩌면 여러분은 자신의 그런 단면을 알아채지 못할 수도 있다. 여러분을 이끌어서 여러분이라는 사람이 되게 하는 것에 대해 생각도 못 해 봤을 것이다. <비저너리>는 인습적이지 않고, 자발적이며, 인생이 끝없는 가능성이라는 철학에 끌리는 자유분방한 몽상가다. 여러분의 상상력은 사물이 어떻게 되어갈 수 있는지, 또는 적당한 순간이 찾아오면 자신이 무엇을 할 수 있는지를 끊임없이 마음속에 그린다.

　원대한 계획을 꿈꾸느라 바쁘지 않을 때는, 여러분 안의 <비저너리>가 아주 민감한 자신의 천성을 통해 스스로 표현된다. 여러분이 사람들 틈에 섞여 있으면 주변 환경에 열심히 맞추느라 마치 자신이 압력솥 안으로 떨구어진 것처럼 느낀다. 그럼에도, 여러분은 늘 따르지는 않을지언정 직관의 안내를 신뢰한다. 여러분이 직관적 본능을 살아 있는 나침반으로 삼아 아주 깊이 의지하면서, 자신이 받는 예감과 안내에 따라 행동하려고 의식적으로 선택할 필요가 있다는 뜻이다. 직관이란 우리 모두가 가진 능력이므로 이는 모든 원형에 해당되는 말이다. 하지만 <비저너리>에게 직관은 창조적 발상의 원천이며 가장 많이 의지하는 자산이다.

　직관적으로 통합된 삶을 산다는 것은 우리의 현실 속에서 때로는 하나의 도전이 될 수 있겠지만, <비저너리>는 이성적 사고와 직관의 균형을 잡으려고 부단히 애쓴다. 여러분이 <비저너리>라면 직관 자아에게 보살핌과 홀로 있는 시간이 정기적으로 필요하다는 점을 기억해야 한다. 자신의 직관과 의식마음 사이의 통로를 깨끗하게 비워놓으려면, 여러분이 생각하는 것보다 더 많은 시간을 성찰하는데 써야 한다. 이 통로는 비전과 위대한 발상들이 지나다니는 고속도로이므로, 고요히 있으면서 귀를 기울이는 법을 반드시 배워야 한다.

　"전형적인" <비저너리>란 있을 수가 없긴 하지만(이 원형을 가진 사람들은 겉보기에 각양각색이다.) 이들에겐 공통적으로 생애 초기에 미래와 변화의 주체가 되는 영혼의 여정에 끌리게 한 몇몇 아주 구체적인 특징들이 있다. <비저너리>의 '삶의 여정'이 새로운 가능성들을 꿈꾸는 것이므로, 이들은 아이 때 아웃사이더인 경우가 많다. 십중팔구 여러분은 남들에게 자신을 끼워맞추지 못한다는 느낌 속에서 어린 시절을 보냈을 것이다. 그 무렵 자신의 세상이 아무리 좁았다 해도 아마 다른 누구와도 다르게 세상을 보았을 것이다. 어렵고 외로웠겠지만, 그 시절은 여러분에게 예정되어 있던 <비저너리>로 만들어 주었다. 자신을 끼워맞추지 못한다는 것은 어른이 되어서 더없는 자산이 된다. <비저너리>에겐 자신만의 관점이 있어서, 남들에게 끼워 맞춘다는 것은 솔직히 말해 내 방식을 속박하는 것이다. (그럴 수도 있다는 말이 아니다. 자기가 <비저너리>라고 내세우지만, 고등학교 시절 축제여왕인 홈커밍퀸homecoming queen이었노라 말하는 사람이 있으면 데려와 보라. 나라면 그 사람에게 더 잘 들어맞는 다른 원형을 찾아보라고 충고해 줄 것이다. 그런 여성에게는 '여왕'이 더 맞는 출발점일 수도 있다.)

어른이 된 <비저너리>는 상상력과 새로운 발상에 이끌린다. 이들은 가정이든 직업이든 인생 전체이든, 자신의 환경을 잠재력이란 관점에서 새로운 방식으로 생각한다. 솔직하게 답해 보자. 어떤 식으로든 자신의 새로운 모습, 그러니까 다른 곳에서 다른 삶을 사는 자신을 꿈꾼 적이 얼마나 되는가? 또는 지금의 환경을 머릿속으로 설계한 계획에 따라 꾸민다면 어떻게 보이고 또 어떤 느낌이 들까를 생각해 본 적은? 혹은 색다른 사업을 구상했을 수도 있다. <비저너리>들은 삶에서 무척 많은 가능성을 보고 그것들을 살리고 싶어 안달한다. 이 원형이 없는 사람들의 눈에는, 쉴 새 없이 벽을 다시 칠하고 가구를 이리저리 밀고 다니고, 옷장을 뒤집고, 새로 꾸민 기발한 실내장식에 맞도록 머리를 염색하는 여러분이 우유부단하거나 변덕스럽게 보일 수도 있다. 안정적인 일자리를 찾지 못하는 여러분을 무책임하다고 생각할지도 모른다. <비저너리>들은 대체로 기존의 직업 중에서 구하지 않고 자신만의 직업을 스스로 창조하려 한다.

<비저너리>들은 어떤 것이라도 있는 그대로 가만두지를 못한다. 이들에게는 자신이 마주치는 모든 사람과 사물에 숨은 잠재력을 풀어헤치려

는 주체할 길 없는 충동이 있다. '음……, 이 오래된 소파나 탁자를 어떻게 바꿀 수 없을까?'라며 머리를 긁적이던 <비저너리>는 몇 초 만에 머릿속에서 초현대적 기하학 패턴으로 천갈이를 한 소파와 강렬한 빨간색으로 다시 칠한 탁자를 본다. 한 여성이 낡고 오래된 4인용 탁자와 의자들을 활용할 방도가 없을까 고민하다가 그것들을 친구 집에 가져갔다. 그 탁자는 허리를 묶은 꽃다발처럼 보이는 모래시계 형태의 연철 받침대 위에 둥근 유리를 올려놓은 것이었다. 타고난 <비저너리>인 친구는 대뜸 탁자의 잠재력을 알아보았다. 그 친구는 예술학교에 다니는 한 여학생에게 그 탁자를 새로 칠할 창의적인 방법을 찾아 주면 시카고미술관에서 열리는 강좌에 가도록 참가비를 보태 주겠다고 제안했다. 여학생은 자신에게 일을 맡긴 <비저너리>가 열렬한 정원가라는 사실을 알고는 의뢰인의 정원으로 가서 꽃들의 색상을 모두 살폈다. 그런 다음 의자 하나하나를 서로 다른 꽃들의 색조로 칠하고, 탁자 받침은 여러 가지 초록색 색조로 칠했다. 그것은 마치 화관을 두른 꽃다발 같이 보였다.

<비저너리> 친구를 위한 기발한 예술작품이 만들어졌을 뿐 아니라, 요정이 등장하는 동화를 쓰고 있는 맨 처음 의뢰인을 이렇게 감탄하게 만들었다. "평범한 예술작품이 아니야. 아름다운 요정나라 정원에 놓인 요정의 탁자잖아. 이제 내 눈에 보여. 내가 쓰려고 했던 책 내용에 완벽하게 맞는 이미지야." 한 여인의 비전이 다른 사람에게 영감을 주고 이것이 또 다른 사람에게 영감을 준 것이다. 이것이 바로 <비저너리>가 가진 상상력의 힘이다.

내가 아는 한 여성은 전혀 다른 종류의 <비저너리>인데, 그녀는 그

누구보다 부동산의 숨은 잠재력을 찾아내는데 탁월한 재능을 가졌다. 그녀가 처음부터 이 일을 한 건 아니었다. 언젠가 도시계획을 배울 기회가 왔을 때 그녀는 한 번 시도해보기로 작정했지만 학비가 없었다. 그녀는 대학원 학비를 벌기 위해 부업으로 파스타를 만들어 팔기로 했다. 그녀는 자신이 유명한 이탈리아 요리사라 상상하며 자신의 재능을 펼쳤다. 그리고 일은 그렇게 되어갔다. 많은 사람들이 상상 속에서 자신의 모습을 보지만, <비저너리>들은 한 발 더 나아간다. 이들에게는 뭔가 평범하지 않은 자신의 모습을 꿈꾸는 자질이 있다.

우리가 새로운 기술시대의 문턱에서, 상상력의 시대를 산다는 것을 생각하면 오늘날의 세상은 <비저너리>들의 천국이다. 구글을 설립한 래리 페이지와 세르게이 브린에서부터 온라인 신문 '허핑턴 포스트The Huffington Post'에 블로깅의 힘을 이용한 아리아나 허핑턴에 이르기까지, 인터넷 환경은 수많은 사람들에게서 <비저너리> 정신을 일깨웠다. 수천 명의 <비저너리>들에게 인터넷 세상은 하나의 거대한 온실이다.

<비저너리> 중에서도 우리가 익히 아는 사람들과 그렇지 않은 사람들의 차이는, 한 가지 창조적인 착상을 실행해 옮기고 그것을 완수해 내려는 의지다. 여성들의(이제는 남성들도) 몸매를 멋져 보이게, 또는 그렇게 느끼게 해 주는 보정속옷 스팽스SPANX를 만든 새라 블레이클리Sara Blakely는 <비저너리> 원형의 간판급 인물이다. 블레이클리는 확신을 가진 제품 아이디어가 떠오르기 전까지 복사기를 방문판매하면서 부업으로 코미디언 일을 하고 있었다. 투자가들은 그녀의 열정에 공감하지 않았지만 블레이클리는 밀어붙였고, 마침내 그 투지는 빛을 보았

다. 10년이 채 안 되어 블레이클리는 십억 달러짜리 사업을 일궈냈고 <포브스>지에 자수성가한 최연소 갑부로 올랐다. 하지만 블레이클리의 비전은 거기서 멈추지 않았다. 이제는 다른 여성 기업가들에게 자신들의 비전을 따르도록 용기를 북돋우면서 그들을 지원하고 있다.

모든 비전들이 다 하나의 제품이나 어떤 물질적인 것을 만들어내고자 하는 것은 아니다. 여러분이 가진 최고의 착상 몇 가지는 한 인간으로서 내 잠재력을 탐험하는 것일 수도 있다. 이는 모든 비전들 중에서도 최고이며, 가장 흥분되는 것들이다. <비저너리>들은 오스트레일리아 오지탐험을 가거나 애팔래치아 산맥 트레킹 또는 멕시코 아카풀코 만 위를 행글라이더로 나는 것처럼 드물고 남다른 모험을 상상할지도 모른다. 아니면 전일적holistic 치유기술을 배우는데 끌릴지도 모른다. 한 사람이든 많은 사람이든 타인의 삶을 나아지게 하는데 이바지하는 일이 <비저너리> 원형의 핵심 가치다. <비저너리>들은 이 행성을 더 살기 좋은 곳으로 만들려고 세상 곳곳에서 일하고 있지만 그 다수는 알려져 있지 않다. 우리는 이 세상을 변혁시키는 원동력인 그들 대다수를 결코 알지 못할 것이다.

<비저너리>에게 밤에 꾸는 꿈들은 아주 중요하다. 이 꿈들은 미지의 세계를 탐험하도록 여러분을 불러내는 최대의 유혹이다. 꿈은 새로운 착상의 풍부한 원천이므로, 꿈을 기억하고 심지어 재구성하는데 도움을 주는 자각몽lucid dreaming 같은 기법들을 배우면 좋다.

여러분의 비전과 착상들 대부분이 세상을 뒤집지는 않겠지만, 거기에는 세상을 뒤집어놓을 잠재력이 있다. 그러니 내 몸에 <비저너리>의 피가 흐른다고 느끼거든, 지금 바로 그 원형과 친해지자.

고유한 과제

:
.

<비저너리>의 고유한 도전은 이중적이다. 하나는 마음에서 줄기차게 쏟아져 나오는 착상들에 대한 열정에서 나오고, 다른 하나는 좋은 착상이 결실을 맺기도 전에 그것을 포기해 버리는 성향에서 나온다. <비저너리>인 여러분은 선천적으로 새로운 착상을 사랑한다. 그것과 춤추고, 그것을 나누며, 드높은 비전으로 끌어올려서 얼마만큼 날아오를 수 있는지 알아보는 일을 좋아한다. 저녁식탁에 앉아 무엇에 관한 것이든 새로운 생각들을 나누며 저녁시간을 보내면, 여러분은 활기차게 살아 있다고 느끼는 고양된 상태가 된다. 옷장 안을 어떻게 바꿀지, 사업을 어떻게 시작하고 변화시킬지, 새로운 금융선물거래를 어떻게 할지, 인생의 위기를 어떻게 넘어가야 할지, 그 어떤 이야기라도 여러분들을 신나게 한다. 그래서 <비저너리>들이 넘어야 할 첫 번째 도전은, 어느 하나의 비전에 마음 설레어 하면서 질질 끄느라 그것을 실행하지도 못하고 용두사미로 끝내 버리기 쉬운 자신의 성향을 자각하는 것이다.

여러분의 두 번째 도전이 불거지는 지점이 이곳이다. 순간의 설렘이

사라지자마자, 여러분은 그 착상을 실행해서는 안 되는 온갖 이유들을 갖다 붙일 수 있다. <비저너리>는 대단한 다음 번의 착상을 찾아 나설 구실로 어떤 착상에 구멍을 낼 방법들을 늘 찾아낸다. 본래 완벽주의자인 <비저너리>들은 하나의 착상을 끝까지 분석해서 그것이 페이스북이나 페니실린이나 아이패드처럼 세상을 바꿀 만한 것이 절대 될 수 없다는 결정을 내려 버리니, 설사 그것을 밀고 나간들 무슨 소용이 있을까?

여러분을 개인적으로 탈바꿈시킬 하나의 착상에 전념한다는 것은 키워나갈 만한 하나의 비전이다. 요컨대 여러분은 어떤 비전이 결실을 맺을 때까지 충분히 거기 전념할 필요가 있다.

보편적 교훈

•
•
•

<비저너리>가 배울 교훈은 크든 작든 자신의 창조적 비전의 힘을 경험하고, 삶의 더 넓은 영역에서 그 잠재력을 깨치는 것이다. 그들은 사회에 이바지하는 것뿐 아니라 위험을 무릅쓰고 많은 사람들의 삶에 잠재적으로 영향을 미칠 수 있는 것에 도전했다는 이유로도 갈채를 받는다. 그 결과를 보장받지 못하는데도 위험을 무릅쓴 것이다. 실패하는 경우, 홀로 비웃음과 좌절을 마주한다. 그러나 성공했을 때는, 여러분에게 쏟아지는 찬사의 부스러기라도 하나 차지하려는 욕심으로 수많은 사람들이 여러분이 선 단상으로 뛰어든다. 물론 <비저너리>의 착상이 일단 열렬한 환호를 받고 나야 그 사람을 칭송하게 되지만, 사실 그때쯤이면 진정한 <비저너리>의 정수는 할 일을 다 한 것이다. 그들의 보편적 교훈은 비전이나 착상 그 자체와 같은 영적인 원천을 믿는 것이다. 그리고 자신과 남들의 삶을 바꾸는 창조적 잠재력을 믿는 것이다. <비저너리>들은 꼭 그들이 무언가를 이루어서가 아니라 남들이 실패할 거라고 이야기할 때마저도 믿기 어려운 것, 불가능한 것을 믿을 용기가 있었기에 위대한 사람이 된다.

좀 더 개인적 수준에서 <비저너리>들은 모든 새로운 착상에는 우리가 서 있는 토대를 뒤바꿀 힘이 있음을 일깨워 준다. 내게 인생살이나 사업 또는 결혼생활을 어떻게 해야 할지 모르겠다고 말하는 사람들이 너무나 많지만, 그들이 진정으로 말하고 있는 것은 이렇다. 자신들의 마음속에 온갖 착상들이 부단히 들락거리고 있지만, 그중 하나가 자신을 사로잡는다면 삶이 영원히 바뀌어 버릴 테니, 그것들을 생각만 해도 두렵다는 것이다. 개인적이든 직업적이든, 변화는 더없이 두려운 것일 수 있다. 그래서 우리는 큰 꿈을 꾸고 그것을 따르기를 두려워하지 않고, 변화에서 보람을 느끼는 <비저너리>들을 우러러 보는 것이다.

타고난 은총: 용기

●
●
●

　세상을 바꾸는 변화의 주체인 <비저너리>들은 오래된 것을 쓸어내고 새로운 것을 가져오는 착상을 쉴 새 없이 내놓는다. 그런 용기 또는 꿋꿋함이 <비저너리> 원형의 타고난 은총인 것은 당연하다. 산업 전체에 일대 혁신을 일으키는 일이든, 개인의 삶에서 새로운 길을 여는 일이든, 변화의 주체가 되려면 엄청난 용기가 필요하다.

　큰일이든 작은 일이든 삶의 다른 가능성을 꿈꾼다는 것은 낡은 방식이 더는 쓸모없음을 알아차리고 있다는 뜻이다. 새로운 발상을 들여오려면 보나마나 어떤 형태의 반대에 부딪칠 것이므로 용기가 필요하다. 변화의 본질이 그것이다. 그러나 제아무리 <비저너리>라 해도, 자신의 인생을 걸고 새로운 가능성을 꿈꿀 때는 긍정적 전망을 하는 게 쉽지 않다. 그 가능성이란 자신이 어떤 사람이 될 수 있는지, 미지의 세계를 탐험하는 길을 따라서 어떤 일을 이룰 수 있는지에 대한 것이다.

　<비저너리>들이 용기의 본질을 이해하면 이 은총의 힘을 이용하는 데 도움이 된다. <비저너리> 원형을 가졌다면 이 격언을 기억해야 한다. "용기는 가장 필요할 때 내 안에서 솟아난다." 용기는 기분 좋을 때

재어 놓았다가 나중에 두려움에 졸 때 의지하는 그런 것이 아니다. 용기라는 은총은 필요를 느끼는 순간 밀려들어 온다. 여러분은 그것이 나를 위해 거기 있음을 신뢰하면 된다.

　용기라는 은총은 <비저너리>가 올바른 선택을 하도록 도움을 준다. 분명 우리 모두는 살면서 내가 좋은 결정을 내리고 있는지 알고 싶어 하지만, 어떤 것이 옳은 것인지 정확히 어떻게 알 수 있을까? <비저너리>들은 직관적으로 많은 안내를 받는다. 자신이 옳은 선택을 하는지 알아내는 가장 좋은 방법은 직감을 신뢰하는 것이다. 어떤 선택을 할 때 몸의 느낌에 진지하게 주의를 기울여 보자. 용기는 양심에 따라 옳은 일을 하도록 여러분을 끊임없이 이끄는 은총이다. 옳은 일은 착각할 수가 없다. 인생은 정녕 그토록 복잡하지 않지만, 우리는 직관적으로 아는 것을 불편해 하고 거기 맞서 싸우느라 복잡하게 만들어 버린다. 다시 말해 잘못된 일은 여러분의 진실성을 더럽힌다. 그런 일을 할 때면 늘 알지 않는가?

내면의 그림자

.
:
•

    <비저너리>에게 드리운 내면의 어둠은 가능한 최악의 결과들을 상상하는데 선견지명의 힘을 오용하는 것이다. 이 말의 이해를 위해 아주 큰 규모의 예를 몇 가지 들어 보려 한다. 16세기의 <비저너리> 의사였던 노스트라다무스는 전염병에 걸린 사람들을 치료하면서 4행시의 형태로 수수께끼 같은 예언들을 적었다. 그 뜻을 모호하게 하려는 생각에서였다. 그 결과 다가올 암울한 미래(전염병, 홍수와 전쟁, 그 밖의 재앙들)에 대한 노스트라다무스의 예언들은 수세기 동안 해석되고 또 재해석되면서 일말의 입증된 증거 하나 없이 온갖 무성한 추측들만 낳았다. 현대의 해석가들은 존 F. 케네디 암살에서부터 우주왕복선 챌린저호 참사와 9·11 사건에 이르기까지의 사건을 통해, 노스트라다무스의 예언에 의미를 부여했다. 바닥까지 어두운 <비저너리>에 딱 맞는 사람이 있다면, 그가 바로 인간의 변화보다는 세상의 파괴에 집중한 종말론적 비전의 노스트라다무스다.

    아마겟돈은 최근 영화와 텔레비전, 비디오게임에서 최고의 인기를 누리는 주제인데, 인류가 스스로 파멸하는 미래에 대한 온갖 심상들은

<비저너리> 원형의 어두운 측면에서 나온다. <비저너리>는 미래의 가능성에 촉각을 세우고 있지만, 가능성이란 확률이 반반인 동전던지기와 같다. 미래에 대한 가능성을 개연성으로 바꾸는 것은 우리가 미래에 대해 낙관하고 희망을 품고 있는지 아닌지의 태도와 지금 우리의 행동에 달렸다. 우리가 꿈꾸는 것이 미래의 토대가 되는 것이다.

지금과 같이 큰 변화의 시대에 사람들이 미래에 불안을 느끼는 것은 당연하다. 영화제작자와 비디오예술가들, 게임디자이너들은 집단무의식을 통해 번져가는 보이지 않는 두려움을 이용하고 있다. 뱀파이어, 좀비와 암흑세계의 영혼 없는 등장인물들이 인기를 얻는 것은 지금의 젊은이들이 불멸성의 어두운 측면에 얼마나 심취하고 있는지를 보여준다. 영화제작자들은 로맨틱한 주제 속에 섬뜩한 것을 끼워넣을 방법을 찾고 있다. 이런 모습이 이렇게 엄청난 규모로 진행되는 것은 지금이 처음이다.

그런데 문학과 영화, 인생에서 '검은 비저너리Dark Visionary'들은 늘 마음을 끄는 인물이었다. 메리 셸리의 '닥터 프랑켄슈타인'이 전형적 예다. 하지만 '검은 비저너리'들은 어디에나 있다. 나는 영능력자들을 찾는 사람들에게 자주 주의를 준다. 여러분의 두려움을 감지하고 자신의 영적 통찰력으로 어려움을 넘어가도록 이끌어 줄 수 있다는 생각을 심는 사람의 주술에 빠지기 쉽기 때문이다. 결국 여러분은 모든 결정을 그 사람에게 의지하게 되고, 그 영능력자는 여러분 계좌에서 돈을 빼가면서 사이비 정보를 주고 있다.

우리의 세상에서 '검은 비저너리'가 "저 밖에" 사는 것만은 아니다.

우리 안에 살아 움직이는 '검은 비저너리'가 있다. 가능한 최악의 결과가 생길 거라고(병원검사에서 악성종양이 발견되거나, 직장에서 해고당하거나, 부부문제가 비열한 이혼으로 끝날 거라고) 생각하는 바로 그 순간 '검은 비저너리'가 작동된다. 새로운 발상을 끄집어 드러내기도 전에 실패를 떠올리는 것이 이 원형을 괴롭히는 어두운 측면이다. 강렬한 상상력을 가진 직관적인 <비저너리>는, 자신이 감지하는 것이 안내인지 아니면 두려움의 산물인지를 구분할 수 있을 때까지는, 어두운 비전들의 쳇바퀴로 떨어지기 일쑤다. 여기서 빠져 나오기는 어려울 수도 있다. 역설적인 방식으로 그 또한 안전하기 때문이다. 여러분이 실행하기 두려워하는 행동을 하지 못하게 하니까…….

   <비저너리>가 자신의 어두운 측면과 맞서려면 자신의 생각을 지켜보고 더 자각해야 한다. 그래야 두려움을 바탕으로 하는 심상들과 진정한 비전을 분간하는 법을 배울 수 있다. 두려움은 거기 저항할 때까지 여러분을 손아귀에 쥐고 있는 불량배다. 자신을 속이며 두려움 속에서 생각하고 말해서는 두려움에서 풀려나지 못한다. 행동이 필요하다. 용기 있는 선택은 두려움을 녹여버리고, 하나의 용기 있는 선택은 반드시 또 다른 선택으로 이어진다.

남성의 경우

∙
∙
●

대개 원형들이 성별 구분이 없기는 하지만, 원형적 행동방식들은 개인의 성별에 따라 달라질 수 있다. <비저너리>의 경우 어떤 차이들은 놀라울 정도다.

여성 <비저너리>처럼 남성 <비저너리>도 무척 예민하고 직관적이고 새로운 발상에 열려 있다. 이들은 누구보다 먼저 아주 야심적이고 경쟁적으로 자신의 착상을 세상에 내놓기도 한다. 모든 <비저너리>에게 모험은 흥분제나 다를 바 없어서 어떤 것이 되었든 한 번씩 시도해 본다. 하지만 새로운 착상을 이리저리 시험해 보면서 스스로 도취되는 여성 <비저너리>와는 반대로, 남성 <비저너리>는 스카이다이빙, 번지점프, 곡예비행, 또는 말 그대로 자신을 뒤집어버리고 머릿속을 하얗게 해 줄 극한 스포츠에 끌리기도 한다.

<비저너리>들은 혼자 있을 때 마음 편해 하면서도 (그런 온갖 흥분되는 착상들이 마음속을 부산히 돌아다니는데 누군들 그러지 않을까?) 동시에 삶의 현실적 부분도 사랑한다. 하지만 <비저너리> 남성은 이런 삶에 답답함을 느끼기도 한다. 세상에 관심을 갖는 것과 새로운 착상들이 마치 서로

맞서는 힘처럼 보이는 것이다. 만약 새로운 착상을 낳는데 필요한 시간과 에너지를 다른 사람의 욕구를 보살피는데 쏟아야한다면, 그들은 주로 착상 쪽으로 기운다. 남성 <비저너리>들은 사람들 속에서 떠돌거나 자기 방식대로 관계를 맺는 경향이 있다. 현실감각은 <비저너리>의 강점도 우선사항도 아니다. 하지만 남성 <비저너리> 원형이 '아버지' 같은 보다 가정적인 원형과 균형을 이루면, 그 사람은 스티브 잡스가 보여 준 조합을 갖게 될 것이다. 잡스는 동반자와 결혼은 하지 않았지만, 그 여성과의 사이에 아이들이 있었고 그들의 관계는 오래갔다.

<비저너리> 남성들은 관습에 얽매이지 않으므로 무척 혁신적이고 진취적이다. 오래 전 나는 뉴잉글랜드에서 작은 제조업체를 운영하는 남성을 만났다. 직원들의 스트레스가 더 많아진 것 같다는 점을 눈치 챈 그는 몇 사람과 이야기를 나누었다. 듣자 하니 얼마 전 이혼해서 아이들을 돌보고 있는 싱글맘이 몇 사람 있다고 했다. 그는 당시로서는 아주 기발하고 위험하기까지 했던 사내 탁아소를 구상했다. 만약 생각대로 안 되더라도 직원들의 욕구를 들어 주려 최선은 다한 것이라 여기며 한번 시도해 본 것이다. 말할 것도 없이 탁아소 프로그램은 놀라운 성공을 거두었다. 회사는 그 어떤 광고를 했을 때보다 더 많은 관심을 받았다. 이 <비저너리> 사업가는 경영자에게 위험을 무릅쓰는 용기가 있으면 하나의 회사가 어떤 일을 해낼 수 있는지를 보여 주었다. 그는 다른 사업가들에게 자극제가 되었다. 여성 지원자가 늘어나서가 아니라, 새로운 가능성을 꿈꾸고 그 비전을 실행하면 어떤 일이 일어날 수 있는지를 똑똑히 보여 주었기 때문이다.

비저너리의 착상들은 대부분 어떤 상황을 해결하거나 어떤 문제를 창조적으로 해결해야 할 때 저절로 나온다. 로저라는 내 친구는 재주 많은 괴짜가 아니라면 확실한 <비저너리>로 볼 수 있는 사람인데, 스코틀랜드 북부에서 50년이 넘도록 대안적인 삶을 실천하고 있는 생태공동체 핀드혼Findhorn에 산다. 이 공동체의 오랜 목표는 에너지효율이 높은 주거시설을 만드는 것이었다. 우연찮게 핀드혼은 글렌피딕Glenfiddich과 글렌리벳Glenlivet 같은 유명 위스키가 만들어지는 명소인 위스키트레일Whisky Trail과 가까운 곳에 자리 잡았다. 수년 전 로저는 몇몇 위스키 생산자들이 위스키를 숙성시키는 전통 방식의 원목 배럴을 현대식 알루미늄 배럴로 바꾸고 있다는 소식을 들었다. 이 배럴이 크고 아주 튼튼하다는 것을 알았던 로저는 이것을 활용해 숙소를 만들겠다며 몇 개를 처분하라고 제안했다. 몇 달 만에 위스키배럴로 만든 집에 살겠다는 로저의 비전은 현실이 되었다. 집에서 술 냄새가 좀 나긴 하지만, 로저는 자신의 기발한 비전을 현실로 보여 주었다. 얼마 지나지 않아 다른 사람들도 로저의 배럴하우스를 따라했고, 몇 년 만에 로저가 사는 곳은 배럴하우스센터로 알려지게 되었다.

<비저너리>의 신화

·
·
●

    신화는 그 어떤 원형들보다 <비저너리>와 직접적으로 관련되어 있다. 상징과 심상이라는 언어는 <비저너리> 내면세계의 공통어다. 신화, 설화, 꿈, 환시를 통해 지식이 전해지는 전통문화들은 <비저너리>에게 집처럼 편안하다.

    능숙한 주술사나 특별한 안내자의 지도를 받을 때 어떤 탈바꿈이 보장되는 비전찾기vision quest는 마땅히 비저너리의 영적 신화로 보아야 한다. 전통사회의 통과의례인 비전찾기는 대상자의 예지력을 일깨우는 내면의 여정이다. 이런 전통들에서는 내적 진실과 온전함을 찾는 작업을 다른 무엇보다도 소중히 여긴다. 비전찾기는 <비저너리> 자신이 정녕 누구인지를 명쾌하게 자각하도록 하므로, 그 이후로 자신의 진정한 본성을 배반하는 일은 생각할 수도 없다. 현대 사회에서는 이런 전통이 사라졌지만, 비전찾기나 그와 비슷한 입문식을 거친 사람들은 삶의 목적을 새롭게 이해한다. 이들은 흔히 자신이 추구하거나 기대했던 바와는 사뭇 다른 목적을 갖게 된다.

    <비저너리> 원형에게 비전찾기는 하나의 재탄생이다. 지극히 이성

적이고 판에 박힌 듯한 세상에서 고립감이나 동떨어진 느낌을 가지고 살아왔을 <비저너리>는 비전을 품는(가능한 것을 보고 그것을 세상에 가져오는) 일이 자신의 진정한 소명이라는 깊은 깨달음을 얻는다. 이 경험은 자신을 받아들이게 한다. 그동안의 생생한 꿈과 환시들, 미지의 것에 대한 끌림, 자신의 남다른 비전에 매력을 느꼈던 일들이 한순간 모두 이해된다. 이런 종류의 영적 경험을 거쳐 자신의 원형을 만나게 된 <비저너리>는 어쩌면 난생 처음 세상의 맨 앞자리가 자신의 것임을 완벽하게 깨닫는다.

미래파futurist들은 <비저너리> 신화의 사뭇 다른 표현방식을 구체적으로 보여 준다. 소설가 허버트 조지 웰스와 쥘 베른은 미래의 세상을 상상하는 선례를 남겼다. 웰스가 상상했던 자동문과 식물유전공학 등은 이미 실현되었다. 두 말할 필요 없이 역사상 가장 위대한 미래파였던 조지 오웰은 죽어서도 자신의 디스토피아적 소설 《1984》로 영향력을 미치고 있다. "빅 브라더Big Brother가 당신을 보고 있다.", "사상경찰", "기만이 팽배한 시대에 진실을 말하는 것은 혁명적인 행동이다."와 같은 구절들은 일상어가 되면서 사회적 편집증의 근간이 되었다. '스타워즈'를 만든 조지 루카스와 '아바타'의 감독 제임스 카메론 같은 <비저너리> 미래파들에게는 신세계를 이야기하고픈 욕구가 공통적으로 있다. 그들의 비전에서 선은 악과 끝없이 싸우고 있다. 특수효과만 가미되었을 뿐, 영원한 인류의 이야기다. 이따금 미래에 대한 주제를 다루는 스티븐 스필버그는 매혹적인 영화 'E.T.'로 우리를 사로잡았다. 여기서 스필버그는 문명 간의 순수한 만남을 묘사함으로써 외계존재와의 만남을 폭력적으로 묘사하는 판에 박힌 시각에 반기를 들었다.

여성 <비저너리>의 신화는 그리스 여신 아테나와 델포이의 예언자 같은 인물들을 통해 작용한다. 아테나는 남성들의 왕좌 배후의 권력이었고, 델포이의 예언자는 장막 너머 신들의 영역을 들여다보고 그들의 메시지를 지상에 알려 주는 능력으로 시대의 존경을 받았다.

생활 속에서의 과제

•
•
•

위대한 착상에는 대가가 따른다. 착상(또는 비전)은 살아있는 생명체다. 새라 블레이클리가 기능성 속옷 '스팽스'를 구상했을 때, 그것은 "점심 먹으러 가자." 같은 한가한 생각이 아니었다. 블레이클리의 비전은 자신을 다 태울 만큼 강렬한 열정이었고, 그것을 현실화시키겠다는 목표를 인생의 한가운데 두었다.

그런데 <비저너리>들도 자기 비전을 장황하게 떠들어대느라 마치 풍선에서 공기를 빼듯 거기서 에너지를 빼버리기도 한다. 하지만 하나의 비전이 결실을 맺으려면, 말뿐만이 아니라 행동으로 옮겨야 한다. 제 아무리 크거나 소박한 비전이라도 노력을 기울여 현실이 되게 해야 한다. 그런데 비전을 현실로 만드는 일에는 위험이 따른다. 어찌 그렇지 않을까? 전에 없던 무언가를 있게 만드는 일인데. 자신의 착상을 실행하기에 앞서 확실한 성공을 보장받고 싶어 하는 사람들은, 통장 잔고를 털고, 신용카드 한도를 다 쓰고, 집을 재저당 잡히고, 차를 팔아 때를 만난 하나의 착상에 모든 자원을 쏟아 붓는 <비저너리>를 이해할 수 없다.

따라서 여러분에게 갈구하는 비전이 있다면, 스스로 이렇게 물어야 한다. "이 생각을 중심에 놓고 인생을 재배치할 의지가 내게 있는가?" 생활방식에 어떤 수정이 필요하든, 재정이나 생활환경에 어떤 변화가 오든, 그런 위험을 무릅쓸 수 있는가? 느닷없이 그야말로 대단한 생각이 떠오르면 덜컥 겁부터 내지는 않겠는가? 많은 사람들이 백만 달러짜리 착상만 떠오른다면 뭐든 하겠다고 말하지만, 실제로 그렇게 할까? 다른 원형들에겐 한 번도 부딪치지 않을 질문들이지만, 세상에 내놓을 착상을 가진 <비저너리>에게는 아주 중요한 것들이다.

여러분의 비전에 은행융자와 투자자들이 필요하지는 않을지언정, 시간과 정서적 노력은 투자해야 한다. 여러분은 자신을 위해서든 또는 몇 사람을 위해서든, 크게는 인류를 위해서든 더 나은 미래를 꿈꾸고, 자신의 비전을 현실화하기 위해 삶의 어떤 것이라도 바꿀 의지가 있는가? 이것이 <비저너리>가 부딪쳐야 할 '생활방식에서의 도전'이다.

내 원형 알아보기:
나는 〈비저너리〉일까?

:
.

〈비저너리〉라는 딱지가 세상에서 급진적이거나 영향력 있는 변화를 가져온 사람들에게나 맞는 것이라 생각한다면, 이 원형을 자신의 것으로 보기 어려울 수 있다. 그러나 지성보다는 직관을 신뢰하면서 자신의 꿈을 따르는 것이든, 여러분의 삶을 확 바꿔놓을 새로운 착상에 운을 걸어 보는 것이든, 마음속으로 집중하는 비전은 그만한 가치가 있다. 비전은 일터나 가정의 변화를 상상하는 형태가 될 수도 있다. 가족이 다른 나라로 이주를 한다든지, 새로운 사업을 시작하려고 회사를 그만 두는 것과 같은 극적인 변화는 굳은 비전이 없이는 몹시 위험할 것이다.

그런데 〈비저너리〉에겐 자유분방하고 인습에 얽매이지 않는 일면도 있다. 엉뚱한 발상과 전통을 깨는 방식을 좋아한다. 여러분은 여러 가지 영적 수행과 의식을 고양시키는 명상법을 경험했을 테고, 최첨단 뇌과학이 인간의 잠재력을 찾아내는 것에 매료되었을 것이다. 여러분은 하지 못할 게 없다. 꿈꿀 수 있는 것은 모두 이룰 수 있다고 굳게 믿는 사람들이니까.

〈비저너리〉가 친하게 지내는 사람들 사이에 다른 〈비저너리〉가 있는 경우가 많다. 그들은 여기저기 끼기 좋아하는 사람들이 아니지만, 다른 <비저너리>들과는 즐겨 어울린다. 창의적인 발상과 인생에 대한 독창적인 견해를 가진 상상력이 풍부한 사람들과 함께 있으면 편안하기 때문이다. 여러분은 과거와 현재의 잘 알려진 <비저너리>들에게(약간의 경외감을 느끼면서) 끌린다. 어릴 적 여러분의 영웅은 토머스 제퍼슨과 벤 프랭클린 같은 역사적 <비저너리>들, 라이트 형제와 알렉산더 그레이엄 벨 같은 발명가들, 찰스 린드버그Charles Lindbergh와 아멜리아 에어하트Amelia Earhart 같은 모험심 많은 <비저너리>들, 예수와 붓다 같은 영적 혁명가들, 또는 간디와 잔다르크 같은 정치적 급진주의자들이었으리라. 이 모든 <비저너리>들을 생각해 보라. 여러분이 갖기 원하는 어떤 자질들이 그들에게 있는가? 여러분 안에서 그런 자질들이 보이는가?

여러분은 좌절한 또는 겁먹은 <비저너리>일지도 모른다. 꿈은 꾸지만 행동은 하지 않는 것이다. 영감은 자주 받지만 쉽사리 흥미를 잃어버린다. 안전한 길을 가자고 자신을 붙들어 매지만, 행복하거나 성취감을 느끼지는 않는다. 대신 불안하고 만족스럽지가 않다. 그들은 꿈을 과감히 실행하는 경우 최악의 각본(가난, 실패, 자신과 남들에 대한 실망)을 생각하는지도 모른다. <비저너리>는 부정적인 투사에 사로잡히지 않는 것이 중요하다. 성공한 혁신가들에게도 시도했지만 이루지 못한 일들이 많다. 여러분은 정말로 어느 과학자나 발명가가 단 한 번에 놀라운 해결책을 떠올렸을 거라 생각하는가? <비저너리> 산업디자이너 제임스 다이슨James Dyson이 혁명과도 같은 먼지봉투 없는 진공청소기 디자인을 떠올리기까지 얼마나 많은 견본을 만들었는지 나는 기억도 안 난다. <비저너리>들은 실패를 자신이 낸 용기에 대한 일종의 훈장으로 여긴다. 자신의 비전들 가운데 하나가 날아오르는지 과감히 시도해 보았다는 의미다.

자신이 <비저너리>인지 아직 확실하지 않은가? 다음에 제시한 <비저너리>의 행동방식과 특징들을 살펴보기 바란다. 이 설명이 자신과 맞아 떨어진다고 느끼거든, 다음으로 넘어가 여러분의 <비저너리> 원형을 온전히 껴안을 방법을 알아보자.

〈비저너리〉의 행동방식과 특징들

- 새로운 착상들과 '이렇게 해 보면 어떨까?'라는 생각이 끊임없이 떠오른다.
- 위험에 겁먹지 않는다.
- 언제나 변화의 주체다.
- 바깥세상에서 변화가 일어나기 전에 그것을 먼저 감지한다.
- 관습적인 기대치와 규칙들에서 벗어날 방법을 찾는다.
- 늘 아웃사이더였다.
- 삶을 인습적이지 않은 방식으로 본다.
- "괴짜"와 "자유분방한 사람"으로 불린다.
- 꿈에서 받는 안내에 의지한다.
- 문제를 보자마자 해결책을 떠올린다.
- 혼자서 생각하고 꿈꿀 시간을 갖는다.
- 과거에 일어난 일에 안주하기보다는 미래를 생각하고 어떤 일이 가능한지 알고 있다.
- 사람이 많은 곳을 피한다. 감각 과부하는 직관을 가로막는다.

내 원형으로 들어가기:
〈비저너리〉의 힘

·
·
·

〈비저너리〉가 된다는 것은 작은 일이 아니다. 이는 다른 사람보다 안전하게 잘 살려고 그들의 마음을 읽거나 미래를 보는 것이 아니다. 그보다는 긍정적 변화의 산파역을 맡을 수 있도록 큰 그림을 이해하는 것이다.

모든 원형이 그렇듯, 〈비저너리〉는 여러분이 되어 가는 어떤 것이 아니라 이미 여러분이다. 자격을 갖추려고 시험을 통과할 필요가 없다. 〈비저너리〉 원형으로 들어간다는 것은 여러분이 타고난 강점들과 오롯이 맞물린다는 의미다. 여러분의 깊은 자아로부터 오는 직관과 지혜를 신뢰하는 법을 배우는 것도 해야 할 일이다. 비전을 품는데 필요한 과정이 없기는 하지만, 여러분의 원형이 가진 힘을 활용하고 지혜의 눈을 열어 줄 방법은 몇 가지 있다.

- **비전찾기를 한다.** 토착사회에서 자신의 〈비저너리〉 원형으로 들어가는 한 가지 방법은 주술사나 영적 지도자의 안내를 받으며 비전찾기를 하는 것이다. 모험심 많은 〈비저너리〉라면 전통적인 방식을 따르고 싶을지도 모른다. 아메리카원주민의 방식을 포함해 다양한 전

통 방식으로 훈련받아 깊은 지식을 갖춘 교사들이 개인이나 집단을 깨어남의 여정으로 이끌어 준다. 주말이나 한주 동안 사막에서 자신의 안내동물power animal과 지도령spirit guide을 되찾으며 보낼 생각이 없더라도, 심상과 착상들의 원천인 내면의 눈과 이어지는 내적 여정을 걸을 수는 있다. 그러려면 집안 한편의 조용한 곳이나 자연 속에서 일상의 산만한 것들과 떨어져 홀로 보내는 시간이 필요하다. (사람 없는 바닷가나 숲이 좋다.) 쉴 새 없이 떠들어 대는 의식마음을 꺼버리고 깊은 원천으로부터 지혜가 샘솟게 하는 것이 요점이다.

- **모험심을 낸다.** 만일 고소공포증이 있다면 비행기에서 뛰어내리거나 파라세일링을 하라는 말은 못 하겠다. 그러나 새로운 언어를 배우거나 자신의 분야와 극도로 다른 정신적 모험 속에서 자신의 천성을 시험해 볼 수 있다. 일부러 안전지대 밖으로 뛰쳐나가 보자. GPS 없이 도시를 헤매고 다녀 보자. 아는 사람도 없고 말도 안 통하는 낯선 곳을 홀로 여행해 보라. 도시 사람이라면 캠핑을 가고, 육지 사람이라면 바다에서 시간을 보내라.

- **거꾸로 매달린다.** 운동은 뇌를 바꾸고, 뇌는 생각과 기분을 바꾼다는 것이 증명되었다. 생각을 유연하게 하고 관점을 바꾸고 싶거든, 인버전inversion 요가를 하고 공중그네나 고리에 거꾸로 매달리거나 번지점프를 해 보자.

- **다른 집단과 교류한다.** 이는 <비저너리>에게 쉬운 일일 것이다. 대화에 생기를 불어넣는 사람들, 다른 배경을 가진 사람들을 만나는데 자연스레 끌리는 까닭이다. 인생을 다른 눈으로 볼 수 있는 장소에 자주 가자.

아이들과 시간을 보내면서 그들의 말에 귀 기울여 보자. 아이들은 본래 다르게 생각하고, 이는 <비저너리>에게 새로운 발상으로 안내해 준다.

- **걷는다.** 과학자와 발명가들의 위대한 발견들 일부는 걷는 도중에 이루어진 것이다. 마음과 발이 가는대로 내버려두면 창조적인 생각이 저절로 떠오르는 듯하다. 목적지를 정하지 말고 그냥 느릿느릿 걸어 보자. 느슨한 마음으로 사람들과 일대일 만남도 가져 보자. 답답한 사무실에 앉아 있을 때보다 참신한 착상들이 얼마나 더 많이 샘솟는지 지켜보자.

- **꿈을 기억한다.** 꿈(깨어있을 때나 잠잘 때나)은 <비저너리>의 소중한 자원이자, 탈바꿈을 일으키는 착상과 심상들의 보고이다. 매일 꿈 일기를 쓰면서 꿈들을 기억하려고 노력해 보자. 자각몽 기법을 사용하면 꿈의 전개와 내용을 통제해서 깊은 자아와 집단무의식으로부터 오는 안내를 최대한 활용할 수 있다.

<비저너리> 원형을 가진 여러분은 워낙 많은 정보를 직관적으로 끌어모으므로, 자신의 환경에 집중하고 싶어 한다. 감각 과부하에 걸리거나, 특히 너무 많은 소음은 내면의 안내를 듣지 못하게 귀를 막는다. 느낌에 유의하자. 여러분에게 힘을 주는 것과 에너지를 빼 가는 것에 주의하기 바란다.

내가 힘을 얻는 방식

- 꿈꾸고 창조할 혼자만의 시간을 가진다.
- 미래를 낙관한다.
- 착상을 실행하는 용기를 키운다.

- 내 비전을 행동으로 옮기게 도와줄 사람들과 그 비전을 나눈다.
- 어떤 형태든 사색을 하면서 직관과 이어지는 통로를 비워 놓는다.
- 창의성이 마음껏 나래를 펼치게 한다.
- 새로운 발상들에 마음을 열어 놓는다.
- 창의적이고 선견지명이 있는 다른 사람들과 많은 시간을 보낸다.
- 거리낌없고 솔직해진다.

내가 힘을 잃는 방식(그리고 되찾는 방법)

- 다른 사람들의 의심을 산다. 반대론자들을 무시하라. 그냥 시기일 뿐이다. 좋은 착상을 따르고 그것이 얼마나 멀리 갈 수 있는지를 본다.
- 과거를 곱씹는다. 미래가 여러분의 타고난 집이다.
- 직관을 무시한다. 결정을 내리기 전에 멈춰서 점검해 본다.
- 두려움에 굴복한다. 잘못된다는 생각이 아니라 잘된다는 믿음에 초점을 맞춘다.
- 변화에 저항한다. 여러분은 변화의 주체이니, 숨을 깊이 들여 마시고 뛰어들라.
- 행동으로 옮기지 않고 착상들을 만지작거리고만 있다. 어떤 것이라도 좋으니 한 가지 착상에 전념한다. 생각대로 되지 않더라도 그것을 연습으로 생각한다.
- 나를 끼워맞추려 한다. 기존의 역할이나 일자리에 순응하려 들지 말고, 여러분의 착상과 재능들을 최대한 활용하는 역할이나 일자리를 만들어낸다.

• • • 〈비저너리〉를 위한 체크리스트

☐ 나는 꿈과 비전에 들어 있는 메시지에 주의를 기울인다.

☐ 나는 새로운 사람들과 가능성, 발상에 언제나 열려 있다.

☐ 나는 유행을 쫓지 않는다. 혁신과 창조에 집중한다.

☐ 내가 보는 문제들을 해결할 창조적인 방법을 생각한다.

☐ 나는 미래를 생각하고 "이렇게 해 보면?"이라고 말한다. 과거를 곱씹지 않는다.

• • • 마지막 조언

여러분에게는 세상에 깊은 영향을 주고 긍정적인 변화를 가져올 능력이 있다. 여러분이 꿈꾸는 것이 새로운 자신이든, 다른 사람들이 새로운 삶을 꿈꾸도록 돕는 일이든, 여러분에게는 혁신적인 착상과 해결책들이 직관적으로 떠오른다. 억누를 길 없는 자신의 천성을 절대 의심하지 말고, 꿈을 따르기 바란다.

중독자Addict

우리 사회에서 '중독자' 원형은 모든 사람과 관련이 있다. 약물, 알코올, 음식, 섹스 말고도 우리는 어떤 것에도 중독될 수 있다. 일, 스포츠, 텔레비전, 운동, 컴퓨터게임, 영적 수행, 부정적 태도, 또는 아드레날린을 치솟게 하는 위험한 활동들뿐만 아니라, 권력, 권위, 통제, 지위, 명성, 부에도 중독된다. 어떤 행동방식이나 물질에 중독되었다는 것을 인정하면 그 손아귀에서 빠져나올 수 있다. 중독의 어두운 측면은 의지력과 부족한 자제력 사이의 투쟁이다. 지적이거나 정서가 풍부한 사람들은 중독을 잘 합리화하므로 이 원형과 밀접한 관계가 있다. 어떤 중독들(예컨대 쇼핑)은 너무 즐거워서 중독처럼 보이지 않는다. 그러나 무엇이든 지나친 것은 문제가 있다. 강박적으로 쇼핑하는 사람은 결국 빚더미에 앉는다. 최신 스타일의 옷을 입으려고 분수에 넘치게 돈을 쓰는 <패셔니스타>에게 한번 물어 보라.

연금술사Alchemist

역사적으로 '연금술사'는 금속을 황금으로 바꾸려고 헛된 노력을 하는 사람이다. 하지만 이 원형이 보여 주는 지고의 표현방식은 영적 탈바꿈을 모색하는 것이다. '연금술사'와 동일시할 사람들은 신비학파나 보편법칙의 연구와 관련해 영적 성장을 추구하는 이들이다. '연금술사'의 어두운 측면은 힘과 오컬트 지식을 악용하는 것이다. 삶을 탈바꿈시킬 길을 찾는 사람들은 마법과 마술의 어둠에 유혹당하고 속기 쉽다.

아이|Child

'아이' 원형에는 많은 하부 유형이 있다. '고아', '상처 입은 아이', '티 없는 아이', '자연아이', '보이지 않는 아이', '쾌활한 아이', '의붓아이', '성스런 아이', '영원한 아이'들이다. 우리 모두는 한때 아이였으니, 우리에겐 '아이'의 일면이 있다. 어린 시절이 고통스러웠다면, 가장 순수하고 티 없는 어린 시절을 보여 주는 '자연아이'와 '쾌활한 아이'가 다른 한 가지 하부 유형에 억제되기도 한다. '자연아이'와 '쾌활한 아이'가 결핍되면 즐거움이나 재미를 느끼지 못한다. 습관적으로 스트레스를 받거든, 우리 안의 '쾌활한 아이'나 '마법의 아이'를 키우자. 보다 가볍고 거침없이 살 수 있다.

아가씨|Damsel

'슬픔에 잠긴 아가씨Damsel in Distress'는 문학과 영화에서 자주 되풀이되는 오래된 원형이다. 아름답지만 힘없는 '아가씨'에게는 자신을 구해서 호강시켜 줄 '기사'가 필요하다. 그러나 구조 받지 못할 경우에는 자신을 보살피는 방법을 배워 스스로 깨어나야 한다. '아가씨' 원형의 어두운 측면은 여성은 연약해서 보호받아야 한다는 낡은 가부장적 시각에 사로잡히는 것이다. 이 원형의 과제는 남자에게 의지하지 말고 내 힘을 찾아 스스로 일어서는 것이다.

파괴자|Destroyer

낡은 체계와 구조들은 새로운 삶이 시작되도록 파괴되어야 한다. '파괴자'는 우리에게 해가 되는 것을 놓아 버리게 해준다. 하지만 이 원형 안에는 그 맞수로서 해방하고 치유하는 힘을 보여 주는 '재건자Rebuilder'도 들어 있다. 어둠의

'파괴자'에겐 파괴 자체가 목적이며, 자아도취에 빠져 해롭고 타락한 힘을 휘두르게 된다.

도박사Gambler

'도박사'는 도박의 위험을 즐기는 사람이다. 이 원형의 표현들은 카드놀이와 경주, 카지노 중독자들에 국한되지 않는다. 데이트레이더, 기업가, 심지어 강박적 로또 구매자도 여기에 해당된다. 도박은 불확실한 결과를 놓고 위험을 무릅쓰는 것이다. 긍정적 측면으로 보자면 '도박사'는 자신의 직관을 신뢰하는 힘을 보여 준다. 직감적 본능을 따라 행동하고 순간적인 생각에 반응한다. 큰 성공을 거둔 많은 '기업가'들은 자신을 '도박사'라 생각한다. 신중한 투자자들은 생각도 못할 위험한 금융투자를 하기 때문이다. 한편 이 원형의 어두운 측면은 충동 조절 능력의 부족과 큰 손실 앞에서도 계속 위험을 무릅쓰려는 강박감이다.

여신 · 여걸Goddess/Heroine

여신 숭배는 3만 년 이상 거슬러 올라가는 가장 오래된 영적 전통들 중 하나다. '여신' 원형과, 그의 현대적인 짝인 '여걸'은 지혜, 안내, 관능미, 육체적 우아함을 상징한다. '여신'의 어두운 측면은 몇몇 유명 배우들과 모델들에게서 보듯이 여성의 힘을 잘못 이용하거나 과장해서 표현하는 것이다.

치유자Healer

'돌보미'의 단짝인 '치유자'는 몸과 마음과 영혼을 고쳐 줌으로써 타인에게 봉사하려고 산다. 이 원형은 다양하게 표현되는데, 그 다수가 전통적인 치유기술이나 치료법을 따르지 않는다. '치유자'는 삶의 어떤 직업이나 역할에서도 찾아볼 수 있는데 그들의 목표는 사람들을 육체적 또는 정서적 고통에서 벗어나게 하거나 온전해지도록 돕는 것이다. '치유자'의 본질적 특징 가운데 하나는 육체적 또는 정서적 변화를 촉진하는데 필요한 에너지를 전해 주는 능력이다.

쾌락주의자Hedonist

이 원형은 음식, 와인, 섹스뿐 아니라 예술, 음악, 시와 보다 세련된 형태로 사회가 베푸는 온갖 것들이 포함되는 삶의 감각적 쾌락을 갈구한다. '쾌락주의자'를 극도로 방종한 사람으로 보는 진부한 시각은 이 원형을 정확하게 묘사하는 것이라기보다는 청교도적 전통의 산물이다. '쾌락주의자'는 인생이 주는 최고의 선물을 껴안고, 한편으론 우리의 선정적 본능을 통제하지 못할까 불안해하는 원형적 두려움에 맞서는 창조적 에너지를 보여 준다. '쾌락주의자'의 어두운 측면은 타인이나 나의 안녕을 배려하지 않고 무모하게 쾌락을 추구하는 것이다.

재판관Judge

이 원형이 꼭 직업상 사법부에 관련된 일을 하는 것은 아니다. 태생적으로 사람들 사이의 문제를 중재하고 해결하는데 능숙하다면, 이 원형이 살아 숨 쉬고 있다. '재판관'은 우리에게 다른 사람들을 다루는 지혜와 자제력을 바탕으로 본보기가 되는 삶을 살아가도록 영감을 준다. 이 원형은 정의의 실현을 잘 보여 주는 성서 속 이야기 '솔로몬의 지혜'와 관련이 있다. 한 아기를 놓고 서로 자기가 엄마라고 주장하는 두 여인을 앞에 둔 솔로몬 왕은 아기를 반으로 잘라서 나눠 가지라고 명령했다. 한 여인은 "그래요, 자르세요!"라고 했지만 다른 여인은 아기를 포기했고, 솔로몬 왕은 이 여인이 진짜 엄마임을 알아챘다. 그 후 지혜와 정의는 함께 묶어졌다. 긍정적 측면에서 이 원형은 사안들을 평가하는데 아주 세련된 안목과 명쾌한 분별력을 키워나간다. 어둠의 '재판관'은 동정심이라고는 없이, 또는 숨은 의도를 가지고 판결을 내리는 냉혹한 심판자다. 가끔 이런 원형은 살면서 오해받았던 일로 생긴 고통과 관련이 있다. 용서의 필요성을 일깨우는 경험이다.

러버Lover

이 원형은 로맨틱한 연애뿐만 아니라, 어느 것에든 뜨거운 열정을 쏟아 부음으로써 표현된다. 예술이든 자연이든, 요리든 페르시아 양탄자든 무엇이라도 사랑할 수 있다. 이 원형을 드러내는 것은 전적인 헌신의 느낌이다. 누군가 또는 무언가에 대한 주체할 길 없는 애정이 '러버'의 삶을 이루는 원칙이 되는 것이다. 외모는 이 원형의 자존감에 중요한 역할을 한다. '러버'의 어두운 측면은 당사자의 자존감과 육체적 또는 정신적 안녕을 갉아먹는 과장되고 강박적인 열정이다.

중재자Mediator

이 원형의 장점은 서로 대립하는 개인이나 집단의 관계를 매끄럽게 하는 것이다. '중재자'의 특징은 레이저와도 같은 초점과 정밀함으로 사람과 상황을 읽는 능력과 참을성에 있다. 자신이 돕는 사람들과 공감하는 강점을 가진 '운동가'와는 달리, 훌륭한 '중재자'는 갈등이 있는 양쪽 입장에서 문제를 이해하고 모든 이해 당사자들을 끌어들여 그것을 해결하려 한다. 어둠의 '중재자'에게는 속셈 또는 숨은 의도가 있고 자신의 이익을 위해 양쪽을 이용한다.

어머니Mother

이는 또 하나의 근본이 되는 원형으로, '돌보기' 가족의 일원이다. '어머니'는 생명을 주는 사람이자, 보살핌과 양육과 조건 없는 사랑의 원천이다. 이 원형은 가족을 유지하고 돌보고, '어머니 자연Mother Nature' 원형처럼 대지와 뭇 생명의 지킴이로 행동한다. 환경을 지키는 일에 깊이 헌신한다면, 이 원형일 것이다. 비유적으로 자신이 초래한 폭풍과 파괴를 나 몰라라 등 돌리는 경우라면, 이는 '노한 어머니' 역을 맡은 것이다. 꼭 생물학적 '어머니'라야 이 원형을 지니는 것은 아니다. '어머니'는 책을 쓰고 새로운 발상들을 낳거나, 교사나 요리사가 되어 다른 이들을 보살피기도 한다. 이 원형의 어두운 측면은 '학대하는 어머니'나 '방임하는 어머니'로 표현될 수 있다.

네트워커Networker

네트워킹이 미디어세대와 동일시되기는 하지만, 사실 이 원형은 오래된 것이다. 동맹을 구축하고 이질적인 집단들을 서로 잇는 '네트워커'의 능력은 사냥집단을 이루고 좋은 사냥터에 대한 정보를 나누었던 옛 조상들의 생존기술로 거슬러 올라간다. 이 원형은 온갖 종류의 사람들과 동질감을 느끼게 해주는 사회적 유연성 그리고 공감과 연관된다. 이와 관계있는 원형들인 '사자Messenger'와 '전달자Communicator'처럼 '네트워커'는 정보나 영감을 통해 사람들 사이를 잇는다. 어둠의 '네트워커'는 이기적이어서, 돌려주는 것이라고는 하나 없이 자신의 이익을 위해 사람들을 이용한다.

수녀Nun

이 원형의 특징은 영적 헌신, 전념, 인내, 사회변혁, 교육, 지혜이다. 어두운 측면으로 보자면, 영적으로 깊이 헌신하는 삶이 고립과 외로움의 통로로 이끌 수 있다는 것이고 또 그런 일이 많다. 오늘날 '수녀' 원형은 두 가지 방식으로 표현된다. 수녀원에 들어가 청빈과 순결과 복종을 서약하는 전통적 의미의 '수녀'가 그 하나다. 다른 하나는 보다 현대적 표현인데, 이는 내면의 영적 삶에 대한 깊은 욕구를 가졌지만, 결혼하고 아이를 갖고 활동적인 경력을 쌓으면서 적극적으로 살기 원하는 여성들에게서 나타난다. 이런 '수녀' 원형은 기존의 종교에서는 없던 것으로, 일상의 삶에서 물러날 필요가 없는 영적 친교와 기도에의 열정으로 드러난다. 오늘날의 세상에서 '수녀' 원형은 고립된 생활방식보다는 영적 수행의 본보기가 된다.

매춘부Prostitute

이 원형은 우리에게 진실성이란 교훈을 주고, 안전이나 경제적 이익을 위해 몸과 정신 또는 정체성을 거래하는 문제를 제기한다. 재능, 착상, 또는 자아의 다른 표현들을 매매의 형태로, 즉 자신의 진실성을 더럽히는 형태로 파는 것은 매춘행위에 해당한다. 우리 모두는 한두 번씩 이 원형의 도전에 직면한다. '매춘부'는 인생의 시험대 중 하나를 나타내는 보편적 원형이다. 이 원형은 우리가 자신의 힘을 팔고 있는지, 혹은 다른 누군가의 힘에 지배 받으려 하는지 의문을 제기하며, 유혹과 통제에 대한 의식적·무의식적 느낌들을 불러일으킨다. 이 원형에게 파괴당하지 않으려면, 이것이 제시하는 선택들을 분명하게 보면서 이 원형과 친구가 되어야 한다.

태업자Saboteur

이 원형은 우리의 권한과 우리가 이룬 성공을 깎아내리는 선택을 하게 하는 온갖 두려움과 낮은 자존감의 문제들과 관련 있다. 자기 안의 '태업자'를 모른 체하면 이 원형의 어두운 측면인 자기파괴 행동으로 떨어질 것이다. 우리는 성장하거나 바뀔 준비가 되지 않은 까닭에 기회들에게 태업을 벌이곤 한다. 익숙하긴 하지만 힘을 빼앗는 대인관계나 삶의 상황을 등지는 변화를 할 준비가 되지 않은 것이다. 힘을 빼앗기는 상황에 머물기로 한 자신의 선택에 대한 책임을 회피하려고 그런 태업행동을 남들에게 투사하기도 한다. '희생자'와 '매춘부'의 경우처럼, 이 강력한 원형을 마주했다면 그것을 내 협력자로 만들어야 한다. 나 자신이나 남들을 갉아먹는 행동을 피하려면 내 안의 '태업자'에게 귀를 열고 그 경고에 주의를 기울이는 법을 배워야 한다.

노예 Slave

이 원형은 가진 힘이 하나도 없음을 나타낸다. '노예'에게는 자기 권한이, 선택할 힘이 없다. 현대적 맥락에서, 경제적 우위에 있거나 기업과 군대 같은 위계 조직에 자신의 의지를 넘겨주었다면, 스스로 "심리적 노예" 같다고 느낄 수 있다. 아프리카계 미국인들은 특히나 이 원형이 피부에 와 닿는다. 하지만 이 원형이 표현되는 다양한 방식을 보면, 내 삶과는 상관없다고 쉽게 무시해 버리지는 못할 것이다. 우리 모두는 이런저런 방식으로 시스템의 노예로 산다. 그러나 '노예'의 철저한 무력감이야말로 이 원형이 지닌 강점이다. 개인적 탈바꿈을 위한 잠재력, 바로 그것이다.

스토리텔러 Storyteller

'스토리텔러' 또는 '음유시인Minstrel' 원형은 우리의 지혜와 어리석음을 알려준다. 우리가 어디에 있는지, 어디서 왔는지 말해 주는 이야기들이 없이는 지금의 인류가 없다. '스토리텔러'는 우리의 성공담과 실패담, 사실이나 허구를 자유분방하고 생생한 필치로 묘사하면서, 현실을 따분함이 덜하도록 윤색한다. '스토리텔러'에게는 모든 사랑이 열정이고, 주인공은 무슨 일이라도 할 수 있다. 이 원형이 있다면 스토리텔링은 여러분이 세상을 보는 렌즈이자 내 경험을 전달하는 수단이다. 반면에 어둠의 '스토리텔러'는 허풍쟁이거나 노골적인 거짓말쟁이기도 하다. 이들은 뛰어난 상상력과 글 솜씨로 자신에게 유리하도록 정보를 왜곡하거나, 드러내고 싶지 않은 내용을 도무지 눈을 뗄 수 없는 이야기 뒤에 감출 수 있다. 이 원형의 과제는 자신의 재능을 대중을 오도하는데 쓰지 않는 것이다.

교사 Teacher

'교사'는 지식, 경험과 기술, 지혜를 전달하는 사람이다. 모든 종류의 가르침을 상징하는 이 원형은 부모의 지도, 멘토링, 또는 관대함과 친절 같은 가치들을 본받는 형태로 나타난다. 어둠의 '교사'는 지위를 유지하거나 인정받으려 지도학습의 관계를 이용 또는 악용하는 교활한 조종의 명수다. 더더욱 나쁜 것은 어둠의 '멘토'인데, 이들은 부정적인 정보를 전하고, 파괴적이고 심지어는 절도나 사기 치는 법과 같은 불법적 기술까지도 가르친다.

희생자Victim

이 원형에 부정적 특성이 있다는 점은 분명하다. 하지만 그것을 인식하면 자신의 소극성이나 부적절한 행동들로 희생당할 위험에 처해 있을 때 재빨리 대처할 수 있다. '희생자' 원형은 우리에게 살아남는 기술을 알려주는 근본적 생존본능으로, 우리가 타인을 희생시킬 때 알아차리게 해주기도 한다. 이 원형의 어두운 측면은 동정을 얻어내려고 희생자 배역을 맡는 것이다. 인생은 다른 사람을 희생시키거나 스스로 희생당할 수 있는 상황들을 끊임없이 제공하므로, 우리 안의 '희생자'가 온전히 극복되지는 않는다.

전사Warrior

이 원형은 자신을 보호하고 권리를 지키는 힘뿐 아니라 육체적·정서적 강인함도 나타낸다. 힘이 충만한 '전사'는 "마음의 무기"를 쓴다. 최후의 방법이 아니라면 절대 적을 해치지 않는다. 하지만 어둠의 '전사'는 윤리적인 문제는 제쳐두고 무슨 수를 써서라도 이기려고 하거나 개인의 이익을 위해 전쟁을 벌인다. '전사' 원형은 남성만이 아니라 여성의 정신 속에도 있다. '여전사'는 육체적 힘의 한계 때문에 다른 방식으로 싸우기도 하지만, 생존과 보호를 위한 본능을 지녔다는 점에서는 남성과 여성이 동일하다.

20년 전 나는 클라리사 에스테스Clarissa Pinkola Estés가 쓴 책《늑대와 함께 달리는 여인들Women Who Run with the Wolves》을 읽고 나서 원형에 푹 빠졌다. 그 뒤로 PBS 방송의 빌 모이어스Bill Moyers가 만든 몇 편의 스페셜 프로그램을 보면서 원형에 대해 좀 더 공부했다. 그러나 원형이라는 개념과 그것이 우리 삶의 모든 측면에 영향을 미치는 방식을 창의적으로 보게 해 준 것은 캐롤라인 미스의 책《신성한 계약Sacred Contracts》이었다. 이 책이 나온 뒤 10여 년 동안 나는 소중한 친구이자 영혼의 자매가 된 캐롤라인을 비롯해 관심 있는 많은 사람들과 원형에 대해 이야기했다.

나는 어느 강의장에서 캐롤라인을 처음 만났다. 나는 그 무렵 내가 만든 피부 관리 브랜드 '필라소피philosophy'의 CEO였는데, 그 강의의 기획자들이 후원을 부탁해왔다. 나는 캐롤라인을 개인적으로 만나 그 당시 많이 아팠던 친구 다나 리브의 이야기를 나눌 수 있겠다 싶어 흔쾌히 승낙했다(많은 재능을 가진 캐롤라인에게는 무엇보다도 직관으로 진단하는 천부적 능력이 있었다). 복이 넘치게도 일은 잘 풀렸고, 우리는 그 뒤로 줄곧 애정 어린 관계를 맺어왔다.

그런데 2009년의 어느 날, '필라소피'를 인수한 회사에서 전화가 왔다. 내 창의적 역할은 이제 필요 없으니, 새 CEO가 하는 일을 간섭하지 않는 명예회장 자리로 물러나라는 내용이었다. 억장이 무너지고 굴욕감을 느낀 나는 사표를 쓰고, 침대에 엎드려 울며 한 달을 보냈다. 인생에서 많은 성공을 했지만, 그때는 죄다 실패한 기분이었다. 전화 한 통이 내 정체성을 앗아가버렸다. 하지만 결과적으로 보면 좋은 일이었다.

회사를 그만둔 지 한 달쯤 지나서, 나는 시간이 남아도는 보통 여자들이 하는 일을 시작했다. 옷방을 치우기 시작한 것이다.

바닥에 주저앉아 몇 년 동안 쌓아 두었던 옷가지들을 이리저리 살펴보기 시작했다. 내가 좋아했던 옷들은 <예술가> 원형에 어울리는 것들이었다. 여성스럽고, 하늘하늘하고, 우아한 것들. <비저너리Visionary>의 유니폼이라 할 만한 옷들도 있었다. 나는 여러 벌의 같은 신발, 바지, 티셔츠들을 사들였다. 한편으로는 <여왕>에 걸맞는 옷들도 있었다. 중역회의에서 입는 고가의 맞춤옷들, 대개가 보석장식이 달린 갑옷 같은 옷들이었다. 그 옷을 입을 때마다 느꼈던 불편함이 생생하게 떠올랐다. <돌보미Caregiver> 엄마가 입는 편한 옷들도 마찬가지였다. 그런 옷차림이었던 적은 드물었지만, 그 옷들은 아직도 바닥에 널려 있었다.

옷장이라는 렌즈를 통해 내 인생사를 돌이켜보던 중에 어둠을 꿰뚫고 한 줄기 빛이 비췄다. 내 세 번째 회사인 '아키타입Archetypes, Inc.'이 태어난 것이다.

마치 '필라소피'를 마음에 품었던 '비저너리'가 깊은 잠에서 깨어난 것만 같았다. 내가 본 것은 서로 다른 원형의 옷 더미들이었다. 어떤 옷들은 내 진짜 원형에 들어맞았지만 대부분은 그렇지 않았다. 지난 10년을 진정으로 내 것이 아닌 원형 <돌보미>에 맞추려 하면서 제 길에서 얼마나 비켜났는지를 생각하기 시작했다. 맡은 역할에 딸려오는 옷가지들조차 편안했던 적이 없으면서 <여왕 · 경영자Queen/Executive>로서의 역할극에 얼마나 충실했었나 생각했다.

나는 그날 개인적으로나 직업적으로나 대단한 성공을 거두었는데도 왠지 가슴 가득 공허했던 느낌이 바로 내 원형들을 따라 살지 못했기 때문이었다는 사실을 깨달았다.

돌이켜보면 그때 나는 회사에서 잘린 일로 고통 받았던 것이 아니라, 원형의 위기를 겪고 있었던 것이다. <여왕 · 경영자>는 죽었지만 '필라소피'를 세웠던 <창작가Creative>와 <비저너리>는 그렇지 않았다. 게다가 내 다음 번 모험은 줄곧 내 바로 옆에 있었다. 나는 원형이 우리 삶과 관계를 어떻게 탈바꿈시킬 수 있는지를 알려주는 소셜플랫폼을 만들고 싶었다. '아키타입미ArchetypeMe'는 개인의 원형이라는 프리즘을 통해 자율적인 결정을 내리도록 도와줄 것이다.

이제 캐롤라인 미스와 힘을 합칠 기회가 되었다. 캐롤라인은 지난 25년 동안 사람들에게 원형이 가진 힘을 가르쳐왔다. 이제 캐롤라인은 이 책으로 여러분에게 도움을 주려고 한다. 우리가 태어나는 순간부터 원형이 어떻게 삶을 빚어내기 시작하는지 알게 될 것이다. 어떤 사람이나 옷, 어떤 관계는 딱 맞는 신발처럼 편안하지만, 어째서 또 다른 대상이나 관계는 못내 불편한지를 알게 될 것이다. 여러분은 처음으로 가정과 경력, 여러분이 맺고 있는 관계들을 들여다보고 스스로 단순한 질문 하나를 던질 수 있을 것이다. "나는 내 원형대로 살고 있는 걸까?" 달리 말하면 이렇게 묻는 것이다. "나는 타고난 인생을 살고 있는 걸까, 내 진짜 인생을?"

원형을 안다는 것은, 우리 삶에 다가와 문득 주의를 끄는 동시성, 신호와 상징, 의미심장한 우연의 일치에 눈뜬다는 것이다. 그것들은 멈출 때와 나아갈 때, 또는 머물러 있을 때를 알려 주지만, 어떤 안내가 되었든 여러분은 거기 귀 기울일 필요가 있다는 것을 직관적으로 알게 된다. 이런 신호들에 들어 있는 축복과 경고에 주의를 모으면 큰 힘을 얻을 수 있다. 또 그렇게 하면 삶에 하나씩 하나씩 경이로운 일들이 생긴다.

내게는 원형을 알게 된 것이 그 하나였다. 또 하나는 캐롤라인을 만난 것이다. 여러분에게도 그런 경이로운 일들이 생기기를 바란다.

크리스티나 칼리노

내 소중한 친구 크리스티나 칼리노Cristina Carlino에게 감사와 사랑을
전한다. 그녀는 내가 하던 일을 접어두고 이 책을 쓸 것과 자신의 웹사
이트를 구축하는 일을 도와달라는 부탁을 해왔다. 그 무렵 나는 다른
책을 쓰느라 그럴 겨를이 없었다. 크리스티나는 원형을 매개로 사람들
을 이어주는 네트워크 '아키메이트Arch-e-mates'를 만들고 싶다는 포부를
이야기해 주었다. 나는 더 많은 사람들이 이용할 수 있는 네트워크가
엄청난 변화를 가져오리라는 점을 알았기에 크리스티나의 제안에 망
설이지 않았다. 이 책과 웹사이트 '아키타입미닷컴www.ArchetypeMe.com'
은 크리스티나가 없었다면 존재하지 않았을 것이다. 내 인생에 크리스
티나가 함께 있음을 크나큰 축복으로 여긴다.

　그칠 줄 모르는 지원과 유머, 친절을 베풀어 준 편집자 패티 기프트
에게도 감사와 애정을 보낸다. 내 인생길에 동반자가 되어 준 헤이하우
스 출판사에 마음 깊이 감사드린다. 이 책이 나오도록 도와준 오랫동안
의 동업자 데이비드 스미스에게도 감사한다.

　스트레스를 날려주고 창의적인 노력에 도움을 주는 멋진 자질과 직

업적 재능을 함께 갖춘 사람을 만난다는 것은 보기 드문 인생의 선물이다. '아키타입' 사의 계열 출판사 부사장 마곳 슈프가 그런 사람이다. 마곳에게 마음 깊은 감사와 존경의 마음을 보낸다. 마곳이 아니었으면 이 책을 마치지 못했을 것이다.

책을 쓰는 일은 치열한 경험이 되기도 한다. 이 책처럼 마감날짜를 엄수해야 한다면 더더욱 그렇다. 지난 몇 달이 얼마나 힘든 시간이었는지를 알고 선뜻 나서서 짐을 덜어준 내 영원한 친구들과 헌신적인 가족들에게 가슴 가득 사랑과 감사를 드리고 싶다. 혼자서 식사를 해결하고, 계획에도 없던 영화를 보러 가고, 3일을 내리 책상머리에 앉아 너무 많은 시간을 홀로 보낸 사람에게 좀 쉬게 해주려고 불쑥 찾아온 친구처럼, 소소한 일들도 정말 큰 의미가 있다. (그 친구는 이것을 "불시 침입"이라 부른다. 정말 좋은 일 아닌가?) 내가 컴퓨터에서 떨어져 웃을 시간이 필요하다는 것을 알아챈 친구가 얼마나 고마웠는지 모른다. 톰 라빈, 엘렌과 존 군터 부부, 브론윈 보일, 앤드류 하비, 메릴 마틴, 매리 네빌에게도 진심으로 감사한다. 앤디와 팸 크루젤 부부, 미첼과 매릴린 카민스키 부부에게 각별한 사랑과 감사를 보낸다.

늘 그랬듯이, 마지막으로 남겨둔 사람들이 있다. 어머니와 동생 에드, 이들은 내게 지상의 천사들이다.

이 책을 다 읽어도 당신의 아키타입(원형)이 명확하지 않다면, 혹은 확신할 수 없다면 지금 당장 '아키타입스닷컴www.Archetypes.com'을 방문하라. 간단한 몇 가지 퀴즈의 답을 체크하면 그 즉시 당신의 원형이 무엇인지 정확하게 알려준다.

당신은 명확한 여왕일 수도 있지만, 여왕과 패셔니스타가 70%와 30%로 혼합된 유형일 수도 있다. 혹은 지식인과 구도자가 50 대 50으로 혼합된 유형일 수도 있다. 어떤 결과가 나오든 당신이 이제까지 왜 자신의 일에 만족하지 못했고, 왜 쇼핑 중독이 되었으며, 왜 사랑에 쉽게 빠지지 못하는지 이해할 수 있을 것이다.

자신의 원형을 안다는 것은 자신의 내면을 완벽하게 이해함으로써 세상과 남들의 시선에 휘둘리지 않고 자존감을 회복하는 삶을 살게 된다는 것이다.

◇ 당신은 언제나 옳습니다. 그대의 삶을 응원합니다. — **라의눈 출판그룹**

영혼의 지문
나는 어떤 사람인가?

초판 1쇄 2015년 2월 2일
개정판 2쇄 2021년 9월 3일

지은이 캐롤라인 미스 **옮긴이** 박병오
펴낸이 설응도 **편집주간** 안은주
영업책임 민경업

펴낸곳 라의눈

출판등록 2014 년 1월 13일(제 2019-000228 호)
주소 서울시 강남구 테헤란로 78길 14-12(대치동) 동영빌딩 4층
전화 02-466-1283 **팩스** 02-466-1301

문의 (e-mail)
편집 editor@eyeofra.co.kr
마케팅 marketing@eyeofra.co.kr
경영지원 management@eyeofra.co.kr

ISBN : 979-11-86039-67-0 03180